地方政府间公共服务合作机制

尹艳红 / 著

国家行政学院出版社

图书在版编目（CIP）数据

地方政府间公共服务合作机制 / 尹艳红著 .—北京：国家行政学院出版社，2013.12

ISBN 978-7-5150-1067-0

Ⅰ. ①地… Ⅱ. ①尹… Ⅲ. ①地方政府—社会服务—研究—中国 Ⅳ. ① D625

中国版本图书馆 CIP 数据核字（2013）第 308562 号

书　　名 地方政府间公共服务合作机制
作　　者 尹艳红
责任编辑 李少军
出版发行 国家行政学院出版社
（北京市海淀区长春桥路 6 号　100089）
电　　话 （010）68920640　68929037
编 辑 部 （010）68928873
经　　销 新华书店
印　　刷 北京市昌平开拓印刷厂
版　　次 2013 年 12 月北京第 1 版
印　　次 2013 年 12 月北京第 1 次印刷
开　　本 787 毫米 ×1092 毫米　1/16
印　　张 14
字　　数 207 千字
书　　号 ISBN 978-7-5150-1067-0
定　　价 28.00 元

出版说明

近年来，中国工业化、信息化、城镇化、市场化、国际化进程加快，国民收入稳步增长，经济结构转型提速。同时，中国进入了一个高风险的经济社会大转型、大发展时期，经济社会发展中不平衡、不协调、不可持续问题突出。其中，经济增长的资源环境约束强化、投资和消费关系失衡、收入分配差距较大、科技创新能力不强、产业结构不尽合理、城乡区域发展不协调、就业总量压力和结构性矛盾并存、社会矛盾明显增多等问题表现得尤为明显。此外，随着中国国际地位不断提升和多极化趋势的发展，地区争端增多和多边贸易中的利益纠葛等一系列问题的出现，都急需在政策层面给予回应。

事实上，当前中国面临的诸多“疑难杂症”并非中国独有，如行政效率的提高、公共资源的分配与监督，城市化进程中的建设与治理、多元文化的社会融合与社会和谐、新技术新传媒给政治生活带来的机遇与挑战、国际组织与国际条约体系对国内的多重影响等问题具有相当的普遍性。

发展中国家被这些问题困扰，发达国家也没有完全解决这些问题。所以，问题的普遍性或世界性，使得当代执政者在面临和解决这些问题时，必须具有国际视野和创新观念，而不能拘泥于既有的执政经验和套路，也不应囿于一地一国的有限资源。

面对这种种挑战，我国各级党政领导干部和公务员应具有较强的应对问题、开拓局面、保持稳定、推动发展的综合素质与能力，应不断地主动拓宽理论和知识视野，积极跟踪世界范围内最新而有效的解决问题的政治实践模式，谨慎探索和总结中国现实中的成功经验。同时，也更需要知识阶层积极研究中国社会转型期的新形势、新问题，为应对挑战、解决问题提供智力支持。

“政治前沿新知识文库”是基于上述设想而产生的。这套文库以“资政”为目的，以世界眼光和创新视角聚焦公共政策与治理、社会建设与发展、政党与政治权威、政府与新技术、经济发展与金融战略、国际问题与国际战略等方面的重大问题，将多学科研究的前沿知识与“国家治理”实践中的重要政治、政策问题结合起来，力图打通理论、政策和实践的边界，让理论和政策更好地源于实践、关怀实践。

本文库致力于提供解决现实问题的理论参考、世界经验和丰富案例，以中高级党政领导干部、公务员、政策研究与制定者为主要读者对象，致力于更新其理论视野，提升其执政能力，努力打造影响深远的出版工程。

应该说，本文库是国内知识界在政治前沿问题研究上的一次较为全面的展示，是力图将学术科研界的研究成果转化为政治实践的有益尝试。这套丛书在编写过程中摒弃了传统的体系性的学科知识介绍，而以针对性研究问题的方式出现，看似没什么章法，实则切中肯綮。它既是实践的探索，也是实践的总结，既是经验的浓缩，也是经验的拓展，既是理论的创新，也是理论的积淀。我们认为，不论最终效果如何，这种尝试对于中国转型期许多问题的深入研究，将提供一种新的解决问题的思路。

尝试诚可贵，然纰漏难免。我们也希望能够得到各方面的批评和建议，帮助我们完善这个文库，为读者提供更优质服务，为实现“中国梦”多出一份力。

政治前沿新知识文库编委会

2013 年 5 月

序

地方政府间公共服务合作是当今各国普遍关注的难点与热点问题。在全球化和区域一体化的背景下，地方政府间的关联度和依赖性不断增强，不同辖区间产生的大量公共问题与不断增强的公共服务需求对地方政府“各人自扫门前雪”式的“鸽笼”式管理、“碎片化”管理提出了巨大挑战，仅靠单个地方政府已很难解决这些需要地方政府间合作才能化解的问题。因此，解决跨区域地方政府间的合作问题已成为地方政府面临的重大挑战之一，加强和改进地方政府间公共服务合作已纳入到区域治理的重要议事议程。近些年，中国一些地方政府，尤其是经济较为发达的长三角、珠三角等地区，已经在众多公共服务领域开展了合作，积累了相应的经验，初步形成了一些有效的合作机制。这种实践领域的创新引起了国内外学者的关注和理论探索。

《地方政府间公共服务合作机制》是由尹艳红博士在学位论文的基础上，经修改完善而完成的。该书以长江三角洲地区地方政府间公共服务合作为研究主题，通过研究探讨地方政府间公共服务合作机制，为进一步加强和改进地方政府间公共服务合作、有效提供公共物品和公共服务提供了有益的理论总结和实践参考。该书有以下三个特点值得读者关注：

首先，选题切中当前我国地方政府治理的重点和难点问题，具有较强的理论价值与实践意义。对于跨区域公共服务的有效提供，当今世界各国普遍面临着地方政府如何协作的问题，“整体政府”、“协同政府”等成为西方国家公共管理研究的新课题，而基于我国国情实践的理论研究仍显薄弱。作者基于我国长三角地区的实例，分析我国区域发展中长期存在的“地域分割”、

"以邻为壑"的问题，探索地方政府间公共服务合作机制，将公共服务供给与跨区域治理有机结合起来。这不仅对我国地方治理理论和公共服务理论的研究具有一定的学术价值，而且对解决我国地方政府间公共服务合作中存在的问题也具有很好的实践意义。

其次，研究选取的材料有很强的典型性和代表性，具有一定的推广借鉴价值。作者的研究聚焦于我国长三角地区地方政府间公共服务合作，大量引证了长三角地区地方政府间公共服务合作的数据和实例。一方面，长三角地区是我国区域经济发展势头最好、可持续发展能力最强的区域之一，已经成为提升国家综合实力和国际竞争力、带动全国经济又好又快发展的重要引擎。另一方面，长三角地区地方政府间公共服务合作已经有较长的历史，形成了一定的经验，建立了一定的合作机制，有助于进一步推广和辐射到我国的其他地区。

最后，该研究在地方政府间公共服务合作运行机制的构建及其机理分析方面做了有益的探索。作者在参考借鉴多学科理论的基础上，从合作过程的演进角度，构建了地方政府间公共服务合作的协商机制、承诺机制和执行机制，并从实现目标、运行要素和运行方式三个层面，对各机制的运行进行了分析。该分析框架是作者在博士论文研究过程中经过深入思考提出的，是一种有益的探索。

当然，该研究还有许多地方有待进一步深入分析，如各地方政府的利益博弈、现行官员晋升制度以及政府绩效考核制度对推进合作进展的影响等方面，仍值得深入研究。但尹艳红博士作为一名年轻学者，已经在该领域进行了很好的尝试和探索，希望这项成果能成为地方政府之间不断加强和改进公共服务合作的重要参考。

周志忍

2013年12月于北京大学

目录

序 / 1

第一章 地方政府间合作的新趋势：跨区域公共服务合作 / 1

一、地方政府间合作面临新问题 / 1
二、长三角地方政府间合作的新需求 / 4
三、长三角地方政府间公共服务合作面临的问题 / 21

第二章 地方政府间公共服务合作机制：理论基础与框架 / 32

一、地方政府间公共服务合作机制的主要理论依据 / 32
二、地方政府间公共服务合作机制分析框架的基本内涵 / 42

第三章　地方政府间公共服务合作机制：内涵与要素 / 52

一、地方政府间公共服务合作协商机制 / 52
二、地方政府间公共服务合作承诺机制 / 68
三、地方政府间公共服务合作执行机制 / 77

第四章　地方政府间公共服务合作机制：成效与问题 / 86

一、地方政府间公共服务合作协商机制的成效与问题 / 86
二、地方政府间公共服务合作承诺机制的成效与问题 / 102
三、地方政府间公共服务合作执行机制的成效与问题 / 115

第五章　完善地方政府间公共服务合作机制：突破与路径 / 132

一、完善地方政府间公共服务合作协商机制的路径 / 132
二、改进地方政府间公共服务合作承诺机制的对策 / 144
三、健全地方政府间公共服务合作执行机制的措施 / 154

第六章　地方政府间公共服务合作机制：异地养老合作案例 / 168

一、长江三角洲地区城市居民实行异地养老的现状与困境 / 169

二、长江三角洲地区异地养老面临合作困境 / 177
三、长江三角洲地区异地养老合作机制的
构建与完善 / 178

结 语 / 184
附录一 **访谈对象信息一览表** / 187
附录二 **长三角地区签署的主要公共服务合作协议** / 188
参考文献 / 190
后 记 / 212

第一章

地方政府间合作的新趋势：跨区域公共服务合作

一、地方政府间合作面临新问题

20世纪70年代以来，权力下放成为世界许多国家行政改革的一大趋势。“权力下放为使公共服务更密切地符合地方的需要和愿望以及自下而上地减少具有较高反应能力和更加负责任的政府提供了机会。”然而，权力下放一方面给地方政府带来了巨大的创新和发展动力，促进了地方经济的发展和竞争力的提高，另一方面也造成了程度不同的地方保护主义。[1]随着生产要素的跨区域流动以及政府某些行为的外部效应等，使地方政府辖区间衍生了大量公共问题，如跨区域环境污染、公共安全等。这些问题依靠单个地方政府难以解决，必须寻求毗邻地区地方政府的集体协商与合作治理。在这样的背景下，一些国家开始探索政府与社会，政府体系内部诸如中央与地方、地方政府间以及各个职能部门间的公共服务合作，并取得了积极成效。

从中国的情况来看，改革开放以来，各地经济之间的联系愈益紧密，地方政府间合作的范围和领域不断拓展，合作规模不断扩大。尤其在珠三角、

[1] 世界银行：《1997年世界发展报告：变革世界中的政府》，中国财政经济出版社1997年版，第120页。

长三角、环渤海经济圈等区域内合作更为显著。然而，随着区域经济一体化趋势的加深，地方政府间合作发展中面临着新的问题。

第一，政府公共服务职能的强化对地方政府能力提出新的挑战。

政府的历史使命与责任的变化决定了政府职能模式的演变。[1] 改革开放以来，由于中央政府长期坚持"让一部分人、一部分地区先富起来"的非均衡发展战略，虽然实现了经济的持续高速增长，但却始终未能很好地兼顾社会公平，由此引发的各种社会问题和矛盾史无前例地密集呈现在新一代领导集体面前。要求政府管理模式开启新的变化，即由之前的统治型或管理型模式朝向服务型政府模式嬗变。对于社会民生和基本公共服务的关注成为这一新型政府管理模式的主要内容。从国际范围来看，这一旨在增进公民权和公共福利为目的的服务型政府日益受到重视，"公共行政最重要并且最有价值的就是我们为公民服务以增进共同的利益"的呼声逐渐成为了国际公共行政的一种新潮流。[2] 另一方面，根据国际经验，人均国内生产总值处于1000—8000 美元的发展时期，是全面、系统地完善公共服务职能的重要阶段。[3] 以长三角地区为例，2010 年长三角地区 16 城市 GDP 达到 69871.97 亿元，平均增长 12.6%，经济总量占全国的比重达到 17.6%。[4] 按照人均 GDP 来说，长三角地区也基本达到了世界中等发达国家的水平。这使得提供公共服务成为了长三角地区各地方政府进一步发展的当务之急。

第二，跨区域公共事务的治理亟需加强地方政府间的协调与合作。

大量的跨区域性公共事务产生——流域治理、跨区域基础设施建设、环境保护等，亟需地方政府间协调与合作。以流域治理为例，海河、淮河、太湖、黄河流域由于水污染和水土流失等原因导致大量的社会问题，而所有这

[1] 张国庆、李丹阳:《市场选择与政府推动: 新时期中国政府职能转变的价值抉择》,《湖南社会科学》2007 年第 4 期。

[2] [美] 珍妮特・V・登哈特、罗伯特・B・登哈特：《新公共服务——服务，而不是掌舵》，丁煌译，中国人民大学出版社 2004 年版，第 2 页。

[3] 罗志军：《建立健全基本公共服务体系》，《中共中央关于制定国民经济和社会发展第十二个五年规划的建议辅导读本》，人民出版社 2010 年版，第 192 页。

[4] 数据来源：国家统计局网站，http://www.stats.gov.cn。

些流域都是跨越多个省区，由于上下游分属不同的省区，上下游的省区之间为了各自的利益而不愿合作或者难以合作。行政区交界的基础设施建设也存在着类似问题。以交通为例，交界地区过境交通路线少、质量差、路面标准低、断头路多。[1] 由于交界处的政府担心修通公路导致正外部性溢出，使邻近地区受益，而不愿意合作。诸如这类公共服务产品的匮乏成为很多社会问题的源头，而单边政府难以独立解决这类问题，所有的问题都交由中央政府管理，其效率及效益又难以保障。

第三，地方政府间公共服务合作需要进一步建立和完善有效的机制。

解决这些问题需要加强地方政府间横向合作。而由于各地方政府之间的横向合作中，不存在上下级的领导关系，要解决的问题又需要联合行动与协作，这就决定了各地方政府之间只有通过平等协商，以形成共识。在实践中，各地方政府也认识到合作的重要性，并作出了积极的尝试，如建立各级地方政府间联席会议制度，通过平等协商，采用各种正式和非正式的合作协议将合作各方的权利义务加以明确。但是，这些合作机制还不够完善，在具体操作时，难以应对公共服务合作过程中所遇到的各种困境，如何建立和完善地方政府间公共服务合作机制就成了各地方政府亟需解决的问题。

长三角地区地处沪苏浙两省一市，以上海市和江苏的南京、苏州、无锡、常州、镇江、扬州、泰州、南通，浙江省的杭州、宁波、湖州、嘉兴、绍兴、舟山、台州 16 个城市为核心区，在经济合作的基础上，对地方政府间公共服务供给的合作机制已进行了多年的探索，积累了一些经验，但在实践中仍有不少欠缺，影响了合作的进展。为此，2008 年，国务院通过的《进一步推进长江三角洲地区改革开放和经济社会发展的指导意见》中重点提出要“进一步完善合作机制，加强基础设施建设、环境保护等方面的联合与协作”。

由此，本书以长三角地区地方政府间横向合作为例，围绕它们在公共服务供给中的合作实践，探索如何通过制度创新，建立和完善地方政府间公共

[1] 周黎安：《转型中的地方政府：官员激励与治理》，上海人民出版社 2008 年版，第 243 页。

服务合作机制，实现区域经济社会的平衡发展，从而加快区域一体化的进程。

二、长三角地方政府间合作的新需求

2008年，上海129路公交车更换了新的POS机，以便服务来自南京、杭州、无锡等长三角城市的交通卡。截至目前，一个依托于交通卡的“公交圈”在长三角已初具雏形。[1]手持当地交通卡的上海市民，不仅能在苏州、无锡、常熟乘坐公交畅行，还可在杭州“打的”。互通的并不止于交通。肇始于2003年的吴江三镇文化联动，从三镇联动到十镇联动，再到江浙沪联动，把区域文化联动和运河文化艺术节有机结合起来，逐步形成了较为成熟的跨地区公共文化服务交流与合作新机制。[2]2009年，江浙沪三地教育行政部门又共同签订了“关于建立长三角教育联动发展会商机制协议书”，[3]努力使长江三角洲地区的优秀教育资源一体化，以使从小学、中学到大学，长三角两省一市所有教育资源全部打通，互相招生、互通有无。类似的如环境治理、反恐缉毒、疾病防控等方面的合作，目前正越来越多地出现在长三角地区。地方政府间公共服务合作新趋势、新要求，在长三角地区显示出广阔的发展前景。

然而，地方政府间的公共服务合作，不可避免地产生外部性和“搭便车”的现象，加之地方利益和一些地方官员追求政绩等因素的影响，使得地方政府间公共服务合作遇到了许多难题。本章拟对长三角地区地方政府间公共服务合作的缘起、现状和困境作出检视和分析，以便为改进和完善地方政府间公共服务合作机制提供参考和借鉴。

长三角地区由沪苏浙两省一市尤其是两省一市中经济最为发达的16个城市所组成。是中国经济发展速度最快，经济总量规模最大的区域，被誉为

[1]《全国“社保一卡通”能否在长三角破冰？》，新华网，http://news.xinhuanet.com/newscenter/2008-04/28/content_8068107.htm。

[2]吴江：《共享与联运中促繁荣》，中国江苏网，http://jsnews.jschina.com.cn/sz/201009/t503396.shtml。

[3]中国江苏网，上海市教育厅网站，http://www.shmec.gov.cn/html/article/200904/51038.php。

中国经济发展的重要引擎，“中国乃至世界经济增长的发动机”和“全球六个超大城市群之一”，是中国地方政府体系中管理水平先进的区域。[1] 为了迎合区域一体化的要求，长三角地区各地方政府开展了大量的合作，其政府层面的区域合作机制也已经在诸多领域里展开。1992 年联合成立了长江三角洲 16 城市协作办主任级别联席会，1997 年升格为 16 城市市长联席会议，并将长三角协作会更名为长三角经济协调会，2001 年确立了三省市经济发展座谈会制度，2008 年形成了“决策层、协调层、执行层三级运作”[2] 的模式，在区域合作中取得了不少成绩。随着长三角地区各地方政府职能转变，长三角地区合作又迎来了新任务，如何回应跨区域公共服务合作的需求，不断被提上合作日程，对现有合作机制提出了新挑战。[3]

（一）地方政府间公共服务合作的外部需求

根据国际经验，人均国内生产总值处于 1000—8000 美元的发展时期，是全面、系统地完善公共服务职能的重要阶段。当人均 GDP 超过 3000 美元时，则是居民消费结构发生转变的重要时期。在这一时期，人们更加注重生活品质，从而对基本公共服务提出了更高的要求。[4] 经统计，2010 年长三角地区 16 城市 GDP 达到 69871.97 亿元，平均增长 12.6%，经济总量占全国的比重达到 17.6%。[5] 经济发展已为地方政府完善公共服务职能提供了良好条件。

正如 2010 年 7 月出台的《长江三角洲地区区域规划》（以下简称《规划》）中所指出的，长三角地区是中国综合实力最强的区域，是中国经济发展的龙头区域。随着经济发展保持上升，长三角地区人均可支配收入持续增长，

[1] 刘志彪、杜宇玮等：《长三角区域经济一体化》，中国人民大学出版社 2010 年版，第 3 页。

[2] 引自南京市发改委协作办公室提供调研材料。

[3] 本书将在第三章建立的分析框架基础上对长三角现有机制分三个阶段展开分析。

[4] 罗志军：《建立健全基本公共服务体系》，《中共中央关于制定国民经济和社会发展第十二个五年规划的建议辅导读本》，人民出版社 2010 年版，第 192 页。

[5] 数据来源：国家统计局网站，http://www.stats.gov.cn。

16个城市居民人均可支配收入均超过了3000美元，[1] 人们对政府所提供的公共物品与公共服务需求也在不断增强。而在长三角地区经济一体化的发展中，各种要素的流动又对长三角地区地方政府间公共服务供给提出了新的要求。实际上，随着中国市场经济的发展，各级地方政府之间的合作已经在公共服务领域普遍出现。以长三角地区为例，江苏、浙江和上海“两省一市”地方政府之间需要相互合作提供的公共服务，其范围已经涉及基础设施建设、环境保护、社会保障、公共安全、文化教育等诸多领域。这些公共服务仅靠一个地方的政府已经难以实现，迫切要求各地方政府在相关公共服务领域加强合作（见表1-1）。

表1-1：长三角地区两省一市公共服务合作需求 [2]

跨区域公共服务合作需求	长三角地区		
	上海	江苏	浙江
基础设施	发挥长江黄金水道作用	尽快落实区域交通项目实施，协调区域铁路建设，推行大城市公交优先	沪杭轨道等交通系统的协调衔接，加快区域通关一体化，立项审批和建设实施的政策支持，明确宁波、舟山港口一体化的地位，交通一体化模式结构
环境保护	区域保护上海水源地	建立区域环保委员会，长江口与支流的综合治理	加强太湖流域治理和长江口海域保护
社会保障	建立和完善城镇企业职工、农民工养老保险制度，实现养老保险关系转移衔接。		
公共安全	世博会、青奥会等重大赛事的联合反恐、公共卫生危机联合应对		
文化教育	长三角教育资源交流与共享		

从长三角地区的公共服务主要需求发展现状看，流动人口的管理和服务、环境污染治理、基础设施建设等都对地方政府间公共服务合作供给能力提出

[1] 数据来源：根据2010年《江苏省统计年鉴》、《浙江省统计年鉴》、《上海市统计年鉴》数据计算。

[2] 资料来源：根据长三角地区相关地方政府网站整理形成。

了新的挑战。

1. 流动人口管理和服务对地方政府间合作的需求

随着长三角区域经济的快速发展和一体化趋势的加强，各地间人口流动的幅度越来越大。从长三角地区16城市情况来看，根据第五次人口普查数据[1]，2000年长三角地区各城市人口迁入数量已经很多（见表1-2）。从沪苏浙两省一市的流动人口数量来看，2007年末，沪苏浙两省一市的流动人口已达0.39亿人，约占全国总流动人口的26%。[2]管理如此庞大的流动人口，并为其提供通畅、无缝隙的各种公共服务，成为区域内各地方政府必须认真对待并力求希望跨区域联合加以解决的问题。

表1-2：2000年长三角地区各城市人口迁入总体情况[3]

城市	迁入人口（万人）	迁入比例（%）	迁入率（%）	城市	迁入人口（万人）	迁入比例（%）	迁入率（%）
合计	1063.47	100.0	12.16	扬州	20.74	1.95	4.52
上海	371.68	34.95	22.65	镇江	24.63	2.32	8.66
南京	99.26	9.33	16.20	泰州	13.47	1.27	2.82
无锡	67.37	6.33	13.24	杭州	94.63	8.90	13.76
常州	49.37	4.64	13.07	宁波	78.95	7.42	13.24
苏州	95.16	8.95	14.01	嘉兴	25.47	2.40	7.11
南通	26.00	2.44	3.46	湖州	15.37	1.45	5.85
绍兴	26.63	2.50	6.19	台州	49.68	4.67	9.64
舟山	5.05	0.48	5.04				

[1] 关于此问题的数据国家统计局网站尚未公布。

[2]《长三角流动人口权益保障引来专家关注》，http://fzb.zjol.com.cn/gb/node2/node802/node240379/node407972/node407982/userobject15ai5426946.html。

[3] 资料来源：第五次全国人口普查数据。转引自赖涪林：《长三角农民工的非稳态转移——理论探讨、实证研究与现状调查》，上海财经大学出版社2009年版，第53页。

人口大量流动，要求地方政府为其提供相关服务。例如，流入地政府需要为农民工提供求职服务、子女教育、医疗等方面的公共服务。而劳动人口流出地政府则需要组织劳工流出，为外出务工人员提供劳动力供需信息、身份证明、户口迁移，为其办理各项手续，简化行政程序；为外出务工人员提供就业培训，帮助其提高就业竞争力；为留守老人、儿童提供养老、就学、就医等服务。随着流动人口规模的不断扩大，加强流入地政府和流出地政府之间的相互协作和工作对接就显得尤为重要（如图 1-1 所示）。

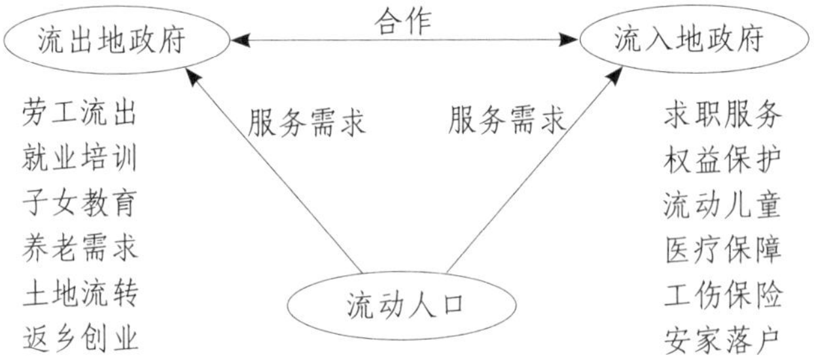

图 1-1：流动人口服务需求 [1]

其中，流动人口社会保障的衔接问题更是困扰各地政府的难题。目前我国社会保障的统筹层次较低，国家只是出台了较宏观的制度，对于养老保障等关系转移方面，还是依靠地方政府承担责任。由于各地账户资金投资制度不统一，收益率不一致，加之地方法规不统一，如同经济领域的地方保护主义，地方政府间社会保障制度从而在刚性的行政区划之下，被人为地分割，难以衔接，给流动人口的医疗保险以及养老保险的异地转接造成了很大的困难。比如，浙江省在养老保险方面对低收入人员进行充分保障，但在试图与江苏和上海养老保险合作的过程中，却因为标准的不统一而无法对接。上海对外地来沪从业人员统一设立综合保险，然而，却因为长三角区域内其他地方政府相关制度的缺失，参保人员跨区域再次流动时只能放弃既有的利益。诸如此类的问题，不仅制约了长三角区域内人力资源的流动，也制约了其他生产要素的流动，影响了该地区的社会公平和经济发展。

[1] 图表来源：作者自绘。

因此，解决流动人口的问题，迫切需要长三角地区和中央有关部门加强统筹协调，完善合作机制，消除各地间互相掣肘的制度冲突。[1]

2. 环境污染治理对地方政府间合作的需求

区域发展所带来的环境污染，也是当前长三角地区地方政府间需要通过构建稳固有效的跨区域合作机制加以解决的问题。伴随着快速的工业化进程，长三角地区不仅面临资源短缺、耕地被大量占用的严峻现实，环境污染更成为各个地方政府积重难返的管理难点。如大气污染问题已经逐渐由单个城市向区域性污染转变。有数据显示，由于大气污染严重，长三角成为全国酸雨发生最严重的地区，长三角地区的16个城市中有14个属于酸雨控制区，江苏南部、上海和整个浙江成为酸雨的重污染区。[2]因此，没有区域内跨行政区的酸雨治理联合行动，长三角各地方政府辖区的百姓都将尝到苦果。

再如，由于环境保护不力而出现的长三角各个城市普遍存在的地面沉降现象。研究显示，长三角地区是我国地面沉降最严重的三大地区之一，不仅有面积近10000平方公里的范围累积沉降已超过200毫米，并且沉降明显有连成一片的趋势。[3]但长久以来，由于行政区划的限制，长三角各个地区的地面沉降监测总是各自为政，给区域地质灾害整体防治带来诸多不利。

长三角地区环境污染中尤为重要的是合作解决跨区域水污染问题。地处长三角地区核心区域的太湖、钱塘江等流域的水资源都受到不同程度的污染，尤其是太湖流域，行政区划分属江苏、浙江、上海、安徽三省一市，历史上风光旖旎，有着令人流连的湖光山色。无锡市市歌《太湖美》更是道出了太湖美的秘诀："太湖美，美就美在太湖水。"然而，这样的胜景、这样的优质水资源如今却已不复存在，以致在2006年"中国十大最美湖泊"评选中，太湖竟然榜上无名。曾任十届全国人大代表的李金生在其参加两会时，特意

[1] 李毅飞、易凌：《论区域人口流动及权益保障的制度性障碍协调——以长三角养老保险法规政策冲突为视角》，《安徽大学学报》（哲学社会科学版）2009年第3期。

[2]《长三角16个城市中14个属酸雨控制区》，http://www.news365.com.cn/csj/xw/t20040624_108575.htm。

[3]《长三角围剿地面沉降》，http://www.people.com.cn/GB/paper66/12601/1132754.html。

准备的一份水质监测清单，让人看到了一个已经被周边污染害得面目全非的太湖：在2005年12月到2006年11月的1年左右时间里，太湖流域保护区水质达标率在最高的月份里也仅为73%，而在2006年11月达标率甚至只有45%。在吴淞江、淀山湖、枫泾秀州塘等三个监测断面测得的水质状况，最好的一年中只有3个月能达到四类水质标准，最差的吴淞江监测断面连续12个月水质标准为劣五类。省（市）边界水质达标率在2006年5月和11月，竟然低至4.8%。[1] 2007年5月份发生的“蓝藻危机”使得无锡市民一度陷入“水荒”，人畜饮水以及渔业发展都出现了不小的麻烦。危机给地方政府官员对于太湖流域跨区域的合作治理带来很大的压力。无锡市委宣传部副部长李建秋明确表示，无锡在水污染防治方面做得再好，也有可能因为别处漂来的蓝藻而影响了无锡当地的水质。基于此，就需要环太湖相关省、市在太湖水治理、生态修复和环境保护等方面采取联手推进、共同应对的整体行动。[2]

这些日益凸显的跨区域环境问题已对于区域内公众的日常生活和身心健康造成极大的影响，无论是公众，还是地方政府官员对于构建环境治理的有效合作治理机制的诉求愈来愈强烈与迫切。比如在蓝藻危机爆发前一月的一次座谈会上，前无锡市委书记杨卫泽就曾大声疾呼：“长三角合作首先是流域发展合作，就目前来讲，我个人认为最直接的应该是太湖流域水环境治理方面的合作。”前苏州市政协主席冯瑞渡也强调：“太湖生态环境方面出现的问题，固然有技术层面的问题，但根本原因还是出在机制层面。”[3]

为了解决环境污染问题，尤其是太湖流域的水污染问题，长三角地区两省一市多次召开协商会议，2009还把太湖流域综合治理作为省级环保专题组中重点治理内容。然而时至今日，太湖水污染仍然没有得到根本性改善（见

[1] 李明：《太湖还美吗？一份沉重的水质监测清单》，http://info.water.hc360.com/2007/03/14104080005.shtml。

[2]《无锡自来水污染事件背后：治理太湖非一日之功》，http://www.china.com.cn/city/txt/2007-06/30/content_8460766.htm。

[3]《专家建议环太湖城市加强合作：联合治污共谋发展》，http://www.gov.cn/jrzg/2007-05/14/content_613801.htm。

图 1-2）。在 2011 年 1 月的水质监测中，太湖流域省界河流 35 个监测断面，只有 25.7% 的断面水质达到或者优于 III 类水标准，其余断面水质都受到不同程度污染，其中劣于 V 类占 42.9%。这说明长三角地区地方政府间合作机制仍未能解决这一问题。

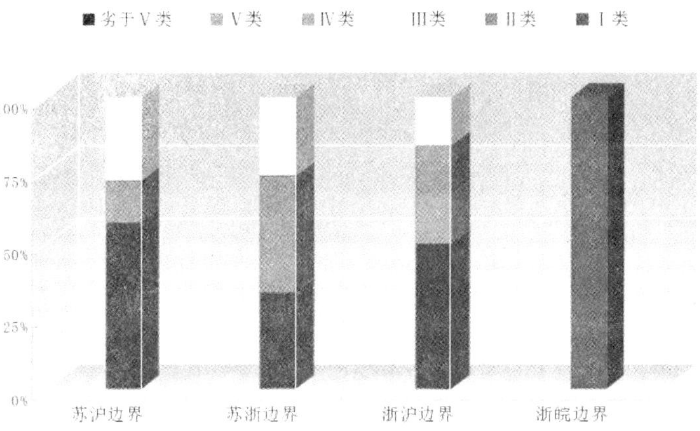

图 1-2：2011 年 1 月太湖流域省界河流水质类别比例 [1]

3. 基础设施建设对地方政府间合作的需求

在长三角地区区域一体化的过程中，迫切要求实现区域内的基础设施一体化，比如交通基础设施的无障碍移动等，都对基础设施的合作建设提出了更高的要求。

以交通基础设施合作共建的需求为例。目前长三角基础设施的建设发展不能满足经济社会发展的需要。从公路规模来看，每万人拥有的公路里程仅为全国水平的 40.8%，从铁路规模来看，每万人拥有的铁路里程仅为 0.16 公里，只有全国水平的 1/3。[2] 与国际其他大都市圈交通基础设施的比较，更能看出长三角地区的公路和铁路网密度与人均里程不高，其中铁路网密度只有其他大都市圈的 1/10 ~ 1/6；跨省市公路通行能力中，沟通上海、南京、杭州、

[1] 资料来源：太湖流域省界水体水资源质量状况通报（2011 年 1 月）。转引自太湖网，http://www.tba.gov.cn:90/col/col725/index.html。

[2] 莫建备、徐之顺、曾骅、荣跃明：《大整合、大突破——长江三角洲区域协调发展研究》，上海人民出版社 2005 年版，第 464 页。

宁波四大交通枢纽的能力明显不足。[1] 内河基础设施与港口建设也存在标准化建设程度低等问题。

此外，跨区域交通基础设施建设中还存在大量的重复建设和“断头路”现象，亟需合作解决。目前长三角地区各运输体系发展不完善，需要区域内各地方政府统一规划布局，通过协调来形成区域交通一体化。由于长三角地区各城市的交通基础设施已基本形成了各自的网络，各自为政，缺乏配合，使交通没有形成在区域层面的联动，加之各地方政府从自身利益出发，造成大量的重复建设。

以港口重复建设为例。长三角是中国港口密度最大地区之一。在全国16个亿吨大港口中，长三角地区占6个。[2] 经济的快速发展与长三角地区港口吞吐能力不足产生了巨大的矛盾，导致货物滞港现象严重，掀起了一股港口建设的热潮，各港口之间围绕“抢位之争”展开大战。如上海港一方面在浙江投资建设洋山港，另一面在上海发展建设自己的深水港，江苏省则将张家港、常熟港、太仓港“三港合一”为苏州港，而浙江则重点建设以宁波舟山港口一体化为核心的深水港，导致公用码头特别是综合性大型港口的吞吐能力严重不足，业主码头利用率不高，[3] 形成了恶性竞争的局面。

在跨省市的公路交通建设中则存在大量的“断头路”。如2007年浙江为了接轨上海而修建的申嘉湖高速公路，由于上海的积极性不高，而导致“断头”，[4] 直到现在还没有开通。长三角地区高速公路的“断头”现象并非申嘉湖一处，在沪苏浙皖、杭浦等高速公路建设中也存在，其“断头环节”在苏浙沪都有散布。

[1] 莫建备、徐之顺、曾骅、荣跃明：《区域一体化发展：拓展和深化——长江三角洲区域经济社会协调发展研究》，上海人民出版社2007年版，第356页。

[2]《2010中国港口物流在复苏中调整》，http://www.chinawuliu.com.cn/cflp/newss/content/201101/641_126594.html。

[3] 莫建备、徐之顺、曾骅、荣跃明：《大整合、大突破——长江三角洲区域协调发展研究》，上海人民出版社2005年版，第371-373页。

[4] 新华视点：《“断头路”提醒了谁？》，http://news.xinhuanet.com/politics/2007-09/03/content_6658702.htm。

基础设施建设中存在的这些布局不合理、缺乏协调、各自为政的现象，是由于多个行政组织之间协调失败，缺乏有效的跨界组织和管理导致，若要转变则要求长三角地区各地政府之间统筹规划、合作治理，完善现有的合作机制。

针对长三角地区所出现的这些跨区域公共服务需求，中央高度重视，先后出台了一系列政策进行调控指导。《长江三角洲地区区域规划》明确指出，目前长三角地区处于转型升级的关键时期，如何加强地区各合作主体之间的交流，从区域基础设施整体规划、社会保障体系建设、环境治理、医疗、教育等方面提高政府公共服务能力，实现长三角地区又好又快发展，以带动长江流域乃至全国全面协调可持续发展具有重要的意义。[1]《规划》的这一提法，强调了提高地方政府公共服务能力对于促进长三角发展、保持这一世界上发展最强劲的经济区块的优势与活力有着异乎寻常的作用，为地方政府间公共服务合作指明了方向。

跨区域的这些公共服务需求要求长三角地区各地方政府具有以下功能：提供公共产品与公共服务，供给社会保障，弥补市场失灵，有效维护社会公正，促进长三角地区整体福利最大化，对跨区域行业协会等非政府组织进行培养和扶持，拓展公民利益诉求渠道；信息沟通和利益协调，增强合作活动的协调性和一致性；[2] 整合和规范地方法律法规，保障长三角地区人口与要素流动。显然，长三角地区各地方政府未能有效发挥这些功能，发展过程中的问题亟待要求共同合作解决。

总之，今天的长三角地区，在其经济得到大力发展的同时，类似流动人口管理、生态环境治理、基础设施建设等公共服务领域的合作，极大地考验着长三角地区所有地方政府及其政府官员的战略眼光、责任意识以及管理能力，要求各地政府官员从长三角地区的整体繁荣和共同的长远利益着想，寻

[1]《长江三角洲地区区域规划》，发改地区〔2010〕1243号，http://www.china.com.cn/policy/txt/2010-06/22/content_20320273.htm。

[2] 王丽：《区域经济一体化下我国长三角地区地方政府服务功能初探》，苏州大学，硕士论文，2005年。

求和构建有效的跨区域合作机制来加以解决。

（二）地方政府间公共服务合作的内在必然性

从地方政府的管理和服务能力的现状看，地方政府间公共服务合作也有着内在的必然性。

1. 行政分权体制下地方政府强化公共服务合作的必然性

在政府的公共服务供给中，合理划分各级政府的职责是公共服务有效提供的基础。一般是中央政府负责提供全国性公共服务，地方政府提供地方性公共服务，中央和地方共有的职责是提供跨区域性的公共服务。只有责任权力统一，政府才能有效履行自己的义务。由于地方政府最接近当地居民，对公民公共服务需求具有较强的回应性，也最能反映选民的利益和需要，因此，从当今世界各国的做法来看，公共服务的职能与财政权力下移至地方政府已成为一种普遍的趋势。

在这种大环境下，我国中央政府也采取了分权的方式，通过行政性分权和财政转移支付把大量的公共事务委托给地方政府具体实施。由于财政体制上“收入上移，支出下移”，地方政府不得不依靠中央政府的转移支付才能完成辖区公共服务职能。[1]类似基础教育、医疗卫生、社会保障，在绝大多数国家都是各级政府共同提供的基本公共服务，中央和地方政府都有支出责任，由于具有外部性、收入再分配和均等化等特征，中央政府应承担较大支出比重。但是由于中央政府财力有限、转移支付制度不完善等原因，往往不能对地方政府承担的公共服务进行足够的转移支付，造成地方政府在公共服务供给中的财政困境。以 2004 年为例，中国中央政府在教育、医疗、社会保障和福利方面的支出比例分别占全国财政总支出的 6.53%、2.62%、9.74%，在政府间支出结构中占有很小的比例，与国际上同类支出的平均水平有很大差距，见表 1–3。

[1] 时红秀：《财政分权、政府竞争与中国地方政府的债务》，中国财政经济出版社 2007 年版，第 101 页。

表 1-3：中外中央与地方基本公共服务支出比重的对比（%）[1]

国家	教育		医疗卫生		社会保障与福利	
	中央	地方	中央	地方	中央	地方
主要国家平均值	43.85	56.15	62.25	37.75	85.87	14.13
中国（2004）	6.53	93.47	2.62	97.38	9.74	90.26

这种行政性分权也造成了长三角地区各地方政府在提供公共服务方面的财政困境，尽管如此，面对中央政府三令五申强调民生与构建服务型政府，大力发展公共服务的要求，公共服务也成了长三角地区各地方政府政绩考核的一个重要内容。在这种情况下，为了解决财政困境，促进地方社会、经济的全面发展，解决政府绩效考核的压力，长三角各地方政府只有联手合作，共同应对。

2. 区域一体化趋势下地方政府加强公共服务合作的必然性

长三角地区地域相近、人缘相近、文化相通，是中国工业化、城镇化、全球化程度最高的地区，也是目前中国区域一体化进展最快的地区。中国经济实力最强的 35 个城市，长三角占了 10 个，是中国经济发展速度最快、经济总量规模最大、社会发展水平最高的区域。然而，随着全球化的进展，区域一体化和城市化进程加快，在这过程中，中国区域一体化与行政区划之间已经产生了张力。[2] 基于区域内不同城市之间在发展水平和生活水准等方面存在着严重的不平衡性，学者们提出应该通过公共服务的合作，实现长三角地区经济和社会的协调发展。

同时，区域的一体化是打破行政分割和地方保护主义限制，促进区域市场一体化、产业一体化、基础设施一体化、教育一体化的一个总括，区域公共服务一体化是提高区域整体竞争力的不可或缺的部分。随着长三角地区经济一体化的发展，也必然要求基础设施建设、环境治理、教育医疗、人口管

[1] 资料来源：沈荣华：《政府间公共服务职责分工》，国家行政学院出版社 2007 年版，第 103 页。

[2] 杨龙：《中国经济区域化发展的行政协调》，《中国人民大学学报》2007 年第 2 期。

理等诸多领域的一体化。因此，长三角地区各地方政府应加强沟通和协调，实现公共服务资源的共享与合作，从而促进区域一体化的发展。

3. 各地方政府能力差异下加强地方政府合作的必然性

在长三角地区发展的过程中，区域内各地方公共服务水平也不平衡。在长三角都市圈里，上海、南京和杭州是三个超大型城市，无锡、苏州、常州、宁波市区是特大城市，镇江、南通、扬州作为大城市，其他的合作主体则是作为中等城市的湖州、绍兴、嘉兴、泰州、台州和舟山，各城市之间差距较大。从影响到公共服务供给的几个核心要素来看，中国社会科学院所做的2009年中国城市竞争力排名中，可以看到长三角各城市之间服务竞争力的巨大差距（见表1-4）。

表1-4：2009年长三角地区城市服务竞争力差异比较[1]

城市竞争力	生活质量竞争力	人才竞争力	科学技术竞争力	基础设施竞争力	综合区位竞争力	环境竞争力	制度竞争力	政府管理竞争力	文化竞争力
1	香港	香港	北京	上海	香港	苏州	香港	香港	温州
2	上海	北京	上海	香港	上海	威海	中山	上海	深圳
3	澳门	上海	深圳	北京	北京	香港	佛山	北京	青岛
4	深圳	广州	香港	广州	广州	杭州	苏州	澳门	台州
5	北京	深圳	天津	深圳	天津	东莞	无锡	苏州	绍兴
6	台北	澳门	长沙	青岛	重庆	厦门	东莞	青岛	东莞
7	克拉玛依	杭州	武汉	天津	杭州	扬州	扬州	无锡	惠州
8	厦门	南京	广州	澳门	长春	无锡	常州	常州	香港
9	马鞍山	重庆	成都	大连	澳门	大连	珠海	深圳	扬州
10	新竹	天津	重庆	厦门	沈阳	绍兴	澳门	扬州	长沙

在城市竞争力中以与公共服务有关的几个要素来比较，上海在9个指标前10名中占据了6个，远远高于长三角其他城市，在其他排名中，也只是一些特大城市或者大城市榜上有名。长三角地区作为合作主体的各城市之间公共服务水平的巨大差距直接导致合作协调中地位的不对等，而这种地位的不对等会直接影响到合作中各方的博弈，对经济实力较弱、公共服务水平较

[1] 资料来源：根据中国社科院《2009年中国城市竞争力蓝皮书：中国城市竞争力报告》制作。

低的城市来说，由于实力的悬殊，其影响力也会大大削弱，进而影响到其在合作过程中作用的发挥，从而影响到区域一体化的进程。

此外，长三角各地方政府单独提供公共服务的能力也存在着不足。有学者从城市养老角度出发，根据城市三甲医院数量、医院住院床位和从业医生数量、公共图书量、管道煤气普及率等 5 项公共服务能力对长三角地区 16 城市做了调查（见表 1–5）。发现长三角 16 城市在提供公共服务能力上存在着巨大差距。

表 1–5：长三角地区 16 城市公共服务排序[1]

排序	城市	分值	排序	城市	分值
1	上海	10.0	9	嘉兴	3.2
2	杭州	6.5	10	镇江	2.9
3	南通	6.3	11	扬州	2.3
4	宁波	4.7	12	常州	2.3
5	南京	4.4	13	舟山	2.0
6	苏州	4.2	14	湖州	0.9
7	无锡	3.6	15	泰州	0.3
8	绍兴	3.5	16	台州	0.0[2]

在合作过程中，由于各城市公共服务能力上的差异过大，其提供公共服务的标准不同，根据当地公共服务水平而出台的相关政策不同，其服务供给的侧重点不同。这种差异化一方面为合作带来了困扰，另一方面也要求长三角地区各地方政府正视公共服务能力存在的差异性，通过与其他地方政府之间加强合作，充分发挥各自优势，相互补充，从而提高区域整体的公共服务能力。

（三）地方政府间公共服务合作的主要形式

不断增加的跨区域公共服务合作压力使地方政府产生了合作的需求。那么，地方政府将采取什么样的合作方式，以解决合作问题呢？发达国家在公

[1] 资料来源：转引自扬州市政府提供资料——《长三角异地养老合作课题研究（城市评价报告）》。

[2] 该调查数据来源于《中国城市统计年鉴 2009》，台州市因缺乏一项数据，无法计算，所以按照零排列。

共服务供给合作方面是先行者，下面从综合方面介绍一下一般地方政府所采用的合作形式，然后对长三角地区主要的合作形式做简要介绍。

1. 发达国家地方政府间公共服务合作的主要形式

因为同样面临“复杂性社会”的全新行政生态环境，许多社会公共问题或公共事务变得越来越“外溢化”和“无界化”，“区域公共问题日益凸显和倍加起来”[1]的困境，西方各国试图通过政府间合作来提供跨区域公共服务并进行相应的机制安排。这种合作主要通过政府间服务协议来实现。协议主要有三种形式：（1）政府间服务合同。政府间服务合同是两个或两个以上政府签订的有法律约束力的协议（见表1-6）。根据协议规定，其中一个政府同意按照议定的价格向另一政府提供某项服务，服务的质量与数量都可在合同中约定。（2）联合服务合约。即两个或两个以上政府之间为共同规划、融资以及提供某些服务给所有加入行政辖区的居民所签订的合约。（3）政府间服务转移。即将一项职责转移给另一个实体，如健康与福利等。[2]

表1-6：政府间服务合同中最经常提供的服务[3]

与自治市签订的合同	与县签订的合同
警察／消防交流	精神健康
图书馆	图书馆
污水处理	警察／消防交流
火灾预防与控制	监狱／拘留所
监狱／拘留所	固体垃圾处理
固体垃圾处理	老年人项目
紧急医疗／医护	紧急医疗／救护
动物控制	公共健康诊所
娱乐设施	规划／分区
供水	火灾预防与控制

[1] 陈瑞莲：《区域公共管理导论》，中国社会科学出版社2006年版，第10页。

[2]［美］尼古拉斯·亨利：《公共行政与公共事务》，中国人民大学出版社2002年版，第661页。

[3] 资料来源：马斌：《公共服务中的政府间合作》，《学习时报》2009年5月4日，第6版。

除此之外，政府间还会形成一些非正式协议，一般不具法律约束力。它可能是简单的信息共享或交流，也可能是允许一个政府使用另一个政府所拥有的设备的口头协定。最简单的一种非正式合作是双向互助协议，这种互助可能是信息共享，也可能是在紧急时刻互相援助。例如警察、消防部门经常会通过书面协定彼此支援。但是即使没有事先约定，在紧急时刻各部门也会互相增援，如1967年底特律骚乱时，中心城市从郊区紧急调配了56套消防设备。此外大都市区的民防和灾难预警也是建立在双向互助的基础之上的。健康部门也会就传染性疾病进行信息交流。[1]

除了美国，在其他的一些西方国家，地方政府间密切加强合作的情况也经常可以见到。比如丹麦近年来也发生了许多地方政府间市政合作的例子。首先，在一系列的特定类型合作中，各地方政府试图通过联合更有效地利用资源，尤其是在技术部门；其次，由地方政府协会实现的地方政府间市政合作日益增多，地方政府全国协会和郡政务委员会协会在促进地方政府间合作方面发挥着重要作用。[2] 此外，在加拿大、英国、德国和奥地利等国的地方政府间关系中，同样有许多诸如“政府间协议”、“谅解备忘录”、“地方政府协会”、“市自治团体协会”、“县议会协会”、“城区议会协会”之类的合作协议和合作机构推动着地方政府间越来越频繁的合作。[3]

2. 长三角地区地方政府间公共服务主要形式

一般来说，地方政府间合作的形式根据不同的合作要求分为不同的合作类型，如杨龙从地方政府间面临的不同类型的公共服务需求出发，提出了两种合作形式：问题导向型合作和项目导向型合作。[4] 他认为，问题导向型合作主要是在区域内各地方政府面临共同的问题，如环境保护、重复建设、灾害预防和突发事件的应对等方面；项目导向型合作，则是根据区域发展规范，

[1] 马斌：《公共服务中的政府间合作》，《学习时报》2009年5月4日，第6版。

[2] [丹麦] 埃里克·阿尔贝克等：《北欧地方政府：战后发展趋势与改革》，北京大学出版社2005年版，第31、6页。

[3] 杨宏山：《府际关系论》，中国社会科学出版社2005年版，第241页。

[4] 杨龙：《地方政府合作的动力、过程与机制》，《中国行政管理》2008年第7期。

设立跨地区的建设项目，根据项目的需要组织区域内各地方的财力物力，共同建设或开发，如大型基础设施建设等。

为了应对日益严重的区域公共问题，满足区域内公民的服务需求，长三角地区各个地方政府也采取了多种合作形式以加强横向协作。从调研的总体情况来看，目前长三角地区地方政府间公共服务合作主要采用了以下两种形式。

（1）合作专题形式

合作专题是目前长三角地区开展合作的最重要形式。由于这种形式的灵活性，它被广泛用于经济领域和公共服务领域等合作过程中。目前长三角地区在公共服务领域使用合作专题形式开展的合作主要是围绕交通、信息科技、教育、医疗等，如2008年开始的苏沪浙两省一市层面的合作中，着力使用了重点合作专题形式。这种形式主要是在贯彻2008年国务院出台的《国务院关于进一步推进长江三角洲地区改革开放和经济社会发展的指导意见》（简称为《指导意见》）中规定苏浙沪是在共同推进若干事项的基础上建立起来的。在十个重点合作专题项目中，苏浙沪重点从交通、社保、环保三个专题项目开展公共服务合作。

长三角地区16城市合作中也重点采用了合作专题形式，与两省一市合作并行展开，目前长三角地区16城市的合作专题项目从1999年开始，在公共服务合作中已经形成了22个决议，围绕11个专题，8个不同的合作领域。并围绕合作专题形成了自己的合作专题组织结构和运行机制。

无论是两省一市还是16城市的合作，围绕合作专题都会形成合作承诺。这些合作承诺主要是以合作协议文本形式确定下来。比如长江三角洲地区16个城市的气象部门以共同建造长三角气候生态环境监测评估网为目标签订的《长三角十六城市气象探测设备资料共享协定》；苏、浙、沪教科院签订的《长三角教育科学研究合作协议》；2006年上海市港口管理局和镇江港、南通港以实现港口之间在资源共享、功能配套、市场建设、行业管理和信息互通等为目标，签订的《上海市与镇江港口产业发展合作协议》等；2009年苏浙沪两省一市共同签订的《长江三角洲地区环境保护工作合作协议

（2009—2010年）》，等等。

（2）太湖流域治理

流域是区域的一种特殊类型，它是以河流为中心，由分水线包围的一个从源头到河口的完整、独立、自成系统的水文单元，在地域上有明确的边界范围。流域治理是一个以水为核心的自然资源利用和以区域为重点的经济开发与环境保护的综合过程。[1]长三角地区主要是太湖流域的合作治理。因为太湖流域的独特地理位置，促使苏浙沪两省一市及相邻各城市之间共同努力，合作解决以太湖水污染为主要议题的流域问题。在太湖流域的治理中，主要是通过两大实体组织机构太湖流域管理局和长江水利委员会承担流域协调的重任。2009年起，在国家发改委的牵头下，两省一市以联席会议制度的形式，对太湖流域环境保护进行协商会谈，形成了一系列合作协议。在这些合作中，地方政府领导人之间的互访、定期联席会议等，在一定程度上推进了长三角地区地方政府间公共服务合作。

虽然长三角地区公共服务合作已经全面展开，并取得了一定的成效，但是由于地方政府间合作的复杂性、围绕合作而形成的制度变迁的缓慢性，长三角地区地方政府间公共服务合作仍面临很多困境。

三、长三角地方政府间公共服务合作面临的问题

彼德斯指出："当代社会形成了一种氛围，其中集体行动被看成是高质量生活所必须的机制。"[2]长三角地区正在开展的地方政府间公共服务合作的各种尝试，令人对于该区域经济发展与社会福祉的增进产生十分乐观的愿景。然而，当前长三角地区地方政府间公共服务合作还面临着种种现实困境，"从目前的机制看，长三角合作主体偏重于政府，而且尚未建立彻底的人、财、物及责任考核机制，合作专题的推进中，经常出现'有人出场、无人办事、

[1] 陈瑞莲：《区域公共管理导论》，中国社会科学出版社2006年版，第271页。

[2] [美]B·盖伊·彼德斯：《官僚政治》，聂露、李姿姿译，中国人民大学出版社2006年，第17页。

无钱办事、无督办督查’的现象。”[1]即议而不决、决而不行的情况。总之，现有的长三角跨区域公共服务合作形成的初步制度建构，还显得极不成熟，以至于调研中国家发改委一同志感言：“长三角地区地方政府之间的合作，仍然处于初级阶段……所形成的合作协议，基本是没有约束力的。”[2]

（一）地方政府间公共服务合作的困境表现

关于长三角地方政府间合作困境，学者们从经济一体化的角度已展开了较多的研究。如钱海梅借用了启蒙思想家卢梭的“猎鹿困境”模型，来作出说明（见表 1–7）。

表 1–7：猎鹿困境[3]

	等牡鹿	追兔子
等牡鹿	10, 10	0, 5
追兔子	5, 0	4, 4

这一模型设想了共同放牧的一群猎人，由于谁也不能确定他人是否会放弃更容易自己单独捕捉的野兔而围捕更大的猎鹿，因而他们都可能为追逐自身的眼前利益（追捕野兔）而放弃自身和他人的更大、更长远利益（围猎牡鹿）。当前以长三角地区利益最大化为目标的区域公共服务功能经常显现的缺失现象，就是猎鹿困境中自利主义倾向在长三角一体化进程中的表现。[4]王云骏把长三角区域政府合作的困境总结为五大难题，认为各地行政区域分割、城市间恶性竞争、产业同构、重复建设以及区域污染严重制约了长三角区域政府合作。[5]陶希东进一步指出，缺乏有效的法律约束是地方政府间合

[1]《长三角合作机制期待“破冰”》，http://unn.people.com.cn/GB/14748/82702/6644534.html。

[2] 由国家发改委调研时访谈记录整理。

[3] 资料来源：根据汪伟全：《地方政府竞争秩序的治理：基于消极竞争行为的研究》，上海人民出版社，2009 年版，第 135 页表修改形成。

[4] 钱海梅：《长三角经济一体化与区域公共服务供给——基于区域公共服务供给模式的分析》，《政治与法律》2008 年第 12 期。

[5] 新华：《五大难题制约长三角政府合作》，《决策探索》2006 年第 1 期。

作协议难以具体实施的重要因素。由于缺乏有效的约束机制，地方政府间合作协议往往是议而不决，决而不行，其执行情况与效果无从评价。[1]

借鉴以上学者的意见，结合长三角地方政府间公共服务合作的现实状况，笔者从学理层面将主要合作困境概括为三种：公地悲剧、集体行动逻辑以及囚徒博弈的困境。

1. 长三角地方政府间公共服务合作中的公地悲剧困境

两千多年前亚里士多德即曾对其老师柏拉图鼓吹一切公有、取消私有制的主张作出尖锐批评："凡是属于最多数人的公共事物常常是最少受人照顾的事物。人们怀着自己的所有，而忽视公共事物；对于公共的一切，他最多只关心到其中对他个人多少相关的事物。"[2] 1968 年英国学者加勒特·哈丁进一步用"公地悲剧"模型诠释了亚里士多德的观点。[3] 该模型设想了一个开放性的牧场，并从一个理性放牧人的角度进行了思考。哈丁认为如果每个放牧人都以理性的态度对待自己的直接收益，在他或其他人由于过度放牧导致牧场退化而承担相应增加的放牧成本时，反而都有增加更多牲畜的动力。因为从理性角度看只有这样才能弥补牧场退化增加的成本。这种看似理性的行为必将导致牧场的最后崩溃，此即"公地悲剧"。哈丁其实很想表明这一道理：理性个体的行为可能会导致集体拥有的公共资源的衰败。

长三角地方政府间公共服务合作中也明显地存在着类似"公地悲剧"的现象。对一些跨区域的公共资源，如河流和地下水资源、渔业资源以及其他一些自然资源等，如果在开发利用过程中，各地方政府缺乏外在的刚性约束，均从自身利益最大化的原则出发，最终就将导致公益产品无法有效供给或者公共资源的枯竭和崩溃。在长三角地区，除了太湖流域水污染的典型例证外，长江口遭遇的严重污染也是一个清晰的例证。长江口是中国最大的河

---

[1] 陶希东：《中国跨界区域管理：理论与实践探索》，上海社会科学院出版社 2010 年版，第 163 页。

[2] 亚里士多德：《政治学》，吴寿彭译，商务印书馆 1983 年版，第 48 页。

[3] Hardin G, Science.196(162):1243−1248. 转引自埃莉诺·奥斯特罗姆：《公共事物的治理之道：集体行动制度的演进》，余迅达、陈旭东译，上海三联书店 2000 年版，第 13 页。

口，通江达海，区位重要。在长三角地区的经济发展中，作为中国改革开放的前沿和长江流域经济发展的龙头，长三角地区两省一市以仅占全国国土面积 2.1%，人口占全国的 11%，实现了 GDP 占全国的 22.5%，财政收入占全国总量的 31.5% 的经济发展成就。长年累计吸引外资占到全国总量的 35% 以上（2008 年数据）。[1]然而经济的发展同时也给长江造成了严重的环境污染，全国两万多家石化企业中，有一万多家分布在长江流域，此外还包括一些钢铁基地、炼油厂、石油化工基地以及相当多的发电厂、造船厂、拆船厂等企业。但目前长江流域各个地方政府却往往只从各自辖区利益出发，相互间采取搭便车的行动逻辑，疏于对饮用水水源地的保护和管理，应急预案也不完善，保障城市饮用水安全的应急能力较低。由此带来的结果便是，“长江口的环境污染问题逐渐从地方污染扩展为区域污染，流域跨区水污染事件时有发生，省际间、地区间水事纠纷接连不断，最终严重影响了公众的生产生活以及区域经济社会协调发展”，[2]形成典型的“公地悲剧”现象。

2. 长三角地区地方政府间公共服务合作中的囚徒博弈困境

长三角地区地方政府间的合作是地方政府间的横向合作。各地方政府如果都能着眼于区域整体利益，其结果就可以实现一种“正和博弈”的理想状态，但在跨区域公共问题治理过程中，由于各个地方政府通常更倾向于从辖区和官员个人利益出发来考虑问题，特别是受到辖区间 GDP 和政绩竞争因素的驱使，在彼此缺乏有效的信息沟通时，就会争相作出机会主义举动，进而造成集体治理行动的失败，即为“囚徒困境”。[3]在经济学上，该模型说的是，警察对两个疑犯缺乏足够的证据加以指证，如果罪犯中至少一人认罪，就能确认罪名成立。为了得到所需的口供，警察于是将这两名罪犯也即博弈双方分别关押以防止其串供或结成攻守同盟，并分别向其说明处境和面临的选择：

[1]《2.1% 的国土面积创造全国 22.5% 的 GDP》，http://finance.ifeng.com/city/cskx/20090824/1133916.shtml。

[2]《人与自然的和谐：建构长三角区域环境行政协调机制》，http://www.110.com/ziliao/article-162694.html。

[3][美]埃莉诺·奥斯特罗姆：《公共事物的治理之道：集体行动制度的演进》，余迅达、陈旭东译，上海三联书店 2000 年版，第 13 页。

若仅有一人认罪，则坦白者立即释放，而另一人将判 8 年徒刑；若两人都认罪，则他们将被各判 5 年监禁；若两人均不认罪，则均会被处以妨碍公务罪而各判 1 年徒刑。显然，对于博弈双方而言，共同坦白选择会造成最坏的组合结果（双方共需被判 10 年），但是由于信息不对称以及机会主义的考虑，这恰恰是博弈双方最易出现的选择。

以长三角地区基础设施建设为例，即存在着“囚徒困境”。长三角地区大小城市星罗棋布，且相互紧挨，从基础设施的整体空间布局来说，理应相互有所节制，执行一个共同的科学规划，以维持长三角基础设施总体的良好运行秩序，而无原则的恶性比拼，最终只会给长三角地区各地带来多败俱伤的结果，即“囚徒困境”。为了提高地区声誉和优化投资环境，以吸引外部投资，各地方政府踊跃修建飞机场、高速公路、港口等基础设施。但由于相互缺乏统筹规划和有力协调，例如长三角港口群的发展相当程度上就存在着十分严重的无序竞争现象，出现争上项目、定位雷同、重复建设等问题。宁波的北仑港和上海洋山港的重复建设就是典型个案。由国家投资的宁波北仑港可接纳第五代甚至更大型集装箱船，这个港口本身就是为了上海而建的，因为宁波本身没有那么多货物可供运输。但是，上海市又上马了洋山港工程。为了北仑港的出路，浙江省不得不兴建跨海大桥，来争夺上海乃至苏南地区的货源。但由于和上海方面没有谈妥，最后这个跨海大桥的另一端被迫选在了嘉兴。而上海市兴建的洋山港也因为在需求旺季时受到台风等自然条件的限制被质疑，原宁波市市长，后任国家发改委宏观经济研究院（原）副院长的刘福垣就提出：“北仑港原本就是为上海准备的，但现在上海却又要自己再建一个大港，这就脱不了重复建设的嫌疑了。这是地区相互不合作最大的一个例证。”[1]

3．长三角地区地方政府间公共服务合作中的集体行动困境

经济学家奥尔森在《集体行动的逻辑》一书中认为，组织中的个体都是理性人，加入组织是为了获得集团物品。但是认为从理性的和寻求自我利益

[1]《同质竞争与地方保护困扰长三角，大上海梦难圆》，http://news.sohu.com/20041214/n223482380.shtml。

的行为这一前提可以合乎逻辑地推导出集团也会从自身利益出发采取行动，这种观念很难成立。“除非一个群体中人数相当少，或者除非存在着强制或其他某种特别手段，促使人们为他们的共同利益而行动，否则理性的、寻求自身利益的个人将不会为实现他们共同的或群体的利益而采取行动”。[1] 集体行动的逻辑讲述了一个现实生活中无法回避的矛盾：个体的理性导致集体的非理性。米勒也将此形容为“社会两难困境”，他认为团队中的个人对自我利益的追求与群体效率之间存在某种张力。[2]

以长三角地区社会保障一体化进程为例。建立统一的社会保障转移接续制度，是长三角地区地方政府间公共服务合作的一项重要内容。然而，由于缺乏相互间的协商沟通，以及有效的激励、惩戒措施，在社会保障的制度和政策层面，存在着明显的各自为政现象。体制和政策互相不衔接，其结果不仅严重伤害了劳动者权益，也妨碍了长三角的市场一体化。从而造成事实上的集体行动困境。

与美国等发达国家在全国层面上进行统筹不同，目前，我国以各市县为单位统筹。与全国一样，两省一市的养老、医疗等社会保险制度被分割在众多的统筹单位，而各统筹单位之间政策不一，保障水平不一，难以协调。劳动者的社保不能跨地区接续，到了一个新的地方就要重新参与社保，原有的积累留在了原地，流动的劳动者呈现“一人多个社保关系”的情况，对流动的劳动者极为不利。虽然目前我国有关部门宣布已有 17 个省（包括我们正在研究的两省一市）实现了“省级统筹”。所谓“省级统筹”，应该是省级统收统支、省级财政对社保基金进行财政“兜底”。可是，目前这些实现了“省级统筹”的省份，都不是完全意义上的“省级统筹”，没有能够实现省级统一对社保基金“统收统支”。可以说，它们只要仍然以市县为单位进行统筹，就不能算是真正意义上的省级统筹。

---

[1] [美] 曼瑟尔·奥尔森：《集体行动的逻辑》，陈郁、郭宇峰、李崇新译，上海人民出版社 1995 年版，第 1–4 页。

[2] [美] 米勒：《管理困境：科层的政治经济学》，王勇、赵莹、高笑梅等译，上海人民出版社 2002 年版，第 49 页。

同时，由于各地社会保障政策的不一致，导致合作的困难。以城镇职工的社会保险为例。各地在以下政策标准上存在不统一的问题，如计发基础养老金和过渡性养老金使用的平均工资基数不统一：有的使用城镇企业职工平均工资，有的使用全部职工平均工资，而行业统筹企业使用本行业平均工资；再如平均缴费工资指数（缴费工资指数，是指职工每一年的缴费工资与对应的当年本市职工平均工资之比）计算方法不统一：有的计算“统账结合”（即基本养老保险社会统筹与个人账户相结合）后若干年的缴费工资指数平均值，有的计算“统账结合”前若干年的缴费工资指数平均值，有的计算“统账结合”后至本人退休前各年缴费工资指数平均值。[1] 这些都造成了两省一市难以有效开展合作。

当然，上述三种困境并不能穷尽长三角跨区域公共服务合作的现实境遇，若从合作主体（地方政府）来看，还面临着个体、群体和领导者三个方面的实践困境，因为现实中我国区域合作动力多来源于决策者和行政领导的力量，这些困境具体表现为决策者和领导者中存在的思想障碍，既得利益的刚性，官本位现象，政府职能惯性等。这些问题导致区域合作主体的主动合作的自觉性不高，片面强调区域合作情况复杂，成本高，操作难，从而造成区域公共服务合作进展缓慢。

（二）地方政府间公共服务合作的困境分析

当前长三角地方政府间公共服务合作取得了一定成效，但总体上仍处于初始阶段。主要有以下原因：一是政府间合作形式单一。目前合作的主要形式是通过会议达成一些合作意向，大多是一种会议宣言，没有真正形成一套制度化的议事和决策机制，也没有建立起长效性的实体性组织机构，容易诱发地方政府的机会主义倾向，增加政府协调成本。二是政府间协调结果缺乏可操作性。区域内各地方政府之间制定的战略、规划、计划基本上以政策宣言形式出现，有的甚至是以某种指示或号召的形式出现的，很多只是地方领

[1]《长江三角洲社保一体化研究》，http://www.legaldaily.com.cn/zt/content/2010-09/29/content_2308034.htm?node=25829。

导人之间的一种承诺，缺乏法律效力和刚性约束，从实践的角度缺乏基本的可操作性。三是政府间协议决策缺乏全局性。各地方政府共同协商后制定了整体的合作发展规划，但是无法制定一个统一的实施方案。在执行整体的合作发展规划时，各地在很大程度上都是按照自身发展的内在逻辑和实际需要展开的，而不是从整个区域发展的要求出发的。[1]

如果从新制度经济学的分析视角出发，长三角地方政府间公共服务合作所面临的以上困境，从其生成机理来看，可以进一步归结为以下几个层面的原因：

一是信息不对称。例如“公地悲剧”或“囚徒困境”模型，其实揭示的都是信息不对称深刻影响人类合作行为的问题。由于相互间信息沟通不足，加上自利的本性，利益相关者各自更倾向于作出机会主义的行为，进而摧毁合作。当前长三角一体化进程中即明显存在着这一问题。一方面，现有的信息沟通行为主要还停留于协调会、座谈会等会议形式，没有建立起依托现代网络技术的区域内统一、完备的信息沟通平台；另一方面，由于置身于“压力型体制”及“官员晋升的锦标赛”[2]中，各级地方政府官员主要的追求往往并不是增进公共利益，而是想方设法追求政绩，以求在任期间应付来自上级的考核，超越周边地区的同仁，能够在官场晋升中占据有利的位置。因此，各地方官员对于所掌握的跨区域公共服务信息会有所保留，比如有意遮掩辖区环境污染的真实情况、传染病防控中虚假作为以及基础设施建设相关数据等等，从而最终危害到合作行为的达成。有学者也因此感言：“区域各地市之间经济政策和相关措施的尽可能公开，可使任何一个地区增加经济合作中的可预测性，最大限度地减少由于相互之间实行信息封锁而导致的合作风险。”[3]然而，从当前长三角地区公共问题的处理来看，各地方政府还很

[1] 孟涛：《论长三角经济一体化面临的三大困境》，《生产力研究》2009 年第 19 期。

[2] 是指上级政府对多个下级政府部门的行政长官设计的一种晋升竞赛，竞赛优胜者将获得晋升，而竞赛标准由上级政府决定，它可以是 GDP 增长率，也可以是其它可度量的指标（参见周黎安：《官员晋升锦标赛与竞争冲动》，《人民论坛》2010 年第 5 期）。

[3] 吴旬：《中国地方政府间制度竞争的经济效应分析》，《山东经济》2004 年第 7 期。

难做到这一点。事实上，在合作的过程中，每个环节的信息对于合作各方来说都是非常重要的，隐瞒或者不能提供完全的信息，一方面增加了合作的困难，导致合作的不确定性，另一方面，对于已经达成协议的合作也会有非常大的影响，会导致协议的无法顺利执行。从长三角地区环境污染、基础设施重复建设等现象都可以看出，由于缺乏对合作各方的执行情况的信息，陷入囚徒困境与公地悲剧是必然的结局。

二是利益协调机制的缺乏。利益关系是合作中最为核心的问题。利益协调实现的主要目标是利益共享，而在合作中，最为重要的是要通过利益补偿实现利益共享。这表现在两个方面，一是跨区域公共服务属于共享性公共产品，具有消费的非排他性特征。假使在合作行为中，并没有建立起相互间的利益补偿机制，合作一方在对己方共享资源实施保护时，难以确定相邻地区是否实施保护，更无法阻止相邻地区享受其保护行为所带来的收益，那么合作行为就会失败，或者无法维系。如在对长三角地面沉降现象合作进行回灌保护时，上海花费了很多精力，但相邻的苏州与杭州却显得相对消极，虽然没有采取回灌行动，但这两地可以享受上海进行回灌保护带来的收益。这样的行为导致三地合作难以持久。二是需要共同治理的公共事务。如在太湖流域的污染治理中，由于没有建立省际之间的利益补偿机制，省际相互间利益补偿不到位从而严重影响了跨区域合作治理的效果。如学者所言，“太湖流域涉及两省一市 35 个城市，存在着上游排污，下游受难的普遍情况。但是上游治污是单打一，得不到下游城市的资金和其他各种支持；下游城市受害只能强忍苦水，得不到上游污染元凶的适当赔偿，因此在城市与城市之间的治污协作关系非常紧张，这就制约了流域综合治理的实施。”[1]

三是监督与激励机制不健全。托马斯·霍布斯谆谆告诫人们：“契约没有刀剑就只是言词。”[2] 这就是说，协议即使签订了，如果缺乏监督激励机制，那么，这一协议就可能只是一纸空文。对于涉及多个利益主体的公共池

[1] 姬德峰：《论太湖流域生态补偿机制的构建》，《节能与环保》2008 年第 6 期。

[2] [美] 文森特·奥斯特罗姆：《美国公共行政的思想危机》，毛寿龙译，上海三联书店 1999 年版，第 141 页。

塘资源的治理，埃莉诺·奥斯特罗姆亦给出了类似的提醒：要达成集体行动，就须解决新制度的供给、可信承诺、相互监督等三个问题。[1]机制设计理论者循着相同的思路，进一步把这些问题浓缩为两个关键变量：信息充分与激励相容。要求围绕这两个问题进行机制设计。[2]信息问题上文已论及，这里重点分析激励与监督的问题。实际上，长三角地区地方政府间公共服务合作所面临的集体行动的困境，主要涉及区域内确保成员间合作的监督机制难以健全的问题。这与新制度经济学委托—代理模型关注的核心内容相一致，都会面临监督问题以及监督中可能出现的道德风险行为。委托人要针对代理人设计出一套激励安排，确保可以按照代理人努力所达成的结果来进行奖惩。[3]而这些激励机制也正是目前长三角地区所十分欠缺的。此外，从中央政府所给予的法律保障来看，我国现行宪法对类似长三角地方政府之间的横向合作也尚未明示相关专门规定，从而也难以对地方政府间自主开展的协调行动作出法律层面的有力维护。

“实际上，集体行动的失败通常所涉及的中心问题都是‘搭便车’问题。任何时候，一个人只要不被排斥在分享由他人努力所带来的利益之外，就没有动力为共同的利益做贡献，而只会选择作一个搭便车者。如果所有的参与人都选择搭便车，就不会产生集体利益。”[4]长三角地区公共服务合作陷入困境，同样也是“搭便车”行为大行其道的结果。

围绕长三角地区地方政府间公共服务合作的研究主题，为达成和维持地方政府间稳定的合作关系，减少和消解“搭便车”行为，就需在现有机制基础上，进一步探索如何设计和完善一套健全的合作机制。正如柯武刚所指出

---

[1][美]埃莉诺·奥斯特罗姆：《公共事物的治理之道：集体行动制度的演进》，余迅达、陈旭东译，上海三联书店2000年版，第6页（序）。

[2]郭其友、李宝良：《机制设计理论：资源最优配置机制性质的解释与应用——2007年度诺贝尔经济学奖得主的主要经济学理论贡献述评》，《外国经济与管理》2007年第11期。

[3][英]蒂莫西·贝斯利：《守规的代理人——良政的政治经济学》，李明译，上海人民出版社2009年版，第114页。

[4][美]埃莉诺·奥斯特罗姆：《公共事物的治理之道：集体行动制度的演进》，余迅达、陈旭东译，上海三联书店2000年版，第18页。

的："合作过程中，缺乏的是一种制度，尤其是附属于它们的惩罚——能使人们作出既有承诺能得到切实履行的可靠约定。人际合作通常都需要有制度框架，制度框架能增加逃避义务的风险，增强互利合作的习惯。囚徒困境告知我们的是，人们合作时，他们的境况往往优于不合作。而在合作中如果有一个总体战略为个人的行动建立一套规则框架，并靠它来克服知识问题，减少信息搜寻成本和协调成本，避免在争斗的激烈关头因决策凌乱和协调不良而失败。"[1]

总而言之，地方政府间公共服务合作提供的需求与其在合作中面临的困境要求发展和完善合作机制，这种合作机制应能做到，"应在事前，尤其是在无知之幕之后制定相关的政治博弈规则，然后再在所界定规则的规约下进行政治性资源配置"[2]，以保证合作机制能够解决合作过程中产生的诸多困境。针对这种情况，下一章将建立地方政府间公共服务合作机制的分析框架，为健全和完善合作机制提供新的分析视角。

[1][德]柯武刚、史漫飞：《制度经济学：社会秩序与公共政策》，韩朝华译，商务印书馆2000年版，第113页。

[2][英]蒂莫西·贝斯利：《守规的代理人——良政的政治经济学》，李明译，上海人民出版社2009年版，第103页。

第二章

地方政府间公共服务合作机制：理论基础与框架

第二章主要从现实的角度分析了长三角地区地方政府间公共服务合作的现实需求和合作中面临的困境，得出解决这些困境需要完善长三角地区地方政府间公共服务合作机制。在此基础上，本章在参考借鉴了交易成本、集体行动等理论的基础上，从合作过程的视角，形成一个地方政府间公共服务合作机制的分析框架，并对其运行机理和主要要素进行分析。

一、地方政府间公共服务合作机制的主要理论依据

（一）交易成本理论

1. 交易成本理论及其主要观点

交易成本理论是新制度经济学的一个中心范畴。制度经济学先驱美国人康芒斯在《制度经济学》（1934年）中提出交易是制度经济学分析的最小单位。正是从康芒斯开始，交易这个概念引起人们的广泛关注和兴趣。科斯后来在1937年所写的《企业的性质》一书中，首次提出了交易成本的概念。在1960年发表的《社会成本问题》当中，科斯指出："为了进行市场交易，有必要发现谁希望进行交易，有必要告诉人们交易的愿望和方式，以及通过

讨价还价的谈判缔结契约，督促契约条款的严格履行等等，这些工作常常是花费成本的，而任何一定比率的成本都足以使许多在无须成本的价格机制中可以进行的交易化为泡影。”[1] 在科斯看来，交易成本就是“产权从一个经济主体向另一个主体转移过程所需要花费的资源的成本。这包括作一次交易（如发现交易机会、洽谈机会、监督成本）的成本和保护制度结构的成本（如维持司法体系和警察力量）”[2]。

在科斯理论的基础上，新制度经济学另一重要人物威廉姆森进一步发展了交易成本理论。他认为，交易费用分为事先的交易费用和事后的交易费用两种。前者包括起草、谈判和维护一项协议的成本，即与市场相联系的交易费用：研究和信息成本，谈判和决策成本、检验和履行成本。后者则包括当交易偏离了所要求的准则而引起的不适应成本；为了纠正事后的偏离准则而引起争论的成本；伴随建立和运作管理机构通常不是法庭而来的成本，如管理机构解决交易纠纷的成本；保证生效的抵押成本。[3]

威廉姆森还分析了交易成本产生的根源：一是行为主体受到有限理性的限制，即由于信息复杂性和信息不确定性的影响，行为主体只能有限地达到理性的目标；二是行为主体的经济人本性，即追求自身利益是人的经济行为的根本动机；三是行为主体的机会主义行为倾向，即“狡诈地追求利润的利己主义”和“信息的不完整或受到歪曲的透露”。[4]

在威廉姆森、张五常等学者的努力下，交易费用理论成为新制度经济学的主要组成部分，并被广泛应用于解释诸如产权结构、代理关系、外部性问题、集体行动、政治制度等诸多领域，例如诺斯便成功地运用交易费用理论

[1] [美] 罗纳德・哈里・科斯：《企业、市场与法律》，盛洪译，上海三联书店 1990 年版，第 91 页。

[2] [南] 斯韦托扎尔・平乔维奇：《产权经济学》，蒋琳琦译，经济科学出版社 1999 年，第 43 页。

[3] [美] 迈克尔・迪屈奇：《交易成本经济学》，王铁生、葛立成译，经济科学出版社 1999 年版，第 29 页。

[4] 陈郁：《企业制度与市场组织——交易费用经济学文选》，上海人民出版社 1996 年版，第 79 页。

来重新解读了西方经济史上的制度、制度变迁与制度绩效。

2. 交易成本理论对合作机制框架构建的启示

地方政府间在公共服务合作过程中存在着大量交易成本问题。各地方政府作为行为主体，具有有限理性的经济人本性，在合作中会出现机会主义行为，这种行为进一步加大了合作中的交易成本。

首先，地方政府间公共服务的合作行为可以视为为了各自辖区利益最大化所采取的“交易行为”，存在着搜寻信息、缔结合约及监督违约行为的各种交易成本。如汪伟全指出，在地方政府间合作过程中，存在着“搜寻成本、谈判成本、合同成本、履行成本、监督成本和评估成本”。[1] 当地方政府间针对某一跨区域公共服务采取的横向协商谈判预期收益大于为此所付出的交易成本，各地方政府就有积极性去进行协商谈判，解决问题。如果预期收益小于交易成本，则难以协商解决。

其次，各地方政府作为地区利益的代表者，也是独立的行为主体。它具有行为主体的特性，这就使其具有经济人的特性，即追求自身利益最大化。当有“良好的法律和制度保证，经济人追求自身利益最大化的自由行动会无意识地、卓有成效地增进社会的公共利益。”[2] 而在法律和制度供给不足的情况下，经济人的这种行为有可能会造成各地方政府间的利益冲突。同时，在合作过程中，地方政府作为行为主体的有限理性导致可能会作出错误判断和选择。经济人和有限理性的行为又导致了地方政府在合作中的机会主义行为，这种行为的存在又使得地方政府间存在的交易费用增加。

交易成本理论为解决这些问题提供了几点启示：

---

[1] “搜寻成本”是指有合作意向的地方政府，为了寻找和选择合作伙伴而花费的成本；“谈判成本”是指在进行协商谈判中花费的成本，包括联系对方、寻找协商地点，组织会议等花费的人力、物力和财力；“合同成本”指签署合同过程中所花费的成本，如前期调研等费用；“履行成本”指为了落实合作中的事项所花费的执行成本；“监督成本”指对地方合作中应尽事项的监督；“评估成本”指对合作过程及合作效果的评价成本。汪伟全：《地方政府竞争秩序的治理：基于消极竞争行为的研究》，上海人民出版社2009年版，第247页。

[2] 杨春学：《经济人与社会秩序分析》，上海三联书店1998年版，第12页。

第一，交易费用经济学指出，为了保护交易各方免受交易关系中各种风险的危害，应该设计各种治理结构来解决这一问题。由此，可以根据交易成本的产生，即根据各地方政府搜寻信息、缔结合约及执行契约、监督违约等行为，将地方政府间公共服务合作过程区分为订立合作契约的协商阶段、签订契约的承诺阶段以及对于契约具体作出执行的阶段，并针对各个阶段所产生的交易成本，分别设计不同的机制来进行治理，以降低交易成本，从而保障各地方政府通过合作所获得的收益大于其所付出的交易成本，从而促使合作的产生和发展。

第二，针对地方政府间合作中存在的机会主义行为，“如果事前就能设计防范措施，那么，事后的投机行为就难以再对交易造成什么损害了。”因此，可以在地方政府间合作机制的构建中，设计出一种“事先的防范机制和事后的惩戒机制。”也可以“改换激励手段，设计出用以组织有关交易的最佳治疗结构。”[1]

第三，针对在法律和制度保障不足情况下，地方政府作为经济人会导致利益冲突的行为，应在完善地方政府间公共服务合作机制的过程中，注意加强法律和制度的建设，促使地方政府的行为朝向增加公共利益的方向努力。

（二）集体行动理论

地方政府间公共服务合作机制的建立过程，可以说实际上是解决具有个体理性的各地方政府与集体理性的区域合作共同体之间的矛盾的过程，即如何促进个体理性与集体理性的统一，从而实现地方政府间合作所形成的区域合作共同体的整体利益最大化。集体行动理论为这一问题解决提供了理论参考。

1. 集体行动理论及主要观点

集体行动理论的创立者奥尔森采用了“理性人”这一假设。他假设人都是理性的、自利的、短视的，人们总是寻求最大的收益和最低的成本。

[1][美]奥利弗·E. 威廉姆森：《资本主义经济制度——论企业签约与市场签约》，段毅才、王伟译，商务印书馆2002年版，第73–74页。

从这一假设出发，奥尔森对“有共同利益的个人组成的集团通常是试图增进那些共同利益”这一观点提出了质疑。[1]他认为，“除非一个集团中人数很少，或者除非存在强制或其他某些特殊手段以使个人按照他们的共同利益行事，有理性、寻求自我利益的个人不会采取行动以实现他们共同的或集团的利益。”[2]

针对奥尔森提出的集体行动困境，不同学者提出走出集体行动困境的途径。如林毅夫指出，只有当“集体规模愈小；集体成员的来源越一致；集体成员间彼此联系的时间越长或者集体存在的时间越长；集体成员间社会和物质关系越接近；集体成员（或小集体）的目标越有差异（以互补的方式）；集体对于不行动所致损失的敏感性越强；集体成员间财富或权力的分配越不平均，”[3]集体行动才更具有可行性。

美国政治学博士阿克塞尔罗德设计了“一报还一报”的博弈模型来考察人类的合作策略与集体行动的价值。他认为，长期持续的相互关系对人们选择合作还是背叛具有重要的意义。“很多例子说明长期的相互关系对合作的稳定性的重要性。在一个稳定的小镇或同一种族里的邻里之间就容易建立互惠的规范。”[4]为此，他提出：增强长远的、未来的因素对人们的影响；通过政府或者社会规范对背叛者的惩戒，激励人们的长期合作；教育人们关注互惠的回报，不仅关心自己的利益，更要关心他人的利益；识别合作的范围与持续合作的意义，增进合作的技巧。[5]

制度主义者也从制度的作用和制度对个人行为的关系等角度，导入了

[1] [美] 曼瑟尔·奥尔森：《集体行动的逻辑》，陈郁、郭宇峰、李崇新译，上海三联书店、上海人民出版社 1995 年版，第 1 页。

[2] [美] 曼瑟尔·奥尔森：《集体行动的逻辑》，陈郁、郭宇峰、李崇新译，上海三联书店、上海人民出版社 1995 年版，第 2 页。

[3] 林毅夫：《再论制度、技术与中国农业发展》，北京大学出版社 2000 年版，第 39—40 页。

[4] [美] 罗伯特·阿克塞尔罗德：《对策中的制胜之道：合作的进化》，吴坚忠译，上海人民出版社 1996 年版，第 45—46 页。

[5] [美] 罗伯特·阿克塞尔罗德：《对策中的制胜之道：合作的进化》，吴坚忠译，上海人民出版社 1996 年版，第 97—107 页。

制度发展对促进人们建立共同认知、培养共同愿景、形成共同价值观所具有的重要意义，论证了人们选择共同行动的必然性。[1] 如理性选择制度主义认为，制度可以被看做是个人行动规则和激励的集合体，要利用规则的积极性和消极性激励，减少集体行动中的规避责任现象与逆向选择行为。奥尔森称之为“选择性激励”，就是说，“既可以通过惩罚那些没有承担集团行动成本的人来进行强制，或者可以通过奖励那些为集团利益而出力的人来进行诱导。”[2] 在这种激励和惩罚中，规则构成了问题解释的核心，要通过规则的设计达到“使得个体意识到只有通过制度行为才能最有效地实现自己的目标，明确规则的存在最终有利于组织中的所有成员，甚至会有利于整个社会”。[3] 这种规则促使个体的行为转化为集体的决策和选择。此外，理性制度主义还强调，必须使公共问题涉及的利益与个体参与者的利益密切相关。

规范制度主义则强调了规范在集体行动过程中的作用。他们认为，“人们从事某种行动，不只是为了利益，还有责任、道德、基于信任的合作，要在制度的基础上建立信任关系。”[4] 因此，要强调依靠制度强化人们在互动中产生的信任和合作关系，倡导合作伙伴对集体组织理念与共同愿景的学习和分享。

2. 合作机制框架构建中的集体行动逻辑

地方政府间公共服务合作的主体从根本上来说，是理性的地方政府官员，在合作中，地方政府官员也有自身的个人利益，各地方政府官员代表其所在地方政府进行的合作也是一种集体行动。因此，可以从集体行动理论中寻找解决地方政府间公共服务合作这一集体行动困境的破解路径。

首先，在构建地方政府间公共服务合作机制的分析框架中，要注意采用

---

[1] 孙柏瑛：《当代地方治理——面向21世纪的挑战》，中国人民大学出版社2004年版，第92页。

[2] [美] 曼瑟尔·奥尔森：《集体行动的逻辑》，陈郁、郭宇峰、李崇新译，上海三联书店、上海人民出版社1995年版，第42页。

[3] Peters GB. Institutional Theories of Political Science, London: New Printer, 1999,44.

[4] 孙柏瑛：《当代地方治理——面向21世纪的挑战》，中国人民大学出版社2004年版，第94页。

有效的“选择性激励”措施。在合作机制中通过建立奖惩规则，惩罚消极合作行为，奖励积极行动，促使合作中个体利益与合作所要达成的公共利益密切相关，减少地方政府间合作形成的集体行动中的规避责任现象与逆向选择行为。

其次，要增强合作的持久性与常态性，维持稳定的合作关系。在长期的互动中，合作各方更容易形成共同价值观，通过在地方政府间合作中形成正式规范和非正式规范，塑造组织文化和共同价值体系，不断维系与发展合作者之间相互信任、互惠互利的良好合作关系。

第三，在合作过程中，尽量将合作主体数目控制在一个合理的范围内。奥尔森所构建的集体行动的逻辑，揭示了集团规模很大程度上影响着集体行动的达成。小型团体的集体行动更易于达成，成员更易于采取一个声音说话，集体行动能力更强；大型团体则是很容易陷入无序、混乱的状态，集体行动反而很难达成。以长三角地区各级地方政府间合作为例，长三角地区的合作最初是苏沪浙 16 城市之间的合作，从而出现了“16 个市，有地级市、副省级城市、计划单列市，还有上海这个省级市。虽说是 16 个市长，但他们坐在一起，能够协调解决什么层级的问题呢”[1]的集体行动困境。为此，2007 年 11 月召开的“沪苏浙三省（市）长座谈会”把原有长三角地区“16 市”的合作范围，调整为“两省一市”的合作。将长三角地区地方政府合作主体由 16 个减少为 3 个，按照奥尔森的分析，小集团更容易达成合作，这将可以更容易推进长三角的合作进程，而且由于协调层次的提高，也将可以加强合作的效果。

（三）委托代理与机制设计理论

1. 委托代理理论

20 世纪 70 年代，随着新制度经济学的发展，罗斯系统地提出了委托代理理论。70 年代中期至 80 年代中期，经济学家米尔利斯和斯蒂格利茨等人

[1]《长三角范围扩容 由十六市调整为两省一市》，http://news.qq.com/a/20071203/003176.htm。

对这一理论进行了发展。

委托代理关系描述的是一种在信息不对称条件下的契约关系。它最初是用于解决合约设计中不完全信息所带来的困境。[1]当合约各方拥有不同的目标函数及代理人比委托人拥有更多信息优势时，代理问题就会出现。在对称信息条件下，委托代理双方没有可隐瞒的信息，委托人可以顺利地观察到代理人的所有行为并根据实际情况对代理人进行奖罚。然而，在一般情况下，委托代理双方的信息是非对称的，他们之间的具体利益也存在差异。作为委托人，当然期望其所拥有的资本能获取最大利润；而作为代理人，他更关心的不是委托人的资本能否实现最大利润，而是自己的利益是否得到满足，比如报酬、职位、地位、生活质量等。

委托代理双方所追求的利益都是自身利益的最大化。这也是符合目前主流经济学的基本假设前提的，即理性经济人假设。这一假设也是委托代理理论的具体假设前提。既然委托人和代理人都从自身利益出发，如果委托人与代理人利益目标不一致，那么这种契约关系就可能导致效率极大的损失，对于委托人来说，这尤其体现为代理人会利用所占有的信息优势，“出于私利而采取机会主义的行动，忽略委托人的利益”[2]，从而产生道德风险和逆向选择两种基本代理问题。道德风险主要是指代理人在确保自身效用极大化的前提下，损害委托人或其他代理人效用的行为。逆向选择则是指委托人在不了解可能对自己产生不利影响的信息的情况下与代理人签订合同所面临的对己不利的困境。

委托代理理论的核心命题就是在利益相冲突和信息不对称的环境下，研究委托人如何设计最优契约激励代理人。贝斯利指出，在委托代理关系中，由于信息的不对称，在授权过程中，要应关注两个问题：监督问题和遴选。[3]

---

[1] Ferris JM. A Contractual Framework for New Public Management, International Public Management Journal, 1:225.

[2] [德] 柯武刚，史漫飞：《制度经济学》，韩朝华译，商务印书馆 2000 年版，第 330 页。

[3] [英] 蒂莫西·贝斯利：《守规的代理人：良政的政治经济学》，李明译，上海人民出版社 2009 年版，第 113 页。

监督问题的产生主要是因为决策者（代理人）极有可能会采取机会主义行为，从而有必要通过相应的监督来确认其是否发生了机会主义，并据此进行惩罚和奖赏，以期最小化决策者（代理人）的机会主义。而遴选则是引入竞争机制，选择那些能力较强，以及从动机上来说更可能致力于服务公众利益的决策者（代理人）。

委托人还应注意到，必须根据代理人不同的效用需求激励代理人。一般情况下，代理人的效用需求函数包括货币收入、非货币收入。非货币收入包括了声誉，良好的声誉对于代理人来说也极有意义，因声誉可能意味着以后良好的发展前景和更高的货币和非货币收入。因此，对于委托人来讲，了解代理人的偏好十分重要。委托人必须清楚所选择的激励约束必须与代理人的目标效用函数相一致。委托人只有真正地了解代理人的偏好，才能有针对性地调整对代理人的激励和约束条件。

2. 机制设计理论

第 39 届诺贝尔经济学奖授予里奥尼德·赫维克兹 (Leonid Hurwicz)、埃克里·S·马斯金 (Eric S. Maskin)，和罗杰·B·梅尔森 (Roger B. Myerson) 三位对机制设计理论作出重大贡献的经济学家，使机制设计理论成为学术界关注的焦点。

20 世纪 60 年代，里奥尼德·赫维克兹最早提出机制设计理论，因此而被誉为“机制设计理论之父”。之后，美国经济学家马斯金和梅尔森进一步发展了机制设计理论，他们的理论研究核心是如何在信息分散和信息不对称的条件下设计激励相容的机制来实现资源的有效配置。

赫维克兹把机制设计理论定义为：对于任意给定的一个目标，在自由选择、自愿交换的分散化决策条件下，能否并且怎样设计一个合理机制（即制定什么样的方式、法则、政策条令、资源配置等规则），使得经济活动参与者的个人利益和设计者既定的目标一致。[1] 钱颖一认为，机制设计理论就是

[1] 张东辉：《经济机制理论：回顾与发展》，《福建论坛》（经济社会版）2003 年第 8 期。

给定一个组织的目标，是否可以和如何设计一套游戏（或博弈）规则，使得每一个参加经济活动的人，在掌握各自私人信息的情况下出于自身利益行事，其最终博弈结果能够到达该组织设定的目标。[1]

作为经济学的分支，机制设计理论的前提同样也是经济人假设，即每个个体是完全理性的，追求个人利益最大化。一般情况下，设计一套好的机制需要满足三个条件：资源的有效配置。资源有效配置通常采用帕累托最优的标准，帕累托最优是资源分配的一种理想状态；信息的有效利用，即信息效率问题；激励相容问题。激励相容指每个个体参与者按照利益最大化原则追求个人目标。机制实施最终能够实现设计者所要达到的目标，实现个人理性和集体理性相统一。

3. 对合作机制分析框架构建的启发

总体而言，这两个理论有着较为相似的方面，均以理性人以及信息不对称作为前提假设，并且都在研究结论里强调了增进信息透明和激励相容原则的重要性。在地方政府间公共服务合作机制的建立过程中，要注意结合这两种理论的思想，进行有效的机制设计。

首先，在地方政府间公共服务合作过程中，各地方政府具有多重代理身份，一方面，作为地方公共服务的提供者，各地方政府成为该地区公众的代理人；另一方面一旦地方政府间缔结了公共服务合作契约并公开作出应允，那么，相对于区域整体利益以及其他地方政府而言，各个地方政府就充当了代理人角色，形成与前者的委托代理关系。根据委托代理理论和机制设计理论，委托人与代理人如果信息沟通不畅，会导致道德风险问题，为此，在合作机制的设计中，要建立信息公开制度，促使代理人披露信息，以保证委托人能够得到足够的信息，避免道德风险问题。

其次，要通过建立激励制度，实现地方政府及其官员的个人利益与区域利益的趋同性，从而实现激励相容，例如通过合作绩效的评估，对公共服务

[1] 肖瑞、李利明、杨洋：《机制设计理论与中国经济改革》，《经济观察报》2007 年 11 月 10 日。

合作中成效更优的官员在经济待遇、晋升机会、社会名誉等方面给以更好的回报。

再次，要有效遏制公共服务合作中代理人的投机行为倾向，还必须完善监督机制，强调公民参与。充分重视社会舆论监督机制的作用，充分发挥大众传媒在反映民意、维护民利、披露问题方面的积极作用。

二、地方政府间公共服务合作机制分析框架的基本内涵

（一）合作机制的分析框架内容

以上探讨了地方政府间公共服务合作机制的各种重要理论依据。这些理论为构建地方政府间公共服务合作机制分析框架和完善地方政府间公共服务合作机制提供了重要的学理启示。但由于学者们在研究这些理论时，各自研究的侧重点不一，因此本书只汲取对建立合作机制分析框架，完善地方政府间公共服务合作机制有益的理论成分。

受益于交易成本理论从交易过程考察成本的启发，笔者选择从地方政府间开展合作的过程来分析地方政府间合作机制。那么，地方政府间在不同的合作阶段，需要通过什么样的手段，完成哪些目标呢？这需要探索地方政府间公共服务合作这一暗箱，揭示建立这一合作系统所需要的各种要素，并由此建立合作机制的分析框架。构建合作机制的分析框架，尚需厘清这几个问题：

1. 地方政府间公共服务合作建立的前提

理解合作建立的前提，是理解合作机制形成的首要内容。合作建立的前提是各地方政府对合作的需要，也即地方政府间为什么要开展合作。杨龙提出，地方政府间开展合作有两种前提，一种是为了解决共同面临的问题，比如环境保护、灾害预防和突发事件的应急解决等；另一种是跨地区共同建设或开发的需要，比如基础设施建设、资源利用与开发等。[1] 伍德和格雷

[1] 杨龙：《地方政府合作的动力、过程与机制》，《中国行政管理》2008 年第 7 期。

(Wood and Gray) 曾建立了一个“前因－过程－结果”的合作分析模型，对合作过程进行分析（见图 2-1）。他们指出，合作各方建立合作的前提有如下几种：合作各方具有高度的相互依赖性、某一方对另一方的资源具有依赖性或者希望能够共享风险，比如危机应对等、有共同合作史、有资源可以互补以及其他复杂因素。[1]

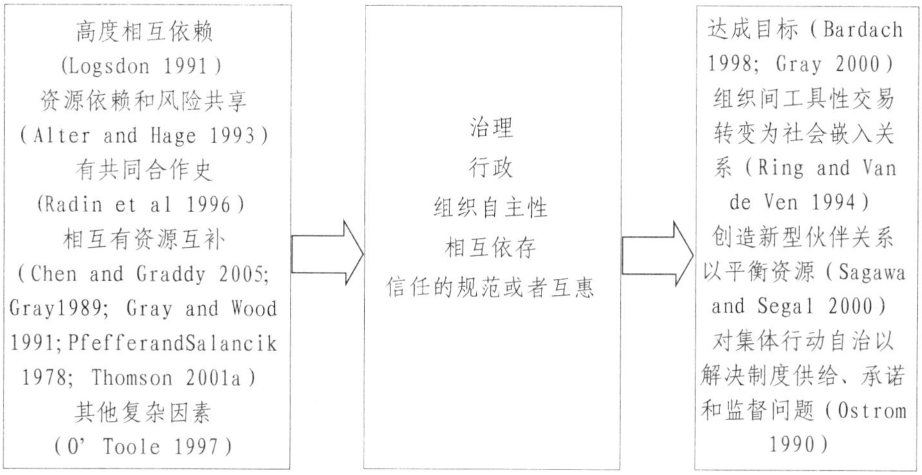

图 2-1：伍德和格雷的“前因－过程－结果”的合作分析模型[2]

对合作前提的梳理有助于理解合作中人们之间的相互依赖性，从而有利于理解合作过程中各阶段之间的联系。在地方政府间公共服务合作的过程中，为了解决单个政府难以进行服务供给的困境，需要与其他地方政府形成相互依存的关系。从合作的前提考虑合作，可以让我们预测地方政府间合作的可能性，认识到地方政府间为什么要合作，以据此分析地方政府间合作机制作用的范围。

2. 地方政府间公共服务的基本过程

协商谈判的过程。地方政府间公共服务合作的前提是为了实现两个目的：趋利与避害。趋利是指参与基础设施的建设与共同维护，公路的建设，资源

[1] Wood DJ, Gray B. Toward a Comprehensive Theory of Collaboration. Journal of Applied Behavioral Science, 1991,27(2):62－139.

[2] 图表来源：Wood Donna, Gray Barbara. Toward a Comprehensive Theory of Collaboration. Journal of Applied Behavioral Science,1991,27(2):62－139.

的共同开发等公益物品的合作提供；避害是指当地方政府面临环境污染治理、流域治理、灾害应对、公共安全、流动人口的社会保障等跨区域公共问题时，要通过联合行动，才能避免损失。为了解决这些问题，各地方政府必须开启合作的进程。而本书所研究的地方政府间合作是指地方政府间的横向合作，合作中各地方政府地位是平等的，没有领导与被领导的关系，其集体行动的达成，需要各地方政府的一致同意，通过交换的方式或各方共同达成协议。一致同意的达成需要经过充分的协商，各地方政府就进入了合作过程的第一个阶段，协商谈判的过程。

根据前文交易成本理论所指出的，当针对某一跨区域公共服务采取的横向协商谈判的预期收益大于为此所付出的交易成本，各地方政府就有积极性去进行协商谈判，解决问题。如果预期收益小于交易成本，则难以协商解决。因此，协商谈判的过程需要围绕各地方政府从合作中能获得多少利益，如何保障各方利益的获得而寻找降低交易成本的制度措施。集体行动理论为解决这一问题提供了路径，通过在协商过程中建立长期的互动关系，促进互惠的产生，减少合作中的摩擦与冲突。从而实现协商谈判过程的目标：形成各地方政府间的合作共识。

形成义务的过程。在协商谈判过程，合作各方表达了自己要求的权利和机会，提出自己的利益与意愿，商议各方合作成本的分摊和合作利益的分享。为了确认各方的权责，需要通过合同或者各种形式的契约把各方的权利和义务规定下来。这一过程可以说是形成义务的过程，或者说是合作各方承诺的过程，通过这个过程形成以契约为保障的信任关系。为了维持这种信任关系，可以通过设计“选择性激励”，建立合作规则，利用规则的积极性和消极性激励，减少集体行动中规避责任现象与逆向选择行为。

履行责任的过程。履行责任的过程实际是实现契约的过程。结合履行中执行人员的多层代理身份，在履行责任过程中，要关注监督问题。即针对各地方政府在履行责任过程中极有可能会采取的机会主义行为，有必要通过相应的监督来确认其是否发生了机会主义，并相机进行惩罚和奖赏。要通过激励制度，实现地方政府及其官员的个人利益与区域利益的趋同性，即实现激励相容。

总体来说，地方政府间公共服务合作的过程可以分为协商谈判、形成义务与履行责任的过程。从学者们的研究来看，基本也是这样划分合作过程的。如汤姆森 (Thomson，2001) 认为合作是这样一个过程，在这个过程中，自主的行为者通过正式或非正式协商，共同制定规则和结构，来规范他们的行为方式和相互关系，以解决他们共同关注的问题。[1] 伍德和格雷也指出，在合作过程中，组织间通过正式与非正式交流，经过重复的谈判、形成义务、履行责任来实现合作。[2] 凌和范德文 (Ring and Van de Ven，1994) 的研究认为，合作的过程是一个重复循环过程，而不是一个线性结构。如果组织能够采用一致的集体行动，他们就能够进行初步活动。如果是相互猜疑对抗，那么组织之间就要进一步协商，扩大彼此的利益，使得合作能够进行下去。[3] 总之，结合学者的各种看法，组织之间的这种合作，就是相互间不断协商和作出调整，各个组织会依赖于他们对合作的认可程度采取呼吁或退出的行动（voice or exit）。

3. 合作机制的分析框架及其要素组成

在上面的合作过程的三个主要阶段的基础上，结合交易成本等理论的重要启示，本书建立了公共服务合作机制的分析框架。下面将介绍分析框架的构成及其主要要素。

（1）合作机制的分析框架

本书从合作过程的协商、承诺与执行三个过程要素对公共服务合作机制进行分析，从而形成公共服务合作机制的分析框架（见图 2-2 所示）。

---

[1] Thomson AM. Collaboration: Meaning and Measurement. Ph.D. dissertation.Indiana University Bloomington, 2001.

[2] Wood DJ，Gray B. Toward a Comprehensive Theory of Collaboration.Journal of Applied Behavioral Science, 1991, 27(2):62-139.

[3] Ring PS, Van de Ven AH.. Development Processes of Cooperative Inter-organizational Relationships, Academy of Management Review. 1994,19(1):90-118.

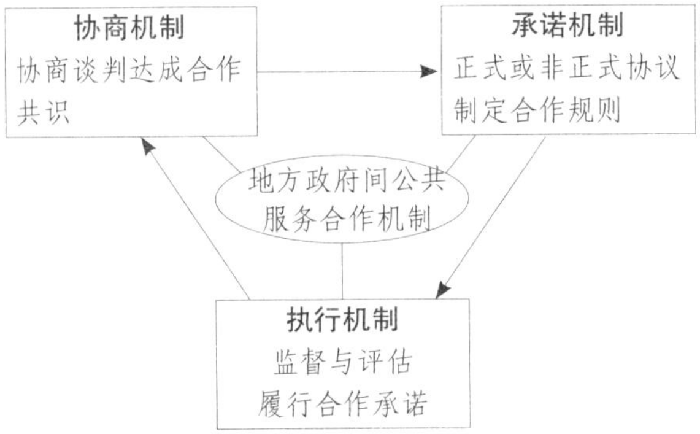

图 2-2：地方政府间公共服务合作机制的分析框架 [1]

地方政府间公共服务合作的协商机制。通过协商交流，各地方政府建立起协商平台，表达各方的利益与意愿，商议合作成本的分摊与利益的分享，从而形成合作共识。

地方政府间公共服务合作的承诺机制。承诺主要是把地方政府间签署的正式与非正式协议的形式，通过正式制度与非正式制度保障使其更具有执行性。

地方政府间公共服务合作的执行机制。执行机制分析的是如何履行合作承诺，并通过监督与评估，保证执行结果的有效性。

合作机制分析框架中的三个机制是一个交叉连接的规则系统，每个机制既相互独立存在，相互独立运作，但又是按照合作过程相互衔接交叉进行的一个非线性的流程。下面就三个机制中包括的主要要素进行分析，以更容易理解合作机制的运作过程。

（2）合作机制框架的主要运行要素

合作机制分析框架中的三个机制是各要素协同作用，从而推动地方政府间公共服务合作的。三个机制主要包括了以下运行要素。

合作机制框架的主要运行要素。合作机制框架的主要运行要素包括了协商机制的组成要素：协商主体、协商主题（客体）和协商手段；承诺机制的组成要素：刚性承诺中的法律与第三方参与，柔性承诺中的信任、互惠与声誉；执行机制的组成要素：执行主体（执行组织与人员）、执行客体（合作

[1] 图表来源：作者自绘。

中形成的各种承诺）与执行资源。

一个完整的协商过程，是由各地方政府、部门或其他社会参与者构成的协商主体，围绕既定的协商主题，运用一定的协商手段而运转的。所以，地方政府间公共服务合作的协商机制可以划分为协商主体、协商主题和协商手段等三个要素。协商主体主要是公共服务的提供者，包括地方政府的各级领导、地方政府各公共服务部门及其工作人员、专家、公民等。协商的主题是合作要解决的主要问题。包括了对地方发展影响比较重大的问题进行协商、政策和规章制度方面的协商整合服务、对于重大突发性危机事件的协商。协商的手段是指各地方政府采用的沟通协商的手段，包括通过制度化的渠道进行沟通和通过非正式关系所形成的非制度化非正式手段。

承诺机制的实现包括两种方式，一是通过刚性承诺以诉诸于法律和第三方来强制执行。包括了法律与第三方参与两个要素。二是形成柔性承诺通过合作者相互信任，建立互惠规范，创立声誉机制来实现在不依靠（昂贵的）正式执行机制的条件下确保履约，达到可信的承诺。

执行机制是利用和整合各地方政府中的人财物等各种组织资源，对地方政府间合作协议的实施，并通过对执行过程实施监督和评估，从而落实和完成公共服务合作承诺的管理机制。主要包括了执行主体、执行客体和执行资源等要素。

概而言之，三个机制中要素可以总结为组织机构、人员、协议（规则）等基本要素。在合作过程中，这些要素主要从结构、社会资本和组织自治三个合作维度发挥作用。

（3）合作机制框架的主要运行维度

可以从结构、社会资本和组织自治三个维度对地方政府间公共服务合作机制框架的各要素进行研究。

从结构维度而言，它包括了治理和行政管理两块内容，是合作伙伴们协同管理的过程。表明在寻求合作的过程中，合作伙伴们必须共同商议出能够规制它们行为和关系的规则；必须构建出能够通过权力整合来达成合作的议项的组织结构，并需要一个协调机构以帮助达成合作。

社会资本的维度则包括了互惠互利以及构建共享规范的过程。奥斯特罗姆指出，集体行动的解决依赖于三组关系：互惠、信任与声誉。当合作伙伴们经过长期合作建立起可信承诺，他们所形成的非正式契约往往能够代替正式契约，在合作中发挥作用。[1]信任作为合作的一个重要成分，能够降低合作的复杂性，减少交易成本，这是合作的其他维度所不能匹及的。而通过互惠互利，合作各方让渡一部分自己的利益，从而实现双赢，使得合作成为可能。

组织自治的维度则探索了地方政府间合作中，如何协调合作中个体利益与整体利益。在合作的过程中，处理好合作各方的个体利益与组织整体利益是非常关键的。每个合作个体都有其目标，如果整体目标与其目标不一致，那么合作个体与合作组织整体之间的张力很大，除非整体要实现的目标对每个个体来说都是非常紧急的，如公共安全问题，否则个体有可能会置整体目标于不顾。

从合作机制框架的三个维度来看，在合作机制的分析中，规则、组织机构、信任维系以及协调各地方政府间利益关系具有重要作用。可以说，从表面来看，合作机制是通过组织机构、人员与规则起作用，但在实际运作中，信任维系与利益协调才是地方政府间合作过程中要解决的深层问题，在地方政府间公共服务合作机制的分析中，要充分关注这两个问题。

（二）合作机制的运行

构建地方政府间公共服务合作机制分析框架的初衷是为了合作机制更具有可运行性，从而能够相对顺利地解决地方政府间公共服务合作供给中的各种合作困境。但仅仅构建出一个简单的“机制”还不能达到目的，更重要的是如何运用这一机制解决合作中的现实问题，这就要廓清该机制的运行机理。

1. 进入合作议程

与所有的公共管理问题解决一样，要合作供给某项公共服务，首先必须

[1][美]埃莉诺·奥斯特罗姆：《公共事物的治理之道：集体行动制度的演进》，余迅达、陈旭东译，三联书店上海分店2000年版，第61页。

使得该项服务作为几个地方政府都有需求去提供它，能够成为地方政府间愿意共同考虑的合作议题，也即公共服务合作过程的前提。这样一来，该项公共服务的合作供给就进入了合作的议程，接下来就是如何逐步实现合作，解决该项公共服务供给问题。可以说这个过程就是前协商阶段，每个合作方首先确定哪些公共服务个体独立提供不能满足公众需要，或者难以单独完成公共事务的治理任务，也就确定了合作各方想在哪些领域与其他地方政府进行合作。

2. 进行协商

通过协商过程解决的是地方政府间合作主体的偏好问题。合作各方自我确定要合作的领域并不代表对方愿意在该领域与其进行合作，这就需要协商。需要通过沟通交流，明确各方愿意合作的特定公共服务领域。当特定的公共服务面临几个地方政府之间为了实现“集体行动”、“共享”公共服务合作的成果、彼此都实现成本最小化的目的开始了“协商”与“谈判”，合作也就进入了“协商机制”的运行阶段。在该阶段要明确，一个完整的协商过程，是协商主体，围绕既定的协商主题，运用一定协商手段而运转的。

在地方政府间公共服务合作提供的协商阶段，合作各方要确定各方愿意合作的主题，通过一定的协商平台，进行讨价还价。经过谈判或磋商，地方政府间彼此作出妥协和让步，达成一定的合作共识。在这个过程中，关键是要建立一个利益平衡机制，使得合作中获益较少的成员确信暂时的获益受损可以从长期稳定的合作中得到补偿，而获益较高的成员会承诺在某些方面为其他成员的利益作出一定的让步。这就要求在协商的过程中，通过共享机制，来保障利益的平衡。而在地方政府间公共服务合作供给的过程中，由于各地方政府间不存在科层制下领导与服从的权力等级关系，因此其合作过程中的矛盾与摩擦的消解只能更多地诉诸于平等协商，这就需要构建一个完整的协商体系，完善协商的动力机制，从而可以降低协商过程中的交易成本推动合作共识的达成。这一过程是地方政府间公共服务合作的协商机制构建阶段。

3. 达成合作承诺

一旦协商有了结果，对特定的公共服务合作形成了合作共识，就到了承诺阶段。承诺是地方政府间公共服务合作机制中的一个承上启下的环节，各地方政府根据在协商过程中进行的讨价还价结果，通过采用合作各方都认可的某种刚性，甚至柔性的契约方式进行承诺，使其成为合作各方未来需要投入到实施过程去履行的内容。

在合作承诺形成的过程中，各地方政府通过柔性承诺和刚性承诺来形成各种类型的合作协议（承诺）。因此，这一过程需要解决如何完善这两种类型的承诺，使之成为可信合作协议（承诺）的问题。这需要分别从刚性承诺和柔性承诺建立的基础入手，一方面通过发挥信任、互惠、声誉机制作用，构建地方政府间诚信体系，另一方面通过完善法律、中央权威机构介入，来提升刚性承诺的外部威胁度，提升合作协议的可信性。

4. 实施合作供给

共同作出承诺之后，就可以实施该项承诺，实现公共服务合作供给。真正解决公共服务的联合供给问题是在地方政府间公共服务合作的执行过程，这是合作机制的关键一环。说到底，各地方政府在公共服务领域达成的合作，只有通过这个环节，才能真正实现。在执行环节最重要的是要解决激励问题，只有设计有效的激励结构，实现激励相容，促使合作各方能够尽可能地披露其所掌握的信息，从而使得合约能够得到真正的执行。执行过程中需要加强监督，因此，在执行环节中还要注意监督机制的建立与完善。此外，建立执行绩效的评估体系，通过评估结果的展示，对违约者施以惩罚，督促其根据评估结果进行改进，更好地推进合作。

5. 机制运行中系统整合与循环

需要说明的是，地方政府间公共服务合作机制是非线性、循环的。协商、承诺、实施合作供给的过程，贯穿着各地方政府利益博弈与信任维系，如果其中一个过程没有解决利益平衡与信任维系，那么合作就会被中断，需要重新回到协商环节进行重新处理或导致合作失败。同时，地方政府间公共服务合作机制尽管强调每个机制的单独功能，但它最终目的是要实现合作机制的整体功能，也就是发挥系统效能，所以三个机制缺一不可。

总之，对地方政府间公共服务合作机制的分析是为了解决地方政府合作供给公共服务这一集体行动的问题，在接下来的几章里，笔者将以长三角地区为例，从苏浙沪两省一市省、市两个层面合作供给公共服务的过程，找出目前长三角地区公共服务合作协商机制、承诺机制和执行机制中存在的问题，并探索合理有效的解决路径。

第三章

地方政府间公共服务合作机制：内涵与要素

2008 年，国务院常务会议审议并通过了《进一步推进长江三角洲地区改革开放和经济社会发展的指导意见》，2010 年，国务院又批准了《长江三角洲地区区域规划》，从而从中央层面确定了长三角地区的区域发展目标。从地方层面来看，在长期的发展互动中，长三角地区各级政府都意识到了区域合作对促进各地发展的重要性。在这一过程中，如何通过一种新的制度安排，将各地方分散的合作意识整合为整体的合作共识，是长三角地区各地方政府合作的逻辑起点。本章从地方政府间公共服务合作机制的实现目标入手，分析合作机制的各运行要素。

一、地方政府间公共服务合作协商机制

（一）协商机制的内涵

1. 协商的多学科审视

理解协商机制，首先应对协商这一概念作出认识。戴维斯（Davis）和史密斯（Smith）从组织社会学的视角，将协商看成是一种有效地把任务与解决问题匹配起来的“组织原则”，他们认为协商由双向的信息交流、协商

各方从自己的观点出发评估信息、最后通过相互选择达成一致意见。[1] 普鲁茨（Pruitts）从社会心理学角度对协商进行定义，认为交流和决策是协商的基本元素，协商始于冲突，是“由双方或多方联合决策的过程，整个过程是个妥协的过程。协商者首先表述矛盾的要求，然后通过一个相互让步或寻求新的解决办法的过程，以达成一致意见”[2]。

埃哈尔·费埃德伯格以组织行动的视角来理解协商的本质，他认为，协商与规则是不可分的，规则是协商的结果，通过协商谈判，人们形成游戏规则和惯例（无论它们是正式的还是非正式的，是明确的还是隐蔽的），以抑制投机行为，来限定背信弃义的威胁，并通过规则来划定诸种可能进行协商的区域。合作各方是一种妥协互让，是各方利益之间的交换和相互约定的义务。[3]

美国学者詹姆斯·博曼(James Boman)从政治学的角度，对协商进行界定，他认为：“公共协商是交换理性的对话性过程，目的是解决那些只有通过人际间的协作与合作才能解决的问题情形。”同时，他也指出：“协商与其说是一种对话或辩论形式，不如说是一种共同的合作性活动。”[4] 与博曼的这一认识颇为类似，哈贝马斯对协商亦这样描画：协商过程之发生形式是论辩；协商是包容的、公共的；协商是排除外在强制的；协商是排除任何可能有损于参与者平等的内在强制的。[5]

在经济学领域，协商也占据着重要位置。美国学者詹姆斯·E·阿尔特认为，在交易成本经济学里，交易作为一个动词，可以被理解为“与某某做生意；谈判”，当合作双方或多方发生交易时，交易成本涵盖了就要采取的

[1] 李常洪、王斌、梁嘉骅等：《合作管理引论》，科学出版社 2008 年版，第 55 页。

[2] 同上。

[3] [法] 埃哈尔·费埃德伯格：《权力与规则——组织行动的动力》，张月等译，上海人民出版社 2005 年版，第 54 页。

[4] [美] 詹姆斯·博曼：《公共协商：多元主义、复杂性与民主》，黄相怀译，中央编译出版社 2006 年版，第 25 页。

[5] [德] 哈贝马斯：《在事实与规范之间——关于法律和民主法治国的商谈理论》，童世骏译，三联书店 2003 年版，第 379–380 页。

行动和交易的条件所发生的决定、计划、安排和谈判成本；由于情况变化的需要，修改计划、重新谈判的成本，而这一部分成本又可以说是协商成本，从这个意义上说，协商即是交易。[1] 柯武刚也提出，交易成本中包括了获取信息的成本，如在什么时间与地点，以什么为条件，有什么事可用的；进行商洽以形成契约的成本。[2] 作为交易成本的一部分，从进行协商的成本来看，威廉姆森研究得出了五个影响要素，未来情形的不确定性、交易伙伴的数量、交易所掌握的信息程度、各方可能存在的机会主义行为、各方的有限理性，这些交易成本在一定程度上影响协商的效果。[3]

在博弈论中，经济学家进一步将各种各样的协商行为抽象成交换各方对合作对策的选择过程：两个以上的局中人面对一系列可能的结局和一个冲突结局，合作各方要么是所有人都同意接受某种合作结局，要么他们不得不接受冲突结局为最终结局。在美国学者冯诺依曼和摩根斯坦提出用效用函数描述偏好之后，协商问题便成了数学形式化：如果卷入协商问题有 n 个局中人，那么协商问题就可以描写为序对 (S，c)，S 为一切可能结局集合，每个可能结局（n 维向量）的分量表示相应序号局中人的效用水平，c 为 n 维向量，表示冲突结局。[4] 按此思路，运用数理运算的形式来寻求和表达协商过程中的讨价还价，以及协商的各种结局，以求得协商问题的最优解。桂劲松也从博弈论的视角，以契约理论对协商进行解释，以委托—代理模型从三个阶段对不完全信息下的协商博弈行为进行分析，描述了协商中委托人向代理人授权的过程[5]，这一过程也反映了协商中需要通过谈判交流，以达成要求。（如图 3–1）。

---

[1] [美] 詹姆斯·E·阿尔特：《实证政治经济学》，薛峰、王永钦译，上海人民出版社 2009 年版，第 56 页。

[2] [德] 柯武刚、史漫飞：《制度经济学：社会秩序与公共政策》，韩朝华译，商务印书馆 2000 年版，第 155 页。

[3] [美] 詹姆斯·E·阿尔特：《实证政治经济学》，薛峰、王永钦译，上海人民出版社 2009 年版，第 99 页。

[4] 王先甲、陈珽：《协商理论方法的综述》（上），《管理科学学报》1998 年第 1 期。

[5] 桂劲松、陈志刚、邓晓衡、刘安丰：《一种基于契约和协商的授权方法》，《计算机应用研究》2008 年第 5 期。

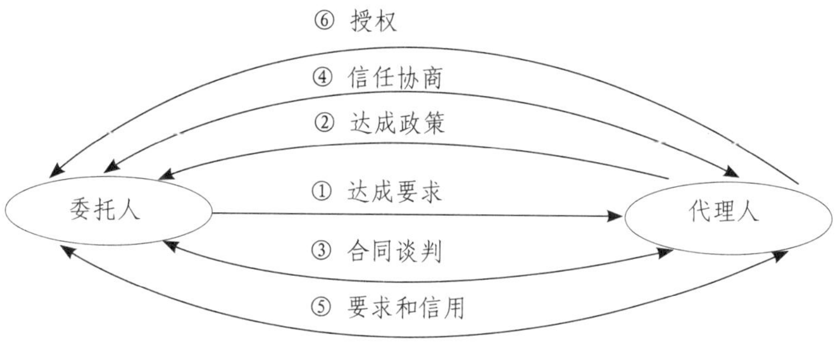

图 3-1：协商授权过程 [1]

综合以上学者从不同学科出发对于协商作出的各种认识，可以发现，协商是合作行为的必要前提。协商就是有着合作意愿的双方或多方依赖相互的信息交流进行谈判、讨价还价，并达成合作共识的过程。在此过程中，每一个合作伙伴都试图达到自己的目标，当出现冲突时，各方通过妥协或寻求其他的解决方法来达成一致意见。

2．地方政府间公共服务合作协商机制的内涵与目标

所谓地方政府间公共服务合作协商机制，是指地方政府间各合作主体在平等自愿、互惠互利的基础上，就各方在公共服务供给中想要达成合作的目标和内容进行沟通和磋商，使各方偏好基本达成一致，以形成合作共识的一种管理机制。在地方政府间公共服务合作机制框架中，协商是保证合作能够得以继续的起点和前提。澳大利亚学者多莱里等在分析地方政府间合作时对协商过程进行了深入剖析，认为地方政府利用其所拥有权威、合法性、资金、信息等，通过参与审议、妥协和谈判过程形成一个横向协调系统，并通过这一系统使分散的资源得以流动和聚集，使地方政府间公共服务合作，这一“集体行动”协调一致而达成一个共同问题的解决方案。[2] 由此，可以说，协商机制是地方政府间公共服务合作机制的一个重要内容。

[1] 图表来源：桂劲松、陈志刚、邓晓衡、刘安丰：《一种基于契约和协商的授权方法》，《计算机应用研究》2008 年第 5 期。

[2] [澳] 多莱里等著：《重塑澳大利亚地方政府：财政、治理与改革》，刘杰等译，北京大学出版社 2008 年版，第 173 页。

在地方政府间公共服务合作机制的框架中，协商机制的主要目标就是通过协商促进地方政府之间就特定的合作议题达成合作共识。由于不相隶属的地方政府之间，在法律上是平等关系，因此合作不会自发形成。合作方如果希望解决冲突并达成各自的目标，必须要在平等自愿和互惠互利的前提下充分阐释各自的合作意愿，形成平等对话、权利共享、责任共担的协商机制。通过协商达成合作共识，才能保证地方政府间公共服务合作承诺机制的后续跟进。

（二）协商机制的要素

协商机制作为地方政府间公共服务合作机制的子系统，其运行过程需要进一步剖析。根据“5W1H”[1]的分析思路，一个完整的协商过程，是由各地方政府、部门或其他社会参与者构成的协商主体，为促进合作议题达成共识，在合作初期围绕既定的协商主题，运用一定的协商手段而运转的。这里仅就协商主体（Who）、协商主题（What）和协商手段（How）三个要素进行深入分析。

1. 协商的主体

在地方政府间公共服务合作的过程中，由于涉及到众多利益相关者，因此参与协商的主体呈现出多元化的特点。按照在协商中所起实际作用的程度区分，可以把协商主体分为三个层次：

一是作为协商组织者或裁判者的中央政府及其所属相关部门。自分权化改革后，随着中央权力的下放，地方政府在促进本地经济社会发展等方面都拥有一定的管辖权。在国家法律和政策的框架内，地方政府在处理本行政区划内的公共事务时，产生的各种利益冲突往往局限于本地区范围，地方政府也就不需要上一级政府的仲裁和协调。但在跨区域公共服务合作中或者由于存在利益冲突，地方政府之间很难平等协商，或者由于缺少经济利益驱动而缺乏合作意愿。在地方政府之间难以达成合作共识的情况时，尤其需要中央

[1]“5W1H”即Why（为什么）、Who（谁来做）、What（做什么）、Where（在哪儿做）、When（何时做）以及How（如何做），是一种常用的理性分析工具。

政府及其各部委的积极推动，在合作及发起协商的过程中起到实际发起者和仲裁者的作用。

二是作为存在直接利益竞合关系的地方政府。它既可以是一个组织，如地方政府本身，也可以是地方政府的各级官员和其他相关参与者。在地方政府之间存在强烈的合作意愿并预期能达成合作共识时，地方政府及其官员通常可以通过彼此平等协商来解决，达成合作共识，形成合作规则。这种法律地位平等的协商主体，在合作规则形成的过程中，通过建立合作伙伴关系，获取沟通交往的技能，即所谓“关系技能”。[1]这种“关系技能”需要合作方学会用协商的方式去控制——不是强行去消除那些不可避免的冲突和紧张关系，而是用谈判商议来解决竞争角逐。

三是作为积极参与方的民间组织以及公众、专家等。由于地方公共服务涉及到本地区公民的切身利益，因此各种民间组织以及公众、专家等也成为公共服务合作协商的积极参与方。公众以各种形式表达对跨区域公共服务的需求，专家通过各种学术刊物和学术论坛积极倡导。地方政府也会在协商中根据不同的需求，依托各种民间组织进行协商。这些参与方形成的多元网络组织，在协商中发挥了各自的积极作用。

但是上述三个合作协商主体，并不是截然分开的，在实践中往往交织在一起，作为合作协商的共同参与者。正如美国公共政策学家林德布洛姆所描述的：“一个天真的观点认为，合作需要一个进行协调的中心权威，因为如果需要合作，还有什么比通过一个监督的权威能更好地达到目的呢？但事实是，如同所有人一样，直接决策者既通过中心监督，也通过谈判、讨价还价以及其他相互调节的形式来安排合作。”[2]无论其来自地方层级还是中央层级，在合作的过程中，更多地需要运用协商，通过信息的沟通，为获得更多的利益而进行讨价还价。

[1][法]埃哈尔·费埃德伯格：《权力与规则——组织行动的动力》，张月等译，上海人民出版社2005年版，第295页。

[2][美]林德布洛姆：《决策过程》，竺乾威、胡君芳译，上海译文出版社1988年版，第134页。

2. 协商的主题

从跨区域公共服务的特点看，地方政府间公共服务合作主要涉及以下几方面的内容：

一是对关系到地方长远发展或对地方发展影响比较重大的问题进行协商。这类合作议题一般会通过国家或区域的长远规划体现出来，如国家的五年规划以及对长江三角洲地区的区域规划。因为这些规划中一些内容，往往关系到整个区域的长远发展，会牵扯到各地的利益，因此会受到各地的广泛关注，形成共同的利益诉求，所以容易被推上协商议程，并达成合作共识。如近几年环境问题的日益恶化、重复建设等问题，迫使各地方政府对环境治理的协商提上日程，成为合作中的重要内容之一。

二是在地方相关政策和规章制度方面的协商整合。各地有关公共服务的政策和规章制度一般是基于本地区公共服务事项制定，是本地区政府组织、企业和个人等利益主体开展活动的依据。在地方政府间横向合作中，"每个行动者都无法依靠自己的单独行动达到目标，都需要得到其他行动者的资源支持。"[1]因此，在涉及到跨区域公共服务合作行动时，为了应对每个地方政府都有自己的利益偏好和政策目标这一问题，在跨区域公共服务合作的协商过程中，需要各地方政府通过策略性互动进行政策调适，通过完善政策与规章制度体系，确保政策与规章制度建设的及时性与科学性。[2]地方政府这些政策与规章制度也是地方政府间公共服务合作中的重要协商主题。如各地方政府间公共服务合作中应保证环保政策、户籍政策、就业政策、教育政策、医疗政策和社会保障政策等涉及到公共服务方面政策的统一性，只有建立一致的政策，才能有利于协商的顺利进行，从而使合作顺利进入下一阶段。

三是对于跨区域重大突发性危机事件的协商。由于生产要素等流动性的加快，诸如传染病防治、地质灾害等突发事件日益增多。如前几年的"非典"、"禽流感"、汶川地震等重大突发性危机事件的波及范围已超出了地方政府

[1] 张紧跟：《当代中国政府间关系导论》，社会科学文献出版社2009年版，第49页。

[2] 陶希东：《中国跨界区域管理：理论与实践探索》，上海社会科学院出版社2010年版，第168页。

的管辖边界，无疑需要地方政府间加强合作，加强彼此的沟通和协商，确定分工协作，共同承担责任。而且由于突发性危机事件的紧急性，其处理程序与手段与常规性事件有一定的区别，因此，对重大突发性危机事件的协商也是跨区域公共服务协商的重要主题。

3．协商的手段

从某种程度上来说，协商的过程也是地方政府间围绕跨区域公共服务领域运用各种手段博弈的过程。按照法国学者埃哈尔·费埃德伯格的说法，这种协商是一种政治性的交换，在交换的过程中，不同层级之间、平级之间、部门内部之间以及公民与政府之间，形成一种政治性的协商交换网络。[1] 在这种网络中，合作参与者掌握和运用各种协商手段，并最终形成合作方共同遵守的规则。

依照协商手段的规范化和约束力的程度，可以将实践中的协商手段分为正式与非正式两种。

（1）正式的手段

正式的手段是指地方政府间公共服务合作中主要采取制度化的渠道和方式进行协商。根据协商发起者的作用，正式的协商手段可以分为三个层次：自上而下的中央政府诱导性协商、横向合作的地方政府自发性协商、自下而上的地方民间组织促进性协商三种方式。

一是中央政府“诱导性”[2] 协商。即由中央政府发起，采用财政激励等手段促使地方政府间合作的协商手段。中国的地方治理有着不同于西方国家地方治理的制度基础。中国作为一个典型的单一制国家，中央政府一直以来是国家单一的权力中心，中央政府设定的制度框架决定了地方治理的空间和治理过程，地方政府只是中央政府的附属机构。正如法国学者埃哈尔·费埃德伯格所强调的，在这种单一制国家中，“中央政府力图通过行政层级控制

[1] [法] 埃哈尔·费埃德伯格：《权力与规则——组织行动的动力》，张月等译，上海人民出版社 2005 年版，第 295 页。

[2] 借鉴了麻宝斌教授诱导性动因概念。参见麻宝斌、李辉：《中国地方政府间合作的动因、策略及其实现》，《行政管理改革》2010 年第 9 期。

将权力和国家意志渗入到社会的各个角落，以尽可能地动员一切社会经济和政治资源。”[1]因此，这样的权力结构决定了在地方政府间横向协商过程中，中央政府必须积极地引导和组织，既保证中央政府的意愿能够得到充分体现，又能在地方政府之间发挥着协调者和仲裁者的作用。

例如，为了有效推进西部大开发、振兴东北老工业基地、中部崛起等区域发展战略，中央政府采取了设立议事协调机构的跨区域管理模式，如“国务院西部地区开发领导小组”、“国务院振兴东北地区等老工业基地领导小组”和“国家促进中部地区崛起工作办公室”。中央政府凭借国务院及其相关部委的协调力量，对区域地方政府之间的矛盾进行协调，利用中央的权威，加大地方政府之间的沟通和协商（见表3–1）。

表3–1：中央层面的跨区域协调机构[2]

名称	主要职责	组织架构	意义或成效
西部办（2000）	一是研究提出西部地区开发战略、发展规划、重大问题和有关政策、法律法规的建议，推进西部地区经济持续快速健康发展。二是研究提出西部地区农村经济发展、重点基础设施建设、生态环境保护和建设、结构调整、资源开发以及重大项目布局的建议，组织和协调退耕还林（草）规划的实施和落实。三是研究提出西部地区深化改革、扩大开放和引进国内外资金、技术、人才的政策建议，协调经济开发和科教文化事业的全面发展；承办领导小组交办的其他事项。	办公室主任由国务院副秘书长兼任，中共中央、国务院27个部门的主要负责人为领导小组成员。下设综合规划组、农林生态组、经济社会组合人才开发与法规组。 组长：国务院总理	推动了《西部大开发“十一五”规划的出台》

[1]马斌：《政府间关系：权力配置与地方治理——基于省、市、县政府间关系的研究》，浙江大学出版社2009年版，第40页。

[2]资料来源：陶希东：《中国跨界区域管理：理论与实践探索》，上海社会科学院出版社2010年版，第156页。

（表 3-1 续表）

东北办（2003）	四大项：组织贯彻落实中共中央、国务院关于振兴东北地区等老工业基地的方针、政策和指示；审议东北地区等老工业基地振兴战略、专项规划、重大问题和有关法规；研究审议振兴东北地区等老工业基地的重大政策建议；协调东北地区等老工业基地经济社会全面发展。	东北办由国家发改委副主任兼任主任。下设综合组、政策体制组、工业组合相关产业组。 组长：国务院总理	研究出台了《东北地区振兴规划》
中部办（2007）	负责研究提出中部地区发展战略、规划和政策措施，促进中部地区崛起有关工作的协调和落实。	在国家发展改革委设立了国家促进中部地区崛起工作办公室，具体工作由国家发展改革委地区经济司承担。	国家促进中部地区崛起工作办公室的设立

二是地方政府自发性协商。即由各地方政府自发组织进行协商。地方政府自发性协商是以地方横向联席会议为主体的联合协商模式。我国跨区域协商的过程中，除了中央政府组织进行行政区划调整和设立专门办公室外，更多的是以地方政府或地方政府相关职能部门为主导，通过构建横向协商机制，按互惠互利、平等协商的原则，解决各种跨区域公共服务和公共问题。[1] 从目前国内的情况看，地方政府自发性协商手段可以归纳为以下几种方式。[2]

行政省长联席会议制度。定期举行会议，研究决定区域合作重大事宜，协调推进区域合作。如泛珠三角洲、长江三角洲所成立的行政省长联席会议制度。目前行政省长联席会议基本是每年举行一次会议，其主要职责为研究区域合作规划；研究解决区域合作中需要决策、协调的重大问题；审议、决定区域合作的重要文件。

联席会议常设办公室制度。一般是经由省市各级联席会议研究决定成立

[1] 陶希东：《中国跨界区域管理：理论与实践探索》，上海社会科学院出版社 2010 年版，第 158 页。

[2] 参见《泛珠三角区域合作协调机制》，泛珠三角合作信息网，http://www.pprd.org.cn/ziliao/jieshao/200504/t20050413_1324.htm。

常设性办公室和秘书处等日常工作机构，负责日常工作。如长三角地区16城市下设的长三角协调会，长三角地区两省一市下设的长三角协作发展办公室，泛珠三角合作协调制度中的行政首长秘书处工作制度等。联席会议常设办公室制度主要负责掌握区域整体合作情况，执行行政首长联席会议的决定和交办事项；就推进区域合作问题及时向各方政府推出思路和对策以及其他工作建议。定期筹备和召开会议，审议往年合作专题情况，对下一阶段合作专题进行调研等工作。

部门衔接落实制度。负责对政府行政首长联席会议决定的与本部门有关的事宜制定相互衔接的具体工作方案、合作协议、专题计划；组织本部门编制推进合作发展的专题规划，制定实施本部门参与区域合作的工作方案；组织实施本部门参与区域合作的战略、规划；协调本部门与其他部门在区域合作中的有关事宜；各部门定期向各方的日常工作办公室反映合作事项的进展、工作建议和存在问题。

三是地方民间组织促进性协商。即由非政府组织等通过论坛等形式促进协商的进行。尽管中国目前还没有形成强大的地方民间组织力量，民间组织的发展还很不成熟，但在地方政府间公共服务合作领域，民间组织的促进性作用开始凸显出来。民间组织在地方政府间公共服务合作中可以发挥推进地区协作和研究区域发展战略的作用。[1]民间组织的促进性协商可以采用灵活多样的形式。比如，可以建立以各专题项目专家为主体的专家委员会，作为区域合作中各地方政府决策的咨询参谋机构；也可以成立跨区域行业协会联盟，利用行业协会的力量，协助政府提供跨区域公共产品与公共服务等。

（2）非正式的手段

除正式手段外，在地方政府间公共服务合作协商过程中，官员之间各种“软性化”的非正式协商手段也发挥着重要的作用。法国学者埃哈尔·费埃德伯格认为，一个群体抑或一个组织始终是一个社会结构，社会结构仅在它能够依赖其成员迥然不同的策略被整合的诸种机制的情况下，才得以存在和

[1] 马斌：《长三角一体化与区域政府合作机制的构建》，《经济前沿》2004年第10期。

持续。[1] 费孝通先生在分析中国的社会关系结构时也指出，“社会关系是逐渐从一个一个人推出去的，是私人联系的增加，社会范围是一个个私人关系所构成的网络。”[2] 因此，在合作协商过程中，无论是西方国家还是中国，协商各主体在正式行政程序之外的磋商沟通——从个人之间的交流、小团体形式的互动、非正式渠道的沟通等，也经常成为一种非正式的协商手段。它是个人情感或利害关系的产物，其效力有时甚至超过正式沟通。正如国内有学者指出，当人们自觉不自觉建立起各种社会关系，并按照这种关系所隐含的角色规范来从事社会行为时，正式制度作为镶嵌在文化传统中的行为准则，就会受到非正式关系的深刻制约。[3] 因此，在中国的传统官场文化中，这种“软性化”的非正式协商手段有时比正式的协商制度更能有效地约束和调节人们的行为。

对于这种采用互访的非正式手段，博弈理论家提出了新的认识，他们认为行动者之间的互动比较频繁、在一个领域的合作会促进另一个领域的合作，是产生信任与合作，并使之区别于“囚徒困境”博弈的一个重要因素。[4] 当人们通过持续的、有质量的互动来解决问题时，博弈的结果就从一次性博弈变为重复博弈，而多个协商之间环环相扣时，信任与合作就发展起来，因为人们意识到在一个领域打破规则会导致在另一个领域合作破裂。此外，从降低交易成本的角度来说，这种合作比设置正式的制度保障以防止合作者违反规则的方式更能节约交易成本。

例如，跨区域的地方政府官员之间的互访、考察和学习，加深了地方政府之间的相互了解，增进了官员之间的个人友谊；地方政府官员利用同学、朋友以及战友等关系构成的广泛而又亲密的私人沟通网络；跨区域公务员交

[1] [法] 埃哈尔·费埃德伯格：《权力与规则——组织行动的动力》，张月等译，上海人民出版社 2005 年版，第 295 页。

[2] 费孝通：《乡土中国》，生活·读书·新知三联书店 1985 年版，第 25 页。

[3] 马斌：《政府间关系：权力配置与地方治理——基于省、市、县政府间关系的研究》，浙江大学出版社 2009 年版，第 128 页。

[4] [澳] 多莱里等：《重塑澳大利亚地方政府：财政、治理与改革》，刘杰等译，北京大学出版社 2008 年版，第 179 页。

流轮岗所形成的私人关系；等等。这些非正式的联系和沟通渠道为地方政府之间开展正式的协商活动打下良好的基础，同时也有利于降低正式协商过程所付出的高额交易成本。

（三）协商机制的运作过程

协商机制作为地方政府间公共服务合作机制的重要组成部分，其本身的运作过程也是由多个因素共同决定的，通过协商过程的参与者相互讨价还价和彼此妥协，并最终达成协议。根据戴维·伊斯顿的系统论方法，可以把协商的运作过程分为输入、转换、输出、反馈等阶段。[1] 输入阶段是合作意愿的输入、经过讨价还价进行转换，达成合作共识进行输出，同时把协商结果进行回馈，反馈给各协商参与者，并对没有形成一致结果的再次协商。由于地方政府合作过程中协商主体的多元性、谈判所需信息的不完全性，讨价还价过程中的不确定性，地方政府之间在公共服务领域合作的协商结果会受到多元力量及多种条件的制约。

1. 合作意愿的产生——合作协商过程的输入阶段

跨区域公共服务的合作要建立在地方政府间合作共识的基础上，合作各方具有合作意愿是其协商的起点。汤姆森和佩里归纳了各种地方政府间合作的意愿，认为地方政府间的合作意愿可以建立在如下基础之上：地方政府具有高度独立性；地方政府间资源互需、风险共享；地方政府资源匮乏；先前有合作的历史；地方政府间资源互补；其他复杂的原因。[2] 麻宝斌和李辉根据地方政府在合作过程中形成的相互关系和合作收益这两个基本维度提出我国地方政府间合作的四种策略：基于资源整合而形成双向互赖关系——共享型合作；基于利益交换而形成双向互赖关系——互补型合作；基于资源整合而形成单向依赖关系——吸纳型合作；基于利益交换而形成单向依赖关系

[1] [美] 戴维·伊斯顿：《政治生活的系统分析》，王浦劬译，华夏出版社 1999 年版，第 7 页。

[2] Thomson AM, Perry JL.Collaboration Processes: Inside the Black Box.Public Administration Review,Volume 66, Supplement 1, December 2006(13):20−32.

——补偿型合作。其中，共享型合作和互补型合作，合作主体处于基本平等和相互依赖的地位，而吸纳型合作和补偿型合作，地方政府的关系基本属于单向依赖关系。[1]地方政府之间存在的这种相互关系和合作利益，强化了它们之间的合作意愿，有利于促使合作共识的逐步达成，从而为合作的进一步开展奠定了良好的基础。

长三角地区地方政府间合作意愿的输入过程经历了一个持续发展的过程。从改革开放初期来看，合作的诱发因素主要集中于经济领域，区域经济合作项目大量涌现，但合作意愿更多地集中于经济主体身上，地方政府间的合作意愿并不强烈。由于中央政府采用的是以 GDP 来考核官员绩效的手段，与官员的政治晋升直接相关，官员的升迁概率与地区 GDP 的增长率呈显著的正相关关系，这直接导致了地方政府间经济领域的“非合作”倾向。[2] 20 世纪 90 年代中国盛行的地方保护主义也印证了这一点。但随着长三角地区经济的快速发展，生产要素的流动性不断增加，人口管理、社会保障、公共安全、环境污染治理、基础设施等公共服务的需求日益凸显，而且这些需求越来越难以靠某一个地方政府来解决。此外，从地方政府的资源掌控和能力等方面的差异性来看，地方政府也希望通过合作，达到资源共享和能力互补。因此，从近年来的发展趋势看，地方政府在公共服务领域的合作意愿和合作动力不断增强。在 1997 年到 2010 年期间，长三角地区开展的 50 多项合作专题中，公共服务合作专题就占据了一半，[3]而且在近年中呈逐步增多的趋势。

2. 合作沟通的形成——合作协商过程的转换阶段

在地方政府具有公共服务合作意愿的前提下，并不意味着合作共识的达成。这种合作意愿必须通过一定形式的转换才能达成合作共识。其中，沟通和交流是必不可少的形式。巴斯卡 1995 年通过建立数学模型验证了沟通交

[1] 麻宝斌、李辉：《中国地方政府间合作的动因、策略及其实现》,《行政管理改革》2010 年第 9 期。

[2] 周黎安：《转型中的地方政府：官员激励与治理》，格致出版社、上海人民出版社 2008 年版，第 18 页。

[3] 根据上海市政府合作交流处长三角协调办公室提供材料计算得出。

流在合作谈判中的重要性。他认为，不论在何种博弈中，反复的计划和博弈前的交流对公共物品的私人供给中的公平和效率起到了核心的作用。也就是说，良好的沟通和交流是达成合作的重要条件。[1] 因此，在跨区域公共服务合作共识的达成过程中，应建立良好的沟通与交流，创建信息共享的平台，以利于建立有效的谈判机制，通过讨价还价实现各合作方偏好的转变和利益的平衡，从而实现从行政割据走向共赢的转换。

沟通和交流实际上起着信息交换和共享的作用。在合作主体中，最先有合作意愿的一方需要确定合作的目标，以明确所需信息的来源、渠道和接受者，而合作的接受一方通过接收和倾听发布的信息，产生合作兴趣，尝试学习做什么和怎么做，并逐渐改变自己的态度，最后达到强化记忆并决定采取行动（见图 3–2）。假如地方政府之间的沟通存在问题，相关信息就无法得到交换和共享。

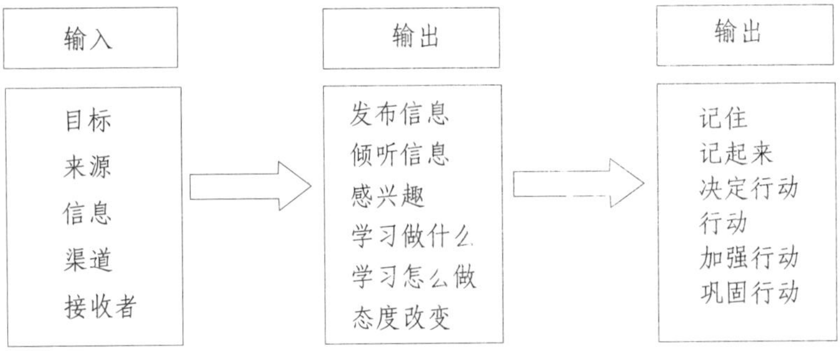

图 3-2：沟通 / 劝说的输入—输出模型 [2]

沟通过程中，各地方政府之间信息的沟通往往是通过层级沟通机制实现的。这个层级包括了三方面：高层决策者、中层协调者与基层的执行者。高层决策者通常位于信息沟通的中心，能够收到相对大量的信息，尤其是组织

[1] 胡平：《地方政府公共信息共享机制与管理问题研究》，西安交通大学出版社 2009 年版，第 53 页。

[2] 资料来源：Adapted from McGuire WJ. Theoretical Foundations of Campaigns, Public Communication Campaigns, 2nd ed. Eds. Rice R，Charles KA (Newbury Park, Calif: sage,1989). 转引自 [美] 多丽斯 · A · 格拉伯：《沟通的力量：公共组织信息管理》，张熹珂译，复旦大学出版社 2007 年版，第 331 页。

外部的相关信息，从而便于做出有效决策；中层管理人员则负责实施这些策略，他们必须利用决策层所提供的信息和组织内部相关制度方面的信息来起草执行方案；基层的执行者的主要任务是发出明确指令并监督具体的执行状况，从而判断是否符合组织的目标，使用的更多的是技术方面的信息和来自客户方面的需求信息。层级沟通中各管理层次的信息系统需求见表 3–2。

表 3–2：公共机构管理者的信息系统需求 [1]

管理层级	所需信息的类型	主要来源	受支持的决定	目标
组织—制度——决定机构战略的层级	法定权限，特权，长期的经济和预算资源，对政治不稳定因素、社会和技术发展趋势的预测信息	行政、立法和司法的控制，特权 / 法律，经济预测，技术预测，政治环境	总目标，预算分配，职权分配，组织总体结构，分化与整合标准，外部协调，政府间的关系	获取法定权限，取得合理预算，实现目标，巩固组织稳定与生存，确保组织的总体独立性
管理——中等层级或协调	控制目标，可用资源，长期需求，执行能力以及潜在资源	内部资源，高层管理，执行环境，过往表现，财政来源	财政与人事资源的分配，确保战略与执行的一致性，重新分配任务	化解组织冲突，实现组织目标，调整目标并设定标准
执行任务 / 监督	任务技术，程序要求，资源可用性，执行状况的资料，财政支持，标准研发以及服务影响	技术要求，过往表现，个人资源，预算预测，客户 / 受托人，高层信息	评估并监督实际执行，任务设计，程度步骤，评估标准，效率测定，成本消减	支持目标，有效执行，低成本，符合标准，调整最高、中等与执行层面的目标

3. 合作共识的达成——合作协商过程的输出与反馈

美国著名心理学家埃里克·埃里克森（Erik Erikson）认为，在协商的过程中，“行为体为了协调他们各自的方案，也为了让他们的立场和观点

[1] 资料来源：Stevens JM, McGowan RP., Information Systems and Public Management. New York: Praeger, 1985(16). Reprinted by permission of Greenwood Publishing Group, Inc. Westport, Conn. 转引自 [美] 多丽斯·A·格拉伯：《沟通的力量：公共组织信息管理》，张熹珂译，复旦大学出版社 2007 年版，第 35 页。

显得合理，在达成协议的过程中向对方学习，有时候为了形成共同决策甚至不惜改变自己的偏好。”[1]这种偏好的改变是合作主体达成合作共识的必要条件。但是，这种达成合作共识的进程本身是一个曲折的过程，就算在某些方面达成了一致，在具体操作过程中遇到问题也会重新提到协商的议程之中。当合作者认为协商不能达成一致时，而这种合作又必须继续下去，他们会选择建立另一个程序，即仲裁程序，通过一个权威的机构解决协商的难题。

在长三角地区地方政府间公共服务合作中，长三角集装箱港口群的发展过程中的合作协商就是一个很好的例证。长江三角洲地区因快速发展的外向型经济带动港口建设的快速发展，先后新建、扩建、改建了一大批港口，初步形成了以上海港、乍浦港、宁波港、舟山港、南京港、镇江港、南通港等组成的全国最大的港口群。尽管各港务集团、港口管理部门和各级政府都在谈论要加强合作，但实际上仍然以竞争为主流。为了实现真正意义上的合作，2005 年，在上海市信息委的牵头下，召开长三角物流信息一体化国际论坛，先后通过会议、调研等各种形式进行协商，于 2005 年长三角协调会第六次市长会形成一个初步意见，并开通了上海港与南通港的 EDI 信息系统。但是，由于上海港与宁波港之间的直接竞争，合作陷入停滞状态，又一轮协商有待启动。

跨区域公共服务的协商正是在这样的一个输入输出过程中逐步从竞争走向合作，从而帮助各合作方将其行为调整到其他合作方实际的或预期的偏好上，使合作成为可能。但由于协商的运作过程受各种约束条件所限制，这使得协商也经常会陷入困境，面临失败的危险。

二、地方政府间公共服务合作承诺机制

地方政府间公共服务合作机制是一个连续的规则系统，事实上，经由协商的途径达成公共服务合作协议仅仅只是合作的开端，当然，这是一个非常重要的开端，根本上决定着合作是否可以达成，以及在多大程度上可以实现

---

[1] 周弘、[德] 贝娅特·科勒—科赫：《欧盟治理模式》，社会科学文献出版社 2008 年版，第 129 页。

预期的成果。所以，协商阶段的全部工作，对于合作可谓起着至关重要的作用。而且，这样的协商工作并不会有停止的时候，其将贯穿合作的全过程。尽管如此，一个简单明了的道理是，通过协商达成的各种协议，仍需一种制度化行为确保其更具公信力，否则很可能只是一纸空文，这就是承诺机制。承诺机制之重要，一是在于将协商达成的协议正式化，以示郑重；二是在于将其公开化，通过公开的承诺行为，将协商结果通告协商各方，乃至外部的社会公众，从而形成一种对于协商成果及其执行的外部监督力。以下将详细阐述这一机制。

（一）承诺机制的基本内涵

1．承诺机制的内涵

卢梭曾经以建立“社会契约”来解答如何实现人们生活在一个有秩序的群体中，但仍然“自由如初”的问题。在卢梭的概念里，契约就是承诺和由此建立的人与制度以及人与人之间的信任关系。人与人之间相互承诺并信守诺言，就可以在不侵犯个人自由的情况下建立起集体秩序。[1] 在地方政府间公共服务合作的过程中，要想建立起良好的合作秩序，需要通过制度安排，把协商阶段达成的合作共识，通过一定的形式确定下来，以实现合作。我们把这一制度安排过程称为承诺过程。在现实合作过程中，承诺有两种形式，可能是柔性的承诺，也可能是刚性的承诺。大体而言，地方政府间公共服务合作承诺机制就是通过这两种承诺形式，藉由互惠的行为规范和共同的价值理念，构建起地方政府间的诚信体系，增进合作各方的信任。

2．承诺机制的形式

从社会规范的意义上理解，承诺是社会交往的一种约束方式，是规范承诺双方行为的重要途径。诺斯和温格斯特指出统治者可以通过两个办法建立承诺：一是通过设计一个“负责任行为”的先例，表现出对一套规则的承诺将会一贯地坚持并实施；二是通过自我克制来毫无保留的服从一套规则。第

[1] 徐贲：《承诺、信任和制度秩序：当今中国的信任匮缺和转化》，《当代中国研究》2004 年第 4 期。

一种方法是基于名誉来建立信任，以使人相信管理者不会为短期自利而违背合作；第二种方法是坚持束缚管理者的手剥夺管理者追求自利机会。[1] 据此，我们可以把承诺分为两种形式：柔性承诺与刚性承诺。

柔性承诺，即基于名誉的方式，通过建立信任来实现合作。这种承诺包括了口头的承诺和非正式的合作契约。口头承诺是承诺的最初表现形式，如果把承诺视为一种契约，口头承诺就是一种非正式的柔性的契约，从合约理论的角度来说，它可以视为一种隐性的合约，这种合约只能靠合作各方通过某种机制（如长期的重复博弈、声誉机制等）来实现，合作秩序主要是靠非正式的社会规范来维持的，法律在其中发挥的作用微乎其微。在合作中领导人之间的会晤可以视为口头承诺的表现，通过口头沟通交流，答应就某个问题或领域展开合作。基于信任基础上所签订的非正式合作契约也可以归为柔性承诺。

刚性承诺。正式的刚性契约，从合约理论的角度来说，它是显性合约，可以通过第三方来验证其合约信息，从而第三方能够实施。[2] 在地方政府间合作中，刚性承诺可表现为共同签订的合作协议，同意对某一领域进行统一调整的地方性法规，或者以红头文件下达的合作要求等，此两者都具有一定的刚性要求。

在某些社会里，刚性承诺发挥着重要意义，而在另一些社会中柔性承诺则起着重要作用。在中外文化的对比研究中，一些学者指出："中国法律早发达到极其精详地步。远如唐律，其所规定且多有与现代各国法典相吻合者。但各国法典所致详之物权债权问题，中国几千年却一直是忽略的。盖正为社会组织从伦理情谊出发，人情为重，财物斯轻，此其一。伦理因情而有义，中国法律一切基于义务观念而立，不基于权利观念，此其二。"[3] 因此，我

[1] [美] 盖瑞·J·米勒：《管理困境：科层的政治经济学》，王勇、赵莹、高笑梅等译，上海三联书店、上海人民出版社 2002 年版，第 300 页。

[2] 王永钦：《声誉、承诺与组织形式：一个比较制度分析》，上海人民出版社 2005 年版。

[3] 梁漱溟：《中国文化要义》，学林出版社 1987 年版，第 79–80 页。

们可以理解为什么在中国社会中，刚性承诺所起作用有限，而柔性承诺却往往大行其道。这就为我们基于中国文化与社会语境，研究地方政府间公共服务合作中的承诺机制提供了一个新的视角：如何在现行的中国政治文化背景下，综合运用柔性承诺和刚性承诺，两者共同作用，从而形成可信承诺来保障地方政府间在公共服务领域的合作。

（二）承诺机制的目标

承诺机制的目标是在合作过程中建立可信承诺。可信承诺是博弈论中的一个重要概念，其中心问题是“可信性”问题。所谓可信性是指动态博弈中先行为的博弈方是否该相信后行为的博弈方会采取对自己有利的或不利行为。谢普瑟（Shepsle,1991) 把可信承诺分为两类，即“动机意义上的可信承诺”和“强制意义上的可信承诺”，前者指的是符合参与人激励相容约束，可以被自我实施的承诺；而后者指的是通过外在约束或压力保证的承诺。[1] 动机意义上的可信承诺大体上相当于博弈论里的“声誉机制”，即在一个无限期的重复博弈中，当事人考虑到自己的声誉对未来收益的影响，会自觉地信守自己事前的承诺。如果存在着事前的承诺不可信问题，就有可能导致参与人激励的扭曲，进而造成效率的损失。强制意义上的可信承诺则要通过第三方的介入，对双方行为进行监督与制约以保证承诺的可实现。承诺机制的目的就是通过承诺的刚柔并济，从而实现地方政府间的可信承诺。对于地方政府间公共服务合作来说，可信承诺是要通过一定的制度设计和制度安排来实现的，这种制度设计和安排要建立在该地的社会基础与一定的文化背景之下，依赖长期以来彼此之间形成的关系资本，如互惠的规范、信任关系和声誉机制以及对不能兑现承诺者的惩罚来维系合作。

（三）承诺机制的实现要素

为了合作，人们必须做出选择，并达成协议来处理合作中的关系。而更

[1] 周黎安：《转型中的地方政府：官员激励与治理》，上海人民出版社 2008 年版，第 52 页。

为关键的是如何建立可信承诺。在地方政府间公共服务的合作中，一方面我们要建立刚性的手段，通过法律、第三方介入等实现可信承诺，另一方面，就像帕特南所指出的那样，当刚性的法律、合作协议等正式契约不能使合作者兑现诺言的时候，也许我们应该诉助于一些“软”方案，如共同体和信任。[1]也许合作共同体所建立的基础——互惠、信任、声誉机制能够帮助理性的个人超越集体行动的困境。

1. 刚性承诺的实现要素

刚性承诺可以对应于制度经济学者柯武刚与史漫飞所言的强制执行契约。[2]合作者就合作议题达成具有法律效力的合作协议，这些合作协议如果不被执行，则可以诉诸于法律和第三方来强制执行。这种承诺需要借助于两个基础来实现可信承诺：法律和第三方参与。刚性承诺，需要合作者共同遵循的权力中心，建立合作者能够共同遵守的服从性规范，创立奖惩机制来实现正式执行规则条件下的可信承诺。

法律。合作者就达成合作协议之时，已经明确该合作协议的法律效力，并且，这种法律效力一方面能够做到有法可依，另一方面可以做到如果不遵守法律，有仲裁机构和司法系统能够进行仲裁和司法惩戒。这种促使合作协议实现可信承诺的前提是建立在利他性前提之下的。然而，在地方政府间进行公共服务供给的合作过程中，地方政府的出发点一方面是为了实现自我利益，另一方面是为了辖区公民的利益，而不是为了实现合作伙伴的利益。因此，当交易成本过高，或者存在损害地方政府本身利益的情况，地方政府往往会采取机会主义的手段来躲避风险，这种行为选择很有可能会损害到合作伙伴的利益。法律在此时能够起到一定的威慑力，并通过强制性的手段对背叛行为进行制裁和处理。

第三方参与。这里的第三方参与主要是指地方政府之外的合作主体，如

[1][美]罗伯特·D. 帕特南：《使民主运转起来》，王列、赖海榕译，江西人民出版社2001年版，第195页。

[2][德]柯武刚、史漫飞：《制度经济学：社会秩序与公共政策》，韩朝华译，商务印书馆2000年版，第242页。

中央政府的介入以及被提供服务的对象——公民的参与。第三方的参与往往会促使权力的分散化。“如果契约的双方中有一方拥有另一方难以有效制衡的权力，那么它就有可能为改进自身利益而利用这种权力任意改变契约的内容，从而使得其事前的承诺变得不可置信；相反，当这种权力变得分散，容易被制约时，其承诺的可信程度就会上升。”[1]地方政府间在公共服务领域签订的合作协议，由于涉及地方政府官员的利益分割，没有行政隶属关系的地方政府官员往往认为自己没有义务为其他地方政府和地方政府辖区内的公民服务，这种情形下签订的合作协议，最后经常成为一种囚徒困境式的交易。“如果能有一个像统治者那样高踞中央的第三方或者具有实在权力的区域政府来支持化解这种囚徒困境的交易，往往会使该合作承诺变得更可信赖。”[2]奥斯特罗姆认为，拥有选举权能够促进所有公民的发言权。他指出，“所有社群成员在宪政决策中有重要的发言权，选举公共官员，使这些官员在重大决策中单个地负责表达其选民的实质性利益。个人也有特权通过行政、立法、司法、政治和宪法救济向公共官员施加压力，提出要求。”[3]只有公民真正参与到决策的过程中，并有权利行使自己对官员的选举权，才能真正起到督促地方政府为辖区公民提供公共服务的作用。此外，“通过在不同政府单位中分配权力，通过所有政府权力的行使受到宪法性法律所说明的界限和条件的限制，任何特定的政府单位的命令的权力严格地受制于不同决策结构官员的监督。最后，这些各种各样的控制机制意味着行政官员被迫为社群成员服务，而不是当他们的主人。”[4]因此，通过公民的参与，一方面可以选举自己辖区的地方官员，迫使这些官员在选择合作的领域和签订合作协议时真正从服务对象角度思考，另一方面，公民的参与可以有利于地方官员努力完成

[1]周黎安：《转型中的地方政府：官员激励与治理》，上海人民出版社2008年版，第52–53页。

[2][德]柯武刚、史漫飞：《制度经济学：社会秩序与公共政策》，韩朝华译，商务印书馆2000年版，第135页。

[3][美]文森特·奥斯特罗姆：《美国公共行政的思想危机》，毛寿龙译，上海三联书店1999年版，第95页。

[4]同上。

协议所实现的任务，从而保证合作协议（承诺）的可信性。

然而，在目前地方政府间公共服务合作中，刚性承诺的交易成本太高，柔性承诺仍然是合作的主要形式，为此，我们还应对柔性承诺作出研究。

2. 柔性承诺的实现要素

柔性承诺可以对应于制度经济学者柯武刚与史漫飞所言的自我执行契约。[1] 自我执行契约需要合作者相互信任，通过建立互惠规范，创立声誉机制来实现在不依靠（昂贵的）正式执行机制的条件下确保履约，达到可信的承诺。

信任。信任是合作的基础。没有信任，人们之间就不会合作，也不会分享知识。基诺威希曾指出：在缺乏信任的地方，“契约没有确定性，法律因此没有效力”[2]。目前地方政府间公共服务领域的合作是建立于没有行政隶属关系上的横向合作，科层的等级控制很难起到重要的作用，签署的“协议条款”或“监督”往往需要合作各方付出昂贵的代价，最终难以履行。另外由于没有中央层面或者区域层面的仲裁和监督执行机构，第三方执行不切实际。这时，合作的成功至少会部分地依赖于信任关系。离开信任，合作成员就不愿意共享知识，这样就会影响他们之间的协调。再者，高度信任关系也会降低合作过程中的交易成本（包括谈判、交流、监督等过程产生的成本）。正如戴尔的研究表明，当缺乏信任的时候，监督成本就会相当高。在信任度较低的环境中，监督成本要占经济运行成本的 35% ~ 40%。政府官员要被迫花费大量的时间进行谈判、监督和执行，这使得管理成本不断上升。[3] 斯蒂芬·戈德史密斯经过研究发现了高度信任关系价值（表

[1] [德] 柯武刚，史漫飞：《制度经济学：社会秩序与公共政策》，韩朝华译，商务印书馆 2000 年版，第 242 页。

[2] Pagden A,The Destruction of Trust and its Economic Consequences in the Case of Eighteenth-century Naples, in Trust, ed. Gambetta, citing Antonio Geovesi Lezioni di economia civile, 1803: 136-138. 转引自 [美] 罗伯特 D. 帕特南：《使民主运转起来》，王列、赖海榕译，江西人民出版社 2001 年版，第 200 页。

[3] Dyer JH.,Collaborative Advantage: Winning through Extended Enerprise Supplier Networks.Oxford university press,2000: 38. 转引自 [美] 斯蒂芬·戈德史密斯、威廉·D. 埃格斯：《网络化治理：公共部门的新形态》，孙迎春译，北京大学出版社 2008 年版，第 111 页。

3-1）。他指出，通过鼓励更开放的信息交流，高度的信任水平可以减少监督成本，从而降低依靠昂贵的法律方式来解决问题的依赖性。[1]

表 3-3：高度信任关系的价值 [2]

	高度信任	低度信任
合同监督	灵活的 以成果为主的监督 不断修改—获取价值	紧绷的 投入审计 介入性和频繁性产出检查 修改方面的严格性
价值等式	成本低，价值高	成本高，价值低

由于在地方政府间公共服务合作中存在着大量机会主义行为，因此必须考虑信任问题。利瓦伊认为，哪里有信任，合作或契约就会发生，哪儿有不信任，契约和合作就可能不会出现。[3] 只有在社会成员间存在稳定的相互信任关系的情况下，他们才可能一起构建一种长远的共同秩序，而不只是得过且过地凑合在一起。尽管一切社会群体都需要有信任机制，但具体是何种信任机制却会因不同社会而异，“社会的不同组织形式带来不同的信任形式”[4]。但是，要建立足够的信任让人们分享彼此的信息和知识相当困难。组织的条块分割、内部竞争态势和知识共享激励机制的匮乏都是些可怕的障碍。尤其在可能互为竞争的组织之间建立信任会更加艰难。[5] 在地方政府间公共服务合作中想要建立信任关系，需要合作各方彼此拥有一种互惠的行为价值规范，并且珍视相互间的声誉，如此，才有可能达成合作，以及进一步

[1] [美] 斯蒂芬·戈德史密斯、威廉·D. 埃格斯：《网络化治理：公共部门的新形态》，孙迎春译，北京大学出版社 2008 年版，第 111 页。

[2] 资料来源：同上。

[3] [美] 科斯、诺思、威廉姆森：《制度、契约与组织——从新制度经济学角度的透视》，经济科学出版社 2003 年版，第 164 页。

[4] Seligman AB..The Idea of Civil Society. New York: The Free Press, 1992：170.

[5] [美] 斯蒂芬·戈德史密斯、威廉·D. 埃格斯：《网络化治理：公共部门的新形态》，孙迎春译，北京大学出版社 2008 年版，第 97 页。

拓展合作。

互惠。帕特南认为，在现代的复杂社会中，社会信任能够从互惠规范和公民参与网络中产生。他指出，在一个继承了大量社会资本的共同体内，自愿的合作更容易出现。[1]这种社会资本首先就包括了互惠的规范，互惠是规范最为重要的一种，而规范是被灌输出来的，由模式、社会化和惩罚来维系的。在合作各方的交往中，大家会在长期的合作中形成这样的共识——我知道你会这样做，所以我也会有这样做的想法，并在实际合作中自我遵守这一规范。如果按照帕特南的分类，我们可以把互惠分为两种，均衡的互惠，我们可以称之为平等的互惠。人们在这种互惠中交换价值大致相等的东西，从而实现你投之以桃，我报之以李的对等效应。这样的互惠能够被事先预知，使得承诺能够延续，从而得以实现。另一种普遍的互惠则是指，合作关系长期存在。这种互惠在特定的时间里是无报酬和不均衡的，但是，合作者有理由相信，由于合作的长期存在，今天的付出，对方会在以后的合作中加以回报。正是由于这种类型的互惠大量存在，才帮助合作共同体更有效地约束机会主义，从而解决集体行动的问题。互惠能够把合作中个人的利益与集体的利益整合在一个共同的价值观念体系中，以短期的利他行为实现长期的利己的结合。这种互惠一方面来自于合作中的信任，另一方面在交换的过程中又进一步增进了信任的产生。但是在地方政府间合作的过程中，互惠不是自然产生的，如果合作方相信他的信任会得到回报，他会不断参与交换，在不断的交换过程中，形成合作各方的互惠关系。可以持续的交往会鼓励可信行为，从而促进互惠行为的进一步发展。合作伙伴们的这种持续的交往逐渐形成了合作中的社交关系网络，进而培育了强大的互惠规范，这种互惠规范隐含着某些行为能够被合作各方所接受，某些行为是大家所排斥，最终形成了对彼此的期望，你承诺所以我承诺，我知道你会做所以我会做的互惠行为。这些互惠规范因为合作互动形成的关系网络而得到了加强，而关系网络

[1][美]罗伯特·D.帕特南：《使民主运转起来》，王列、赖海榕译，江西人民出版社2001年版，第195页。

则又取决于合作各方有没有一个好名声，也即声誉的好坏，来保障合作的进行。

声誉。由于现行法律与法规的缺失，以及在地方政府间合作的过程中，第三方的监督与执行的缺位，绝大多数的地方政府之间在公共服务领域展开合作时，更多依靠的是声誉的作用。地方政府官员合作的主要目的一方面是实现地区利益，另一方面，由于地方政府官员的自利性，作为理性经济人，他们更多地是出于实现个人利益——金钱与官位的奖励而积极展开合作，这种合作需要建立名声，通过在地区和中央留下好名声，以给上级留下好印象，从而为获得进一步晋升打下基础。在地方政府间公共服务合作的过程中，如果官员们按照机会主义行事，很容易丧失声誉，而使合作中断。欧文·休斯以胡萝卜加棍棒的比喻来说明官员的这种趋利避害的行为："一个理性的人必然受到对其行动有影响的刺激机制的支配。无论他自己的个人欲望是什么，如果某种活动将带来惩罚，他必然会取消这种活动；如果能带来较大利益，将会吸引他趋于这种活动。胡萝卜和棍棒对科学家和政治学家的支配作用与对驴子的支配作用是一样的。"[1]随着现代信息技术的发展，信息扩散更加容易，所以如果背信弃义，其声誉就会受损，并很快在合作群体中传开，影响其与其他合作伙伴的合作。当然，声誉机制发挥强制执行机制作用的前提是信息得到交流且具备一些基本的共同价值，即合作各方应该有共同的价值理念，都能对失信行为进行谴责。

在地方政府间公共服务合作的过程中，通过认识不同承诺方式的利弊，并在合作中加以有效利用，将极大地降低合作过程中的交易成本，从而为下一阶段的执行提供良好的合作基础。

三、地方政府间公共服务合作执行机制[2]

地方政府间公共服务合作的执行过程即是落实承诺的过程。一项好的决

[1] [澳]欧文·休斯：《公共管理导论》，彭和平等译，人民大学出版社2001年版，第13页。

[2] 本章中合作承诺主要指在承诺过程中所形成的合作协议，执行即是对合作协议的执行。

策不考虑执行，这项决策是没有任何意义的，因此，可以说合作承诺的实施是合作中最为重要的一个环节。地方政府间公共服务合作的最终目的是通过合作实现公共服务的供给，协商和承诺过程都是为了合作的落实而服务的。在地方政府间公共服务合作过程中所形成的合作协议等合作承诺，需要合作各方共同努力，贯彻执行。在对地方政府间公共服务承诺过程中形成的合作协议履行之前，对执行机制内涵进行初步的了解，有助于地方政府间公共服务合作执行工作的顺利开展。

（一）执行机制的基本内涵

1. 地方政府间公共服务合作执行机制的内涵界定

执行与执行现象为众多学科关注。如管理学中的执行力研究、政策科学中的执行研究、公共行政领域对决策与执行机构的研究等。本书关注的是地方政府间合作所形成的合作协议的执行，其本质是地方政府间围绕公共服务供给所形成的区域政策的执行。因此，笔者主要关注了政策科学对于执行内涵的界定。

（1）执行内涵的界定

一般而言，执行是指将决策转化为实际行动的过程和诸活动的总称。地方政府间公共服务合作中的执行也就是贯彻与落实合作各方所做的合作决策，使其转化为实际行动，从而完成预定目标的过程。从决策执行的角度，政策执行的研究对影响正常执行有效性作出了大量的关注。曹堂哲对政策执行研究中执行的内涵界定做了一个总结（见表 3–4）。他指出，“政策执行的研究核心在于探索影响政策执行有效性的变量及这些变量之间的关系。”[1]通过对这些关系的分析研究，我们可以设计出对地方政府间合作协议执行的有效工具、方法和手段，以保障合作协议的落实实施。

[1] 曹堂哲：《公共行政执行的中层理论——政府执行力研究》，光明日报出版社 2010 年版，第 40 页。

表 3-4：从政策执行角度对执行的界定与理解[1]

代表人物	出处	定义
佩尔茨曼、威尔达夫斯基	1973 年《执行》	“执行意味着实现、成就、实行、制造和完工，被执行的究竟是什么呢？显然是政策。” “目标与行动的设定以及如何完成他们的互动过程。”
卡尔·范霍恩、唐纳德·范密特	1975 年“政策执行过程”	“政策执行指的是公私人民或团体作为致力于先前政策决定所设立的目的达成，而采取的各项活动。这些活动可以分为两类要素：一为将决策转换成得以连作的努力；二为成就决策所制定的变迁而作的持续努力。”
查尔斯·琼斯	1977 年《公共政策研究导论》	“政策执行乃是一种政策付诸实施的各项活动，在诸多活动中，要以解释、组织和施用三者最为重要。”
保罗·贝尔曼	1978 年“宏观和微观政策执行研究”	“政策执行系政策选择的或权威性决策的实行。”
乔治·艾德华三世、艾拉·沙肯斯基	1978 年《政策困境》	“发布指令、执行指令、拨付款项、办理贷款、给予补助、订立契约、收集资料、传递资讯、指派人事、雇佣人员和创设组织单位等活动。”
理查德·埃尔默	1978 年“社会规划执行的组织模型”	“任何一项化观念为行动的行为，每每涉及到某些重要的简化工作，组织乃是简化工作的当事者；组织把这些问题分割成具体的可资利用的工作项目，然后分配给专业化的机关来执行；了解和人事组织如何运作，方能认清政策如何在执行过程中被更调和塑造。”
本尼·贺恩、戴维·波特	1981 年《执行结构：一种新的行政分析单元》	“执行结构的正式程度较低，权威关系不如行政组织系统那样明显；所处的社会环境较容易变动，其行动集合体是并非具有法律地位的实体；参加项目执行的决定是模糊的，基于同意和相互妥协。”
尼古拉斯·亨利	1999 年《公共行政与公共事务》	“执行就是对组织的公共政策或组织间的协议的贯彻和落实。”

通过学者们对执行的内涵界定，可以归纳出执行的几个关键变量：对于已制定政策（协议）的理解、执行任务所需要的执行资源、专业化的执行机

[1] 资料来源：曹堂哲：《公共行政执行的中层理论——政府执行力研究》，光明日报出版社，2010 年版，第 40-41 页。

构。这些变量是执行机制设计中的重点。

（2）执行机制的内涵

通过对执行概念的梳理，结合地方政府间公共服务合作的实际运行情况，本书认为，地方政府间公共服务合作的执行机制是利用和整合各地方政府中的人财物等各种组织资源，对地方政府间合作协议的实施，并通过对执行过程实施监督和评估，从而落实和完成公共服务合作承诺的管理机制。它包括了以下层面的涵义：第一，执行机制是一个由多个子系统组成的复合系统。其核心是根据执行组织中不同层次的执行主体之间的责、权、利而形成的网络体系，它包括了执行前准备—执行与执行过程中监督—执行后评估与反馈这一执行活动全过程中的各个子系统。第二，由于地方政府间所形成的合作协议的执行过程实际上与制定过程一样，是一个“充满着连续不断的交易、谈判和政治互动的复杂过程”。[1]因此，需要通过各种执行要素来共同作用，从而真正落实和履行合作协议。第三，地方政府间公共服务的合作依赖于各级地方政府的共同努力和集体行动，在执行过程中不可避免会出现机会主义行为，需要相应的制度保障。

（二）执行机制的目标

执行一项政策要比制定一项政策要困难的多。美国政策学者艾利森曾指出：“在实现政策目标的过程中，方案确定的功能只占 10%，而其余的 90% 取决于有效的执行。”[2]我国学者陈振明也提出“正确的政策方案要变成现实，则有赖于有效的政策执行”[3]。地方政府间合作协议的执行也是如此，无论地方政府间经过协商达成多么好的合作协议，如果没有正确有效的执行，仍将导致合作失败。因此，对地方政府间公共服务合作的执行机制进行研究是非常必要的。

---

[1] [英]米切尔·黑尧：《现代国家的政策过程》，赵成根译，中国青年出版社 2004 年版，第 129 页。

[2] Thomas BS.The Policy Implementation Process.Policy Sciences. Vol4, No2, 1973: 203.

[3] 陈振明：《公共政策分析》，中国人民大学出版社 2003 年版，第 225 页。

地方政府间公共服务合作执行机制的主要目的是为了顺利实施在承诺过程中形成的各种类型的合作承诺，包括各合作主体签署的合作协议。张玉在对区域政策执行的分析过程中指出，建立实施机制主要基于以下几个原因：一是人类交易行为越复杂，建立实施机制就越必要。二是人的有限理性及机会主义行为动机促使实施机制的建立。三是契约双方信息不对称容易导致契约的偏离。[1] 在地方政府间合作的过程中，由于各地方政府之间的主体地位是平等的，不存在领导与被领导的关系，在这种情况下地方政府间建立起来的合作，容易受到不同地方政府官员个人有限理性的影响，从而导致执行过程中的机会主义。

执行目标结构的建构是执行目标实现的重要因素。执行的目标结构是执行过程中，各执行主体目标之间的关系。在这些关系中，主要要处理好执行目标（公共目标）与执行主体个人目标之间的关系。执行的目标结构主要有两种表现形态——协同型目标结构和离散型目标结构。[2] 协同性目标结构是指执行过程中各个主体目标共同指向公共目标，当执行目标与执行主体个人目标趋于一致时，执行目标最容易实现。而离散型目标结构是意味着执行过程中各执行主体之间存在目标冲突，会导致执行中的虚假执行、部分执行等现象。各执行主体目标结构不一致，根源在于各执行主体的利益目标不同。在地方政府间公共服务合作的过程中，各地方政府的最终目标是实现区域公共利益，但各地方政府间还存在着地方利益、部门利益和个人利益。在执行过程中，这些利益常常很难达成一致，从而影响到执行的效果。要解决这一问题，需要在执行机制的设计中，利用各种激励手段，促使各执行主体利益趋于一致。这就需要建构执行的激励结构。

执行的激励结构是地方政府间在公共服务合作承诺的执行过程中，通过机制设计，促使各执行主体的个人利益、部门利益能与执行目标所要实现的

[1] 张玉：《政策执行研究的新视野——区域政策执行的制度分析与模式建构》，人民出版社2007年版，第100页。

[2] 曹堂哲：《公共行政执行的中层理论——政府执行力研究》，光明日报出版社2010年版，第108页。

公共利益趋于一致。在执行机制设计的过程中，机制设计理论与委托代理理论中有些观点可以作为参考借鉴。

如上所述，地方政府间公共服务合作协议的执行过程，是在复杂的运作系统中展开，受到系统内既定要素的制约。因而，对构成地方政府间公共服务合作协议执行系统的各要素进行分析，有助于发现造成合作协议执行阻滞的根源，从而为执行机制的构建提供合理的支撑。下面对构成地方政府间公共服务执行机制的各具体要素进行分析。

（三）执行机制的要素

1. 地方政府间公共服务合作的执行主体

执行主体主要包括了履行合作协议、实现合作目标的组织和人员。它包括了各级地方政府的执行组织和执行人员，以及执行组织实施合作协议的具体方法、技术和资源。

首先，从地方政府间履行合作协议的组织来看，地方政府间合作协议的有效执行，要求执行的组织机构要具有合理性。我国各级地方政府机构是按照等级制的基本架构，以权责关系为运行支撑而形成的庞大系统。“一级政府的基本构成元素是官员，由官员构成部门，由部门组成政府，形成了官员—部门—政府的复合结构。各地方政府内又分为若干层级，形成了政府的层次结构。”[1]这种复杂的政府结构使得公共服务合作协议执行也成为复杂的过程，因为在合作协议的执行过程中，不同的地方和不同的部门之间可能会发生利益冲突，导致协议执行的结果往往取决于地方之间、部门之间的利益博弈。为了突破这种复杂的政府结构，我国各地方政府间在合作的过程中不断寻求创新，力求探索出合理的执行组织机构形式。何渊通过对地方政府间合作协议的归纳，总结了目前地方政府间合作协议的几种履行模式。他认为，目前地方政府间合作协议执行的组织机构主要有四种情况：其一是利用协商阶段的协商组织机构来履行合作协议。这种情况的执行机构主要包括两种，

[1] 王学杰：《我国公共政策执行力的结构分析》，《中国行政管理》2008年第7期。

各层级的行政首长联席会议、由联席会议而形成的日常工作小组（包括检查组、专题组、联络办公室、秘书处和专题工作小组）。通过这两种组织形式来完成合作承诺中的合作协议；其二是各地方政府自行履行。各地方政府自行履行，主要是通过各地方政府的职能部门独自履行。其三是混合履行，即自行履行与联席会议制度结合履行。第四种情况是在合作协议中完全没有规定应该由哪些机构来履行合作协议，在他统计的 80 份合作协议中，这种情况占了 11%。[1] 这四种情况，形成的三种执行组织机构，在地方政府间合作中起着一定的作用。

其次，合作协议的执行人员对执行也有着重要的影响。合作协议的执行归根到底是由地方政府官员承担。因此，分析地方政府间公共服务合作的执行主体一定要抓住执行人员（地方政府官员）这个最活跃的因素。首先要理解执行人员具有的多重角色。地方政府间公共服务合作的执行人员具有多重代理角色，他们既代表着本地区地方利益，又代表着本部门利益，同时还有个人的利益。由于执行人员的行为受制于晋升的压力，他们执行合作协议的行为明显地受到复杂利益动机的驱动，因此，在执行合作协议的过程中要关注执行人员的利益需求，并从制度设计上寻求如何使执行人员的利益与地区利益、区域利益保持基本一致。

第三，地方政府间公共服务合作的执行资源。资源也是协议执行的必要条件之一。这里主要从信息和财物保障两个方面分析。充足的财力和必要的装备等条件是协议执行的物质保证。在合作过程中由于各地方政府的经济发展的不平衡，其财物资源的配备也不均等，而如果没有充足的财物资源做后盾，合作很难顺利进行。信息交流是各地方政府分别履行合作协议的过程中一个重要内容。一方面，通过信息交流，各地方政府可以了解对方的进展，以及时对自己执行的情况作出判断并加以调整。另一方面，准确的信息是执行中监督和评估的重要依据。

[1] 何渊：《中国特色的区域法制协调机制研究》，格致出版社、上海人民出版社 2010 年版，第 45 页。

2. 地方政府间公共服务合作执行机制的运行结构

地方政府间公共服务合作执行机制的运行结构主要包括三个方面：执行的实施、执行的监督以及执行的评估三个方面。

第一，执行的具体实施。执行的具体实施包括制定执行实施计划、实施前动员（如政策宣传等）、执行资源准备。执行计划主要是指在学习和理解合作协议的基础上，根据本地区实际情况，对总目标进行分解，制定出具体的实施计划。实施前宣传是与执行中所需要涉及到的执行机构、执行人员进行沟通，对协议精神与执行目标进行传达。执行资源的准备最主要的是执行所需要的资金和必要的人员等资源配备。

第二，执行中的监督。在地方政府间合作中，还需要一个强有力的推进和监督机构。由于地方政府间合作中各执行主体分别属于不同的地区，执行主体作为理性经济人的本质，决定了在执行过程中由于利益目标不同而存在着利益矛盾与利益冲突。各执行主体对有利于本地区、本部门和本人利益的合作决策会积极主动执行，反之可能会消极对待，由此决定了对合作执行活动实施监督的必要性。执行中的监督可以通过对各执行主体的行为按照合作目标所确立的标准进行检查，以发现执行行为与目标之间的偏差，从而采取必要的措施，及时进行纠偏。为了确保合作行为的可持续性，应由各地方政府共同授权组成监督机构，也可以请上级政府或上一级主管部门参与监督，或委托第三方，如其他地方政府、中介机构来监督，以减少地方政府在执行中的机会主义行为。

第三，执行中的评估。执行过程中的评估与监督是共同作用的。评估结果的有效使用将有助于实现执行人员的个人利益与部门利益和执行目标协同，即成为连接执行目标结构与执行利益结构的有效激励手段。因此，设计有效的执行评估体系具有重要的意义。合作协议的执行评估主要是根据各地方政府在实际执行过程中的情况，确认合作协议是否得到贯彻执行。执行评估应该与执行实施同步进行，以积累执行过程中执行资源的准备、执行中所采取的具体措施与效果，并及时把情况反馈给执行人员和决策者以作为再次协商沟通的依据，修订和完善合作协议，保障执行的顺畅。合作协议的执行评估方法一般可以采用以下三种方式：一是由各地方政府自行评估。这种方法也是目前地方政府间合作中最常用的方法，各执行部门领导签署责任状，对本地区领导负责，并自行评估或由本地区领导委派其他部门进行评估，根据评估结果对执行部门进行考核。二是上级领导机构或区域协调机构评估。请上级领导机构介入，通过问卷、访问、座谈会等方式对各地方政府执行情况进行评估。三是第三方评估。这里的第三方主要是指中介组织，如成立区域层面的专家委员会，专家的人员组成包括学者、媒体、区域内公共服务供给对象、提供相关公共服务的企业以及其他非政府组织。通过对各地方政府所提供公共服务对象的调查，收集公众对合作效果的评估，以及时调整执行工作。

地方政府间公共服务合作的执行过程中各要素之间通过执行的运作结构联合作用，共同保障执行的顺利进行，但是在现实中由于受到各种条件的制约，合作承诺的执行会遇到各种困难。下面以长三角地区各地方政府间执行合作承诺的过程为例做进一步的分析。

第四章

地方政府间公共服务合作机制：成效与问题

长三角地区各级政府逐步形成了协商—承诺—执行的合作机制，在此基础上，逐步强化公共服务合作供给，取得了大量的合作成效。但初步形成的这些合作机制，尚未成熟，一定程度上制约了合作进一步深化。

一、地方政府间公共服务合作协商机制的成效与问题

（一）协商机制的成效

在长期的互动中，长三角地区的各级政府都意识到开展合作对提升本地区公民福利和地区发展的重要性，纷纷采取对话、参观、访问等各种协商方式，展开地方政府及其部门之间直接的磋商和交流，并逐步形成了地方政府间公共服务合作的共识，初步建立了合作规则，进行了制度层面的整合，逐渐建立起多层次横向联合协商组织机构。从初期的低层次、单方面的合作，逐渐向高层次、多方位、宽领域的合作方向发展。

1. 地方政府间合作共识逐步形成

随着国家对长三角区域战略规划的制订以及一系列合作领域和合作专题的开展，长三角地区逐渐形成了从国家层面到各级地方政府等多层面的合作共识。

（1）由国家层面推动而逐步形成的合作共识

在长三角地区公共服务合作共识的形成过程中，国家层面的介入，不仅有利于消除地方之间的分歧、压力甚至冲突，而且还能使各地区发展战略与国家整体发展规划和目标诉求相互协调统一以及地方发展战略的相互协调。[1]由国家层面推动的合作共识，其标志是2010年《长江三角洲地区区域规划》的出台，它是依据国务院《关于进一步推进长江三角洲地区改革开放和经济社会发展的指导意见》而制定的。规划的范围包括了上海市、江苏省和浙江省，区域面积21.07万平方公里。以上海市和江苏省的南京、苏州、无锡、常州、镇江、扬州、泰州、南通，浙江省的杭州、宁波、湖州、嘉兴、绍兴、舟山和台州16个城市为核心区，统筹两省一市发展。该区域规划成为指导该地区未来一个时期发展改革的纲领性文件和编制相关规划的依据，是从国家层面对长三角地区发展策略的总体规划设计，比较详细地规定了长三角各地区战略定位以及开展一体化发展的主要领域。如在发展目标方面，明确提出，“到2015年，主要污染物排放总量得到有效控制；社会保障体系覆盖城乡，公共服务能力显著增强。到2020年，生态环境明显改善，形成人与自然和谐相处的良好局面；社会保障水平进一步提高，实现基本公共服务均等化。”[2]规划对长三角地区避免过度竞争，促进地方政府间的经济发展和公共服务合作共识的达成，起到积极的引导和协调作用。《长江三角洲地区区域规划》主要从以下领域对合作进行了规定和引导（见表4-1）。

表4-1：国家层面推动形成公共服务合作共识的领域[3]

重点合作领域	合作目的
跨区域重大基础设施一体化建设	提升交通、能源、水利、信息等基础设施的共建共享和互联互通水平，形成分工合作、功能互补的基础设施体系，增强区域发展支撑能力。

[1] Macleod G, Goodwin MS, Scale and State Strategy: Rethinking Urban and Regional Governance. Progress in Human Geography,1923(4): 503–527. 转引自娄成武、于东山：《西方国家跨界治理的内在动力、典型模式与实现路径》，《行政论坛》2011年第1期。

[2]《长江三角洲地区区域规划》，发改地区〔2010〕1243号。

[3]资料来源：根据《长江三角洲地区区域规划》整理形成。

（表 4–1 续表）

资源利用与生态环境保护	实行最严格的耕地保护制度，加强环境保护和生态建设，推动资源节约型和环境友好型社会建设，全面提高区域可持续发展能力。
社会事业与公共服务	以改善民生为重点，加强社会事业建设，推进义务教育、公共卫生、公共文化等基本公共服务均等化。
体制改革与制度创新	在新的更高起点上再创体制机制新优势。切实转变政府职能；开展重大改革试验，设立区域发展促进基金，主要用于跨省市基础设施建设、生态建设和环境治理等方面；开展太湖流域综合管理体制改革试点；加强区域法制环境建设，形成区域相对统一的法制环境，制定和实施区域协调统一的依法行政考核指标体系。

（2）长三角地区两省一市省级层面初步达成的合作共识

随着 2008 年国务院《关于进一步推进长江三角洲地区改革开放和经济社会发展的指导意见》（简称《指导意见》）的出台，苏浙沪两省一市积极出台措施贯彻《指导意见》需要共同推进的事项。并先后出台了相应的实施意见，如《上海市人民政府贯彻国务院关于进一步推进长江三角洲地区改革开放和经济社会发展指导意见的实施意见》[1]、《浙江省人民政府贯彻国务院关于进一步推进长江三角洲地区改革开放和经济社会发展指导意见的实施意见》[2]、《省政府贯彻国务院关于进一步推进长江三角洲地区改革开放和经济社会发展指导意见的实施方案》[3]。两省一市于 2008 年在宁波召开的长三角地区主要领导座谈会中，围绕积极推进长三角一体化进程的目标，注重区域重大项目、政策和措施的对接等方面，加强联动和协调。同时在 10 个合作专题项目上达成了合作共识。其中属于公共服务供给合作的有交通专题、能源专题（基础设施）、信息专题（基础设施）、科技专题、环保专题和社保专题（见表 4–2）。

[1]《上海市人民政府贯彻国务院关于进一步推进长江三角洲地区改革开放和经济社会发展指导意见的实施意见》，沪府发〔2009〕33 号。

[2]《浙江省人民政府贯彻国务院关于进一步推进长江三角洲地区改革开放和经济社会发展指导意见的实施意见》，浙政发〔2009〕69 号。

[3]《省政府贯彻国务院关于进一步推进长江三角洲地区改革开放和经济社会发展指导意见的实施方案》，苏政发〔2009〕146 号。

表 4-2：长三角地区两省一市层面形成公共服务合作共识的领域[1]

合作专题	达成合作共识
交通专题	科学规划、协同实施，大力推进长三角交通一体化进程。一是加强区域综合交通运输规划研究；二是加快推进长三角地区交通基础设施建设；三是继续深入推进道路运输一体化进程。
能源专题	通过区域统筹规划，协同保障区域能源供给。
信息专题	大力推进区域信息共享。
科技专题	开通长三角科技资源共享服务平台的科技文献共享系统；深化区域科技资源共享服务平台建设；建设公共科技基础设施。
环保专题	在太湖流域综合治理、区域大气污染控制、危险废物环境监管等方面开展环境保护合作。
社保专题	在养老保险、医疗生育保险、失业保险和工伤保险等专业组开展相关合作。

（3）长三角地区 16 城市层面逐步达成的共识

长三角地区 16 城市是一个由点到线、由线到面的网络结构，可以归纳为“三级、六轴、五圈”。“三级”即把长三角协调会成员城市分为三个等级，一级城市上海、南京、杭州，为整个长三角城市带的中心城市；二级城市宁波、苏州和无锡，是整个长三角城市带的次中心城市；三级城市常州、镇江、南通、扬州、泰州、嘉兴、湖州、绍兴、舟山和台州，是地级行政区的发展中心（见表 4–3）。“六轴”则包括了沪宁发展轴、沪杭发展轴、沿海发展轴、沿江发展轴、环杭州湾发展轴和宁杭发展轴。“五圈”即五个次级都市圈，包括上海都市圈、南京都市圈、苏锡都市圈、杭州都市圈和宁波都市圈。[2]

表 4–3：长三角地区城市层级图表[3]

城市等级层次	
第一层次	上海、南京、杭州
第二层次	苏州、无锡、宁波
第三层次	常州、镇江、南通、扬州、泰州、嘉兴、湖州、绍兴、舟山、台州

[1] 资料来源：根据上海市发改委地区与区域经济处长三角办公室提供材料整理。

[2] 胡雅龙：《世界第六大城市群——长江三角洲城市群崛起之路》，上海社会科学院出版社 2010 年版，第 34 页。

[3] 资料来源：根据长三角协调会相关资料整理。

由于城市层次不同，定位不同，长三角区域内不同城市之间有很多方面不平衡，具体表现在发展水平和生活水准等方面，而克服这些不平衡的途径就是一体化。根据世界银行的建议，“制度合作、基础设施共享和特别激励措施的有效政策组合是区域一体化的基本推动要素。一体化应该始于能够确保人们获得基本公共服务（如基础教育、基本医疗保健、足够的卫生设施和清洁的饮用水）的政策提供，体现在区域合作中，这些政策应该是能够促进物品、服务、人员、思想在区域内的流动。”[1]长三角区域合作磋商所逐步形成的共识就体现了从单纯经济领域的合作逐步到公共服务领域合作共识内容增多的转变。这点从区域合作历史发展可以看出，1982年成立的上海经济区规划办公室，以及次年建立的两省一市的省市长会议制度、十市市长联席会议制度，其主要目标是以地方政府的经济合作与共同发展为主题，这与当时国家的发展规划目标一致，由于当时户籍制度等多方限制，地方政府间人口难以流动，除交通基础设施建设和水资源利用的合作外，其他有关公共服务的合作较少。

随着长三角地区各城市经济的发展，一方面由于经济领域的合作很难有实质性的突破，另一方面，随着经济发展的要求，生产要素快速流动，如人口的大量流动，对长三角地区各城市提出了公共服务合作的客观要求。长三角地区合作的协商主题中逐渐加大了以公共服务为合作主题的内容，以实现区域内公共服务的均等化发展。为了更好实现合作的实际突破，长三角地区公共服务合作也借鉴了当年法国外交部长舒曼所提出的重新整合欧洲的方案，以具体的合作项目作为协商谈判主题的突破口。2001年，确定了共同构建区域大交通体系、共同加强区域生态环境治理、共同研究区域信息资源共享的途径和机制等公共服务领域的合作专题，2007年根据中国共产党第十七次代表会的缩小区域发展差距，注重实现基本公共服务均等化的精神，长三角地区主要领导座谈会又确定在加强交通、能源、科技和环保建设的基

[1]引自洪银兴、刘志彪等关于建设宁镇扬科技创新和产业转型合作示范区的建议，宁镇扬区域合作发展战略研究课题成果。（南京调研材料）。

础上，加强统筹基础设施建设、信息系统一体化等方面的协商合作。目前，长三角地区 16 城市已经在许多方面形成了合作共识（见表 4–4）。

表 4–4：长三角地区 16 城市逐步达成的公共服务合作共识 [1]

长江三角洲地区公共服务领域合作专题		
合作确定时间	专题名称	牵头单位
1999 年 5 月	长三角区域科技合作	
	研究筹建国内合作信息网	
2001 年 4 月	深化长三角区域科技合作	
	区域信息化建设	
2003 年 8 月	共筑信息平台、联合构筑交通运输网络、维护可持续发展生态环境	
2004 年 11 月	启动区域城市间规划衔接，重点完成交通规划对接	上海市城市规划管理局
	建设区域科学研发仪器设施共用服务平台	上海市科委
	参与长江“黄金水道”建设	上海市联合产权交易所
	强化信息合作	
2005 年 10 月	深化信息、规划、科技等专题合作	
	建立合作机制，促进港口联动发展	上海市港口管理局
	编制长三角区域人才发展规划、实现专业技术职务任职资格互认	上海市人事局
	实行“一卡通”系统互通，促进长三角交通一体化	上海市城市交通管理局
	加强城市信用制度建设，共同构建区域信用体系	上海市信息委
	加强区域教育合作，进一步整合长三角教育资源	上海市教委
2006 年 11 月	交通“一卡通”互通	上海市城市交通管理局
	高校毕业生就业	上海市教委
	长三角资料信息中心筹建	上海社会科学院

[1] 资料来源：胡雅龙：《世界第六大城市群——长江三角洲城市群崛起之路》，上海社会科学院出版社 2010 年版，第 202–203 页。

（表 4-4 续表）

2007 年 12 月	设立“环保合作”专题，开展生态补偿机制研究	上海市环保局
2009 年 3 月	长三角医疗保险合作	南京市劳动和社会保障局
2010 年 3 月	深化长三角医保合作	南京市劳动和社会保障局
	长三角异地养老合作	扬州市发改委

为了推动和落实这些合作共识，长三角地区各级政府从制度层面进行整合，试图通过制度化与非制度化的协商手段相结合，以在合作中建立制度性保障。

2. 初步建立起各级地方政府间横向协商制度

在合作共识的形成过程中，长三角地区初步建立了各级地方政府间横向协商制度，从而为协商提供了平台。

（1）努力推动了各级政府间横向协商制度的建立

制度化的横向协商制度主要是指各级地方政府建立的联席会议制度。目前长三角地区已经建立了从省（市）级地方政府联席会议制度到地市级联席会议制度，以及各级地方政府职能部门之间的联席会议制度。

一是省（市）级联席会议制度。自 2001 年举办“沪苏浙经济合作与发展座谈会第一次会议”开始，确立了以三省市常务副省长为协商主体的经济发展座谈会制度，并在三省市发改委内下设“沪苏浙经济合作与发展联络组办公室”联络组和合作专题组，成为三省市以经济合作和公共服务合作为主题的协商形式。2004 年，沪苏浙两省一市的省长与省委书记，确定了定期磋商机制，即长三角主要领导座谈会，由原来的两年一次会议改为每年一次会议，成为长三角级别与层次最高的协商形式。2008 年又进一步确立了联席会议制度和重点合作专题组的工作制度。从而在经历多次的磋商与交流后，形成了省（市）三级运作的区域磋商交流格局。第一个层次是长三角两省一市主要领导年度会晤制度；第二个层次是“沪苏浙经济合作与发展座谈会”制度；第三个层次是沪苏浙重点合作专题制度。从而形成了决策、协商和执行三级运作模式：以长三角地区两省一市省长与省委书记座谈会为决策层、以沪苏浙经济合作与发展座谈会为协调层，省市政府部门组成执行层，省市政府部门简称专题组。从而在长三角地区省级政府部门之间形成了多级主体参与协商沟通格局（表 4–5）。[1]

表 4–5：长三角地区省级政府定期协商制度 [2]

磋商机制	职责与内容
三省市主要领导定期磋商机制（联席会议制度）	2004 年起，三省市主要领导每年定期召开会议，并在 2008 年上升为联席会议制度。着重磋商事关区域发展的重大战略问题，研究确定区域合作的总体要求和重点事项。
两省一市副省（市）长“沪苏浙”合作与发展座谈会高层会晤机制	大交通体系建设、区域生态环境治理、共同推进自主创新、区域能源大平台建设、区域诚信体系建设、区域旅游合作以及区域人力资源合作。
三省市有关职能部门沟通协商机制	三方人事部门建立“长三角人才开发一体化联席会议制度”；环保部门“污染联防、信息沟通和通报机制”；交通部门“长三角地区道路货运一体化工作联席会议制度”。

在具体沟通过程中，处于执行层的长三角发展办公室，分设于两省一市发改委内，协同长三角协调会和省市政府各部门，进行具体统筹协调。以合作专题的选择为例，长三角协调会选择下一年度有意向合作的若干个公共服务领域，通过与各自省市具体部门沟通联系，收集合作意愿信息，形成文字报告，递交以副省级领导为主的沪苏浙经济合作与发展座谈会，由其进行协调选择下一年度拟合作的专题，最后递交长三角主要领导座谈会讨论明确。这种层级制的沟通形式在长三角协作组织的初期合作中也有体现。

二是长三角地区地市级联席会议制度。长三角地区地级市定期协商制度经历了一个漫长的过程。1983 年上海经济区规划办公室正式成立，成为区

[1] 部分内容由南京市发改委处调研座谈材料整理形成。

[2] 资料来源：根据陶希东：《中国跨界区域管理：理论与实践探索》，上海社会科学院出版社 2010 年版，第 159 页图表修改形成。

域内地市级政府之间协商的平台，而真正意义上的以长三角命名的协商平台始于 1992 年，在第六届长江沿岸中心城市经济协调会会议期间，在南京市经济协作办公室主任的发起下，经由上海和杭州市三市经济协作办公室主任的磋商，并与各个城市驻上海办事处主任商榷，最终成立了由上海牵头、南京和杭州协助的长江三角洲协作办（委）主任联席会议，成为长三角城市间的合作磋商平台。由于主任这个级别在协商中级别较低，几乎形不成什么决议，在各地方政府协作办主任的推动下，1996 年，长三角各城市市长联席会议制度形成[1]，正式建立起长三角地区 16 城市的协商制度。1997 年，依托长三角地区 16 城市合作，成立了长三角协调会办公室。

长三角地区 16 城市之间主要通过常设办公室进行协商沟通，以长三角协作办（委）的沟通过程为例，上海市协作办主任任协作办常务主任，南京、杭州和宁波协作办主任为常务副主任，每年的合作内容由上海市协作办牵头联系南京、杭州与宁波，四家牵头沟通磋商，交由每年一次会议集体讨论。[2]1997 年成立的长三角协调会对这种局面做了调整，开始有意凸显协商的平等性，为了显示平等，在协调会第一次召开时制订的会议章程中，城市排名按照笔画顺序，同时，协调会设常任主席方和执行主席方。常任主席方由上海市担任，常设联络处设于上海市人民政府合作交流办公室，执行主席方由各城市按照城市排名轮流担任。

三是长三角地区各级政府职能部门之间的联席会议制度。各级政府职能部门之间的合作主要是根据由省（市）级协商平台和地市级协商平台所形成的合作专题而展开的。为了推动合作，形成了省（市）级和地市级两个层次的各职能部门之间合作的协商制度，即部门之间的联席会议制度。如 2003 年两省一市的人事部门以及 16 城市人事部门行政首长在上海发布了《长江三角洲人才开发一体化共同宣言》，《宣言》中规定应成立联席会议制度。

[1] 1997 年 1 月，参照长江沿岸中心城市经济协调会的名称，长三角地区城市市长联席会议被命名为长三角经济协调会，简称为长三角协调会。

[2] 本部分由作者对南京市发改委的访谈材料整理。

长三角地区各级政府职能部门之间也建立了以常设办公室为牵头的协商沟通方式。以长三角港口合作为例，2006年上海市港口管理局牵头，通过局研究室协调长三角其他各港口管理局，依托“港口合作专题”建立了长三角港口管理部门联席会议制度，在沟通的过程中，首先由上海市港口管理局正式邀请宁波港口管理局、南京港口管理局和南通港口管理局作为联席会议的发起单位，然后上述四家单位向其他12个城市的港口管理部门发出参加联席会议的邀请，将联席会议制度草案发至各单位征求意见，多次沟通，形成待签署的文稿。这些合作交流中，基本采取了以上海为龙头的交流磋商形式。为了调动其他城市的积极性，在最近两年的交流中，强调了以其他城市牵头的协商合作。同时为了进一步拓宽沟通的渠道，2008年长三角协调会确立了以“远程视频会议系统”建设为合作平台的建设专题。

（2）大量采用了非制度化的横向协商

在跨区域合作的协商过程中，官员之间非正式协商在合作过程中也起了重要的作用。如长三角地区之间官员们每年频繁地会晤与互访（见表4-6）。这些会晤虽然不是长三角16市正式的联席会议制度，但是这些互访与会晤为各地方政府正式的协商机制打下进一步集体行动的良好基础。

表4-6：长三角地区官员会晤与互访（2004—2007）[1]

年份	次数	会晤与互访（形式）	内容
2004	23次	考察、恳谈、参观推广、研讨	以江浙接轨上海为中心，围绕社会诚信体系、卫生改革与发展、“大通关”、港口建设等展开座谈会，以推进正式协商进程
2005	22次		围绕科教文卫发展、社区卫生建设、城市建设等进行考察与交流
2006	16次		围绕新农村建设、文化交流、民生工程建设、港口建设等展开交流座谈
2007	12次		围绕长三角发展、世博会召开，以国际研讨会等方式进行交流、考察

[1]资料来源：作者根据上海市年鉴（2004—2007年）整理形成。

在长三角地区地方政府间合作中，官员之间的私人关系在协商中也起着重要的作用。公务员制度中的官员交流制度以及官员们利用同学、朋友以及战友等关系构成的广泛而又亲密的私人沟通网络，使得官员们通过私人友谊的关系网络来进行非正式的沟通与交流，在实践中极大促动了正式协商的进行。如：前江苏省委书记梁保华，曾任职于上海市轻工局（轻工业部驻上海轻工局工作组），省政协主席张连珍曾在华东师范大学学习，自然与上海有着割舍不断的联系；现任上海市委书记韩正、上海市人大常委会主任刘云耕分别是浙江慈溪人和舟山人，在上海与浙江的交流沟通中，老乡情谊自然是不能忘记；原浙江省省长吕祖善大学毕业于南京航空学院（现南京航空航天大学），原杭州市市长邵占维是南京理工大学工学硕士，他们对江苏与南京都有一份特殊的感情，这些多重经历对官员们开展地方政府间的协商非常有利。“当人们自觉不自觉建立起各种社会关系，并按照这种关系所隐含的角色规范来从事社会行为时，正式制度作为镶嵌在文化传统中的行为准则，就会受到非正式关系的深刻制约。”[1] 反观遵循正式协商往往需要很高的交易成本，因而就不难理解，官员们的这些非正式协商对于合作过程中的正式协商发挥着重要的作用，在实践中有着难以取代的优势。

长三角地区各级地方政府在多年的努力下，在协商机制的建设方面卓有成效，所推行的一系列合作行为，在一些领域达成了初步的合作共识。但是，由于长三角地区的合作还处在起步探索阶段，其所存在的问题和面临的困境，更亟待解决。

（二）协商机制中亟待解决的问题

良好的协商是地方政府间公共服务合作的重要前提，对于达成和维系合作可以起到事半功倍的效果。然而，检视已开展合作多年的长三角一体化协商机制成效时，却可以发现，合作之下仍受制于暗流涌动的相互间恶性比拼和竞争，协商效果因而难以尽如人意。

[1] 马斌：《政府间关系：权力配置与地方治理——基于省、市、县政府间关系的研究》，浙江大学出版社 2009 年版，第 128 页。

1. 缺乏统一健全的协商体系

协商机构缺乏统一性，实际操作中各自为政。长三角地区现在已经形成了分层运作的协商运行机制，即决策、协调与执行三级运作模式。但是由于历史原因，省（市）级层面的协商机构与地市级层面的协商机构不在一个统一的协商框架和运行机制内。如上海市长三角办公室设在发改委之下，而作为长三角地区16城市协调机构的长三角协调会办公室则设在上海市政府内部。由于长三角协调会办公室的设立远早于发改委之下的长三角办公室，无形中形成了两套相对独立的体系。因此，“这样的三级运作体系，固然可以根据协商主题的特点及牵涉面，从而分层次推进，确保协商的效率，但同时也增加了沟通成本，三个层次之间本身的协调工作非同小可，有时甚至会带来不必要的重复沟通与方案冲突”[1]。

协商的组织形式过于松散，缺乏权威性的政府协商管理机构。在V.W. 拉坦看来，“一个组织一般被看作是一个决策单位，对资源的控制由组织实施，制度的概念包括组织的含义”[2]。因此，协商机制的建设也应考虑协商组织的完善与责权的优化配置。据此，长三角地区公共服务合作相关协商工作要有实质性的进展，就需要一个坚实的组织载体作为保障。然而长三角地区目前成立的省市级协商机构（长三角发展办公室）和16城市协商机构（长三角协调会办公室），其组织形式都过于松散。这两个协商机构不仅缺乏坚实的法律地位，而且由于不是一个实体性的组织机构，其职能也不健全。其人员多为兼职，办公场地也是设在各省市内部，没有独立的管理制度。在合作专题的协商过程中，甚至出现各合作专题小组成立联席会议制度之后，绕过这两个协商机构直接运行的情况。

协商主体的结构单一，没有广泛吸纳第三方。长三角地区作为中国最为发达的区域之一，应该积极吸纳来自于各个层面的群体的参与，以推动协商

[1] 陶希东：《中国跨界区域管理：理论与实践探索》，上海社会科学院出版社2010年版，第163页。

[2] [美]V.W. 拉坦：《诱致性制度变迁理论——财产权利与制度变迁》，上海人民出版社1994年版，第329页。

协议的形成与执行。目前长三角地方政府间公共服务合作参与主体仍以政府部门为主，形成从部门、协作办公室、市长、副省级领导、省级主要领导等多层次政府组织间的协商主体结构，与此同时，也开始注意到适当引入社会力量的参与。例如 2004 年开始筹建长三角专家咨询委员会，已经纳入以企业为主体的合作与交流群体。但社会团体、专家学者乃至公民个人的参与还是存在着很多障碍，这并不利于协商过程中集思广益和多方面了解社会呼声，从而阻碍了协商的进程和效果。以 2009 年参与长三角协调会的成员为例，出席会议的成员包括两省一市省级领导、长三角协调会各城市政府领导、发展和改革委员会以及经济协作部门的主要负责人、国家发展和改革委员会地方司领导、长三角协调会城市知名企业家代表，记者，以及泛珠三角、环渤海湾区域合作组织负责人，还有列席会议的泛长三角地区其他 8 个地级市领导等。学者、非政府组织代表以及公民代表都没有出现在名单之内。

正由于以上原因，考察长三角地区协商机制实际运行效果时，可以发现，长三角合作协商过程中，无论是协议的达成，还是协议的执行都面临着很多难题。例如，1997 年长三角协作办（委）主任联席会议总结前期合作成果时，这样形容协商会议形成的合作协议难以贯彻落实：一年一度的联席会议是“见见面，碰碰杯，散会”。两天的会议基本就是第一天，大家说说话，第二天，旅游看景点，回去后，向有关部门通通气。[1]13 年过去了，为解决这一协商联席会议面临的尴尬局面，长三角地区先后建立了长三角地区 16 市市长联席会议、两省一市的副省长联席会议、长三角两省一市省级主要领导联席会议，随着领导级别的提升与重视，协商与合作产生了一定的成果，协商会议中确定了一系列的合作专题。形成了多层次对话交流机制，在信息、环保、人才、教育、陆运等 10 多个专业建立了对口联系协调制度，全面展开基础设施领域的合作，推进区域交通一体化发展、共同开展太湖水域的水污染防治与生态保护的行动，形成固体废弃物跨省转移管理办法初步方案等。

[1] 胡雅龙：《世界第六大城市群——长江三角洲城市群崛起之路》，上海社会科学出版社 2010 年版，第 44 页。

然而，不可否认的是，这些合作专题在具体的运作过程中还是迟迟难以推动，这反过来也昭示了协商过程中有着很多难以逾越的困境。

2. 缺乏完整畅通的信息共享机制

信息共享在地方政府间合作中发挥着重要作用，它可以减少信息不对称，促进要素的有序流动，加深合作各方的相互了解，降低地区利益博弈成本。[1] 在有关沟通问题上，很多学者侧重于描述沟通过程中的基本要素，如信息的来源、信息内容、信息沟通的渠道、信息接收者、信息的效应以及信息的反馈。[2] 事实上，对于沟通交流的研究更应该侧重于分析利益在其中的作用：政府信息共享障碍的根本原因在于存在信息租金，为了促进共享，保障利益分配的公平和有效，应实现其利益平衡。合作伙伴们通过沟通，获得想要合作领域的相关信息，揣度通过这种合作所能得到的利益，以决定是否合作。在地方政府间公共服务合作过程中，是要通过利益和行政相结合，通过各地方政府间协商沟通而实现信息共享。从这一方面来说，跨区域公共服务合作中一个重要的环节就是处理好信息共享问题，分享信息有助于政府间各官僚机构处理不同事务时的专业化，有助于同舟共济、相互配合、达到共同的目标。

然而审视长三角公共服务合作可以发现，由于各个合作主体客观上存在着发展不平衡现象，从而各自对于长三角合作的利益诉求及利益实现能力也各不一样，由此出发，就会导致相互间信息沟通实际上还很难真正做到坦诚、畅达。由于受行政区划等体制影响，长三角地区各地方政府在信息资源配置过程中，存在着以各自行政区划为界的地方本位主义，导致了“信息孤岛”现象。此外，信息共享建设需要投入大量的成本，而信息共享的效益分配是不均衡的——有的地区只能获取比较少甚至不能获取利益，从而造成收益较低地区的消极怠工。笔者在调研中发现，长三角地区环境保护信息网络建设、港口信息共享平台的建设等都出现了这些问题。以长三角地区区域大气环境

[1] 黄克亮：《论泛珠三角区域信息化建设的合作与发展》，《探求》2004 年第 5 期。

[2] [美] 多丽斯 · A · 格拉伯：《沟通的力量——公共组织信息管理》，张熹珂译，复旦大学出版社 2007 年版，第 3 页。

保护合作平台的建设为例。

由于能源消耗过于集中、排放高度密集，使得长三角空气污染呈现出以细颗粒物污染、能见度下降和臭氧光化学污染为代表的区域性复合型污染特征，长三角各城市正面临共同的但依靠单一城市无法解决的问题，这给各城市的环境保护与管理带来了巨大挑战。为推进长三角地区环保工作的联合开展，2008 年 12 月 15 日，上海、江苏、浙江长三角两省一市环境保护部门签署了《长江三角洲地区环境保护合作协议（2009 — 2010）》，该协议明确提出，要合力解决区域突出的环境问题，合力提高区域环境管理水平。在上述背景下，于 2009 年建立了长三角区域大气环境保护合作平台，以实现长三角区域大气环境信息共享。但直至 2011 年，这个共享平台没有公开任何关于两省一市大气状况的数据，信息共享成为一个摆设。[1]

信息共享机制的缺乏给合作带来了阻力，制约了长三角地区地方政府间合作的进一步深入。

3. 缺少协调利益的共享机制

利益关系是政府间关系中最根本、最实质的关系。在协商机制之中，利益协调与共享机制可以说在根本上决定了其他机制的生成与效度。政府间关系实际上是一种权力配置和利益分配的关系，“首先是利益关系，然后才是权力关系、财政关系、公共行政关系。前者决定后三者，后三者是前者的表现。四者并列，以利益关系为先，才是政府之间关系的真正内涵”[2]。在行政分权的体制下，地方政府成为地方社会事务的主要负责者，促使地方成为相对独立的利益主体。一般情况下，地方所代表的局部利益往往是短期的，而很少兼顾到跨区域内各地方主体共同拥有的长远利益。以环境保护问题为例，许多地方政府仍然以本地区经济发展为要务，认为环境污染只要不发生在自己的地盘上就行。频频发生在江河流域的“跨界污染”和现行的行政分割体

[1] 相关资料与事实可见长三角区域大气环境保护合作平台，http://www.raqm.org/YRD_COOPERATION/ptjj/index.asp。

[2] 谢庆奎：《中国政府的府际关系研究》，《北京大学学报》（哲社版）2000 年第 1 期。

制之间的不协调已经成为导致长三角环境质量总体恶化的一个主要因素。[1]

根据环境部门对上海主要河道的断面监测，目前上海符合饮用水水源国家标准的地表水只剩下1%，水质劣于五类的却占到68.6%。作为上海市民80%饮用水源的黄浦江，因水环境变化，水质终年只能维持在三类到五类之间。近几年由于取水口附近工业污染排放和太湖水质急剧下降，这里的水质已不很安全了。不仅仅是上海，雨水丰沛，河道密布的长三角很多城市已经进入缺水城市的行列。由于水质受上游水污染的影响，又受到本地污染源的危害，濒临太湖的无锡、常州等地也已经成为"不缺水，但缺好水"的典型水质型缺水城市。

上海的缺水实质上是因为作为上海主要水源的——浦江上游的污染造成的。对此，安吉县长劳红武心气不顺，"作为浦江之源，安吉在源头保护上做了很多工作，很多农民不得不因此而失业。但是这需要很多投入，一方面安吉财力有限，另一方面做的这些也没有得到应有的补偿。"[2]

太湖流域水质型缺水正是由于缺乏利益补偿和利益协调，不能实现利益共享造成的。缺乏利益协调和共享机制所造成的不仅仅是水污染问题，港口重复建设、机场建设大战、流动人口医疗保险的互认等等，都是由于无法实现利益的有效分配，而导致的合作阻滞或失败。

除行政体制的割据外，现有地方政府绩效评估体系的缺陷也是造成地方政府间缺乏利益共享机制的原因之一。目前的政府绩效考核方式是地方政府官员所属辖区的上级部门自上而下对其政绩进行考核，地方政府官员在合作中更可能会考虑如何提升自身的个人利益，其次，才是所在地区公民的利益，甚至担心由于公共服务合作出现的正外部性溢出而导致其他地区官员受益，影响其晋升。在笔者对于长三角一体化合作的访谈中，重要合作方N市的政策研究室主任这样快言快语：公共服务合作是需要财政投入的，需要花钱

[1]《跨界污染挑战行政分割 长三角环境合作试点先行》，http://finance.sina.com.cn/g/20040621/1341825103.shtml。

[2]《长三角城市：环保问题的囚徒困境》，http://www.news365.com.cn/csj/jjq/t20040709_123717.htm。

的事，领导都是希望在任期内就能见效，花钱买粉，这粉决不能擦到别人脸上。以长三角“一卡通”为例，在长三角“一卡通”的协商过程中因为在具体操作过程中缺乏利益补偿机制，尽管经过长达6年反复的磋商与交流，仍然难以实现互通，就是由于解决不了利益问题。

二、地方政府间公共服务合作承诺机制的成效与问题

从1992年长江三角洲协作办主任联席会议制度成立至今，长三角地区在区域合作中取得了不菲的成果，在公共服务领域的合作也有了新的拓展。通过两省一市各级地方政府之间的积极磋商，地方政府之间就多个公共服务领域形成了一系列的承诺，其主要表现形式为各种形式的合作协议，这些独具中国特色的合作承诺机制作为长三角地区地方政府间合作的制度创新，为长三角地区各地方政府开展合作提供了保障。在实践中，虽然这些合作承诺一方面对长三角地区地方政府间合作起了积极有效的推动作用，但是另一方面，由于合作承诺机制自身的不完善，在合作推进过程中，依然还存在着很多问题。

（一）承诺机制的成效

伴随着长三角地区公共服务合作协商机制的完善，长三角地区公共服务的合作有了良好的合作磋商基础。在长三角16城市群联席会议制度以及两省一市省级领导联席会议制度的正式化和制度化过程中，各级政府之间开始采用各种形式把会议磋商的主要成果文字化，以作为合作过程中具体事务执行的参照和依据，其主要表现形式为各地方政府及其职能部门之间签署的合作协议。笔者通过从长三角各地方政府网站搜索，以及在调研过程中，沪苏等地政府部门提供的合作协议文本中，收集了相关的合作协议40多个，并为了研究的便利性，抽取了其中的部分协议进行分析。表4-7中所列举的是长三角地区近年来所形成的以公共服务为主要内容的文本性承诺。

表 4-7：长三角地区近年来政府间公共服务合作承诺的基本状况 [1]

承诺时间	2002	2003	2003	2004	2004	2004	2005	2007	2008	2008	2009	2009	2009
承诺领域	综合	人力资源	公共卫生	公共卫生	综合	教育	基础设施	文化	环境保护	环境保护	公共卫生	综合	社会保障
承诺内容	政府合作	人才开发	食用农产品标准化	消费者权益保护	区域合作	教育科学研究合作	道路货运一体化	公共文化联动与共享	区域环境保护	世博会区域环境空气质量保障	医疗保险转移接续	基础设施科教文化环保	离退休养老保险异地领取
承诺形式	论坛纪要	共同宣言	协议	协议	协议	协议	共同宣言	倡议	协议	措施	协议	备忘录	协议
承诺参与地区	江浙沪20个城市	两省一市	两省一市	两省一市	长三角16市	两省一市	两省一市	长三角16市	两省一市	两省一市	三省一市（安徽参与）	三省一市（安徽参与）	三省一市（安徽参与）
承诺主体行政级别	市长	工商局长	质监局局长	工商局长	市长	教科院院长	运管局局长	广电局局长	环保厅厅长	环保厅厅长	人社厅厅长	市长	人社厅厅长
是否有具体合作事项	有	无	有	有	有	有	有	无	有	有	有	有	有
合作事项是否紧迫	否	否	否	否	否	否	否	否	否	是	否	否	否
是否有具体合作措施	无	无	无	无	无	有	无	无	无	有	有	无	有
是否有责任追究约定	无	无	无	无	无	无	无	无	无	无	无	无	无
有无联席会议制度	有	无	无	无	有	无	有	有	有	有	有	有	有
是否第三方参与	有	无	无	有	有	无	无	有	无	无	无	有	无
有无承诺生效日期	无	无	无	无	无	无	无	无	无	有	无	无	无

[1] 资料来源：根据长三角地区各政府网站资料等整理形成。

1. 承诺形式的多样化

从承诺的形式来看，长三角地区开展了形式多样的承诺。在合作实践中，这些承诺的表现为多种形式，比如“（实施）意见”、“协议”、“宣言”、“提案”、“意向书”、“议定书”、“章程”、“纪要”、“倡议”、“措施”、“方案”以及“计划”等等。其中，最经常出现的是“协议”与“宣言”两种承诺形式。在合作初期，地方政府之间的承诺主要是以会议纪要的形式存在，是对会议过程和会议内容的一个总结，只是对合作各方的一种期望的表达，没有针对具体的合作领域的承诺。如长江三角洲协作办主任联席会议的前五年，由于主任会议几乎形不成任何决议，对于任何必须要形成决议的内容，协作办主任必须请示其所在市的分管副市长，然而，不是每个协作办主任都有机会能在分管副市长面前说上话。所以承诺的形成没有基础。在调研中发现，协作办主任联席会议的前五年，联席会议基本是“见见面，碰碰杯，散会”。两天的会议程序，第一天，大家发表一下展望和想法，第二天，旅游看景点，散会后，根据会议纪要，向有关部门通通气。由于这种会议的行政级别比较低，会议所形成的会议纪要，很多时候成为了一个摆设。

随着市长层级的联席会议制度和省长级别的联席会议制度建立，承诺的形式开始多样化，从表中可以看出，从 2002 年起，联席会议所形成的承诺形式开始从论坛纪要，逐渐向协议转变，并逐渐出现了诸如宣言、计划、措施等有具体合作内容甚至合作措施的承诺形式，长三角 16 城市市长于 2004 年签署的区域合作协议为以后的合作指出了发展方向和发展路径，从而为长三角 16 市的各职能部门之间开展合作奠定了基础。同时承诺形式也由多样化向具体化发展。

除了文字性的承诺，还有领导人之间的口头承诺，但是这些口头承诺多数只是停留在敲定合作的意向与合作的大概范围，并没有具体经办事项。

2. 承诺内容的丰富化

如表 4–7 所示，地方政府间合作形成的这些承诺涉及到了公共服务的各个领域，从教育、文化、公共卫生到流动人口的社会保障，以及环境保护、公共安全、基础设施和跨区域流动农民工子女入学等方面都建立了合作试点。

以公共卫生为例，从2003年起，长三角地区围绕公众所关注的衣食住行等方面加强了合作，先后做出了《长三角食用农产品标准化互认（合作）协议》、《关于长三角地区职工基本医疗保险关系转移接续的意见》等承诺。在食用农产品标准化互认中除了对长三角地区农产品的标准制订、市场互通、检测互认、标志和标签互认等多项内容，还承诺为实现长三角地区食用农产品销售渠道的畅通无阻，苏、浙、沪两省一市将在市场准入方面逐步建立起统一的管理制度。此外，还承诺将在长三角地区联手建立食用农产品安全质量告诫制度，对农产品中的农药残余等危害进行检查，以在长三角地区全面建立起对有可能危害公众健康的不法企业或者个人的惩戒。[1]《关于长三角地区职工基本医疗保险关系转移接续的意见》则承诺通过先行探索切实可行的转移接续办法，以建立长三角地区统一的医疗保障体系，扩大医疗保险覆盖面，从而促进长三角地区人才和劳动力的合理流动，优化人力资源配置。[2]

为了进一步满足长三角地区人民日益增长的公共服务需求，近几年又先后对环境保护、基础设施、教育、文化、社会保障等领域开展了合作，做出一系列承诺，如《长江三角洲地区环境保护工作合作协议（2009—2010年）》、《长三角地区道路货运一体化共同宣言》、《2008年文化交流与合作项目意向书》、《2009年江浙沪文化交流与合作项目意向书》、《长三角基础教研联动发展协议》、《长三角数字教育资源合作建设协议》、《长三角地区中等职业教育实训基地共享框架协议》等，这些承诺都是在长三角地区公共服务领域的合作结晶，并为长三角地区在这些领域的进一步合作奠定了基础。

3. 承诺效力的由弱至强

从承诺的效力程度来看，呈现由弱至强的趋势。在长三角地区合作初期，多是由会议纪要或论坛纪要以及联席会议领导对于某一合作专题的口头承诺，同时，由于初期参与联席会议的领导级别不高，合作没有确定具体专题，很

[1]《长三角食用农产品标准化互认（合作）协议》，http://www.shzj.gov.cn/art/2007/9/21/art_1583_5298.html。

[2]《关于长三角地区职工基本医疗保险关系转移接续的意见》，http://www.jshrss.gov.cn/shbxfww/zcfg/yilbx/201001/t20100113_59582.html。

难达成可信的承诺。随着合作的进一步深入，各地方政府间经过协商确定了一定范围的合作专题。如交通基础设施中的合作，2005 年，苏浙沪三省市交通主管部门在浙江省杭州市召开长三角道路货运发展研讨会，会议就联合推动长三角地区道路货运一体化达成共识，签署《长三角地区道路货运一体化共同宣言》（下简称《共同宣言》）的承诺书。《共同宣言》中只规定了合作的大致方向和领域，相关单位很难根据这个承诺书展开具体的工作，可以说这个承诺强度不足。鉴于此本次会议又制订了长三角地区道路运输管理一体化联席会议制度，对于《共同宣言》的承诺强度不足问题有了弥补措施。因此，紧接着，2006 年长三角地区道路运输管理一体化联席会议第一次会议在上海举行，苏浙沪交通主管部门签署了《关于加快推进长三角地区道路运输管理一体化的备忘录》（下简称《备忘录》），该《备忘录》中对 2005 年《共同宣言》中缺乏的合作措施等缺失内容做了进一步补充，[1] 提出从规划编制、法规制订、设施建设、管理服务等方面，进一步加强全面合作。从表 4-8 中可以看出，《共同宣言》内容比较宽泛，是一个纲领性的承诺，而《备忘录》则选择了几个比较具体的方面制定了相应的举措，其承诺可信度较强。

表 4-8：《共同宣言》与《备忘录》承诺程度对比 [2]

承诺名称	《共同宣言》	《备忘录》
主要内容	建立统一的长三角道路货运市场，开通异地经营绿色通道，鼓励货运企业在区域内自由拓展； 协调长三角道路货运发展规划，制定统一的发展战略和目标； 整合货运市场的共享资源； 搭建长三角道路货运企业交流、合作的平台； 促进长三角现代物流业的技术交流和合作。	省际客运方面：整合班线资源，制定配套政策；加强和完善省际旅游包车管理；积极发展客运租赁业；探索和推进省市毗邻地区客运班线公交化经营方式的改革。 道路货运方面：加强监管措施和监管规范的衔接；协调集装箱运输技术标准和管理政策的衔接；加快货运公共信息平台建设等。 维修驾培方面：规范机动车维修市场；鼓励和支持维修企业跨省市经营；推进两省一市运管机构颁发的资格证书互认。 其他方面：协调道路运输区域发展规划的滚动完善和要素对接；开展联合执法；不断提高地方性法规、规章、规范、标准的对应衔接程度；联手研制治理营运车辆非正常“外流外挂”的对策措施。

[1]《沪苏浙交通部门首次举行联席会议共绘长三角区域道路运输管理一体化蓝图》，中华人民共和国交通部网站，http://www.moc.gov.cn/2006/05news/0605/t20060519_33168.htm。

[2] 资料来源：根据《共同宣言》和《备忘录》的内容整理而成。

（表 4-8 续表）

承诺范围是否具体	否	相对具体
是否有合作措施	无	有
是否有执行时间	无	有

4. 互惠规范的培育，提升了承诺的可信性

随着长三角地区协商机制的逐步完善及协商参与主体级别的提高，合作在公共服务各个领域有了实质性的突破。各地方政府认识到：在合作中要通过权力和利益的部分让渡，能够换回更多的发展机遇，也就是通过互惠规范，实现合作。他们还发现，通过托克维尔所提倡的“恰当理解的自我利益”，即在广泛的公共需要背景下的自我利益，“有远见的”而非“短视的”自我利益，有助于促进他人利益的自我利益，[1]能够更好地实现自我利益。地方政府间合作的联系纽带是互惠与合作的横向关系，而不是权威与依附的垂直关系。在地方政府间频繁的互动与合作交流中，地方政府官员逐渐形成了相互信任和尊重的“友谊”。以 2005 年长三角地区官员互访交流为例，随着相互间合作的加强，长三角地区从各政府职能部门之间的交流互访到省长级别的互访越来越频繁（见表 4-9）。这些交流增加了官员之间的“友谊”与信任。除却互访与交流逐渐建立的互惠“友谊”，地方政府间也通过文化宣传和会议交流，努力建立共同的价值理念。2006 年，由上海市新闻中心牵头，联合新华社长三角新闻中心以及长三角 15 个城市（台州市后加入，未能制作节目）报纸与新闻台共同举办了大型报道活动——“穿越长三角”。通过对 15 位市长的访谈，专家学者的对话，15 个城市文化遗产的发现和差异化定位等进行了立体报道，[2]从而加强了城市互融沟通，增加了长三角地区民众的区域认同感，为打造区域文化，形成区域社会资本打下良好的基础。2007 年，习近平任上海市委书记时也多次强调要“授人玫瑰，手有余香”，

[1] Tocqueville A De.Democracy in America, ed. Mayer JP, trans. George Lawrence Garden city.N. Y. : Anchor Books,1969：525–528. 转引自［美］罗伯特 D. 帕特南：《使民主运转起来》，王列、赖海榕译，江西人民出版社 2001 年版，第 100 页。

[2] 见上海市 2007 年统计年鉴。

要求上海市各级政府更多的换位思考，考虑苏浙的利益，学会互惠互利。[1]这些都一定程度地在官员之间互动和合作中产生了一定的影响。

表 4-9：2005 年长三角地区苏浙及部分城市领导访沪表[2]

省别	日期	互访内容
江苏	1.6	江苏省委常委、苏州市市委书记王荣率苏州市党政代表团来沪，进行公务活动。韩正等会见代表团
浙江	1.25	浙江省舟山市市委书记张家盟率舟山市党政代表团来沪，主要考察座谈洋山深水港建设等情况。韩正、刘云耕、范德官等会见代表团
江苏	1.29—31	江苏省扬州市市委副书记、代市长王燕文率扬州市党政代表团来沪，主要参加上海国际经贸旅游节等活动。韩正、姜斯宪会见代表团
江苏	3.2—3	江苏省副省长王湛率江苏省政府考察团来沪，主要考察上海社区卫生建设等情况
江苏	3.15—16	江苏省无锡市委常委、常务副市长贡培兴率无锡市代表团来沪，主要考察上海科教文卫发展等情况
浙江	4.6	浙江省副省长茅临生率浙江省政府代表团来沪，主要考察上海科技发展等情况
江苏	4.8—9	江苏省无锡市委副书记周解清率无锡市党政代表团来沪，主要考察上海近年来城区工作发展等情况。冯国勤会见代表团
江苏	4.19—22	江苏省委副书记张连珍率江苏省党政代表团来沪，主要考察上海统筹城乡发展的情况。刘云耕会见代表团
江苏	5.11—14	江苏省镇江市委书记史和平、市长许津荣率镇江市党政代表团来沪，主要考察上海徐汇、长宁区。韩正、冯国勤等会见代表团
江苏	5.24—26	江苏省徐州市市委书记徐鸣、市长李福全率徐州市党政代表团来沪，主要商谈徐州加入长三角协调会等事宜。冯国勤会见代表团
浙江	6.30	浙江省嘉兴市委副书记、市长陈德荣率嘉兴市党政代表团来沪，主要考察上海轨道交通规划和建设等情况
江苏	7.12—13	江苏省无锡市市委书记杨卫泽、市长毛小平、人大常委会主任郁家树、政协主席韩军率无锡市党政代表团来沪，主要考察上海发展战略、规划设想、统筹发展、功能调整等情况。王安顺、冯国勤、范德官等会见代表团
浙江	8.4	浙江省委常委、宁波市委书记巴音朝鲁率宁波市党政代表团来沪。韩正等会见代表团
江苏	8.4—5	南京市副市长蒋裕德率南京市政府考察团来沪，主要考察上海现代服务业。冯国勤等会见代表团

[1] 胡雅龙主编：《世界第六大城市群——长江三角洲城市群崛起之路》，上海社会科学院出版社 2010 年版，第 107 页。

[2] 资料来源：根据上海市 2006 年统计年鉴整理而成。

（表4-9　续表）

江苏	8.8—9	江苏省委常委、南京市委书记罗志军率南京市党政考察团来沪，主要考察上海现代服务业。冯国勤等会见代表团
浙江	12.5—7	浙江省台州市市长张鸿铭率台州市政府代表团来沪，主要考察上海城市建设等情况

（二）承诺机制存在的问题

虽然长三角地区在公共服务领域合作的承诺机制建设中取得了一定的成效，但是一方面由于各地政府官员调动频繁，任期短，难以形成互惠的信任，而没有诚信体系，声誉机制难以建立，柔性机制不能够发挥应有的作用；另一方面刚性承诺的实现要素——法律和第三方参与，在长三角地区地方政府间公共服务合作过程中还没有真正建立和实现，因此，刚性机制也没有起到威慑作用；同时，由于合作承诺本身不规范，无法解决地方政府的机会主义和搭便车行为，各地方政府做出承诺的动力不足，出现不完全承诺、偏离承诺或者虚假承诺的现象，使得承诺的约束力不足。

1．柔性机制中存在的问题

没有建立真正的互惠规范。互惠规范，共同的语言、道德标准和期望意味着，达成协议的努力——甚至是开始新活动——将降低交易成本。[1]但是目前长三角地区地方政府间尚未建立起真正的互惠规范。由于官员的任期短，频繁调动，接任官员很少愿意对上任领导的决策负责，很难建立长期的信任关系，从而难以形成有效的声誉机制，对柔性承诺进行治理。此外，只有信息得到交流且具备一些基本的共同价值的合作共同体内，声誉机制才能发挥作用，而目前虽然长三角地区在合作中多次强调要发挥“授人玫瑰，手留余香”的互惠精神，但当官员个人的利益和地区整体利益有可能受到合作方不利影响时，官员还是会选择做一个理性经济人。官员在合作中更希望能够得到均衡的互惠——在合作之时就能够等价交换，否则不能在任期内就能体现出合作效果的合作不如不要合作，没有官员愿意把合作效益留给下一任，正

[1]［美］埃莉诺·奥斯特罗姆、拉里·施罗德、苏珊·温：《制度激励与可持续发展：基础设施政策透视》，陈幽泓译，三联书店上海分店2000年版，第77页。

如调研中，某市一官员所提到的，能擦到自己脸上的粉，绝不能擦到别人脸上。而对于名声来说，由于现行的地方政府绩效考核评估是由自己的顶头上司进行评定的，只要顶头上司说好，才是真的好，合作方的满意度并不代表领导的满意度，这样的考核体制下，跨区域地方政府间的声誉机制很难真正建立起来。以媒体多次报道的沪浙“断头路”为例，更可以说明地方政府间公共服务合作缺乏互惠规范的后果。

全长 102 公里的申嘉湖高速公路浙江段已基本完成路面铺设任务，宽阔的 6 车道高速公路横贯湖州、嘉兴两市。然而，这条被浙北人寄予厚望的高速通道在沪浙交界处突然画了一个“休止符”。据浙江负责这条高速公路建设指挥部办公室主任钟小兵介绍，申嘉湖高速公路“断头”处，距离上海高速公路网只有 10 公里左右路程，就这 10 公里成了整条高速功能发挥上的最大障碍。如今长三角区域经济合作已上升为国家战略，而“断头路”问题，不仅阻碍了交通的一体化进程，同时也使区域经济、文化交流与合作受到影响。申嘉湖高速公路已经纳入长三角区域发展的整体规划，这种“半条路”报批工作竟然几年未能迈进一步，说到底还是上海方面对这条路的需求不迫切。

“断头路”现象说明在合作中缺乏互惠规范的严重后果，如果只顾眼前利益和单个地方政府的利益，合作很难进行下去。习近平任上海市委书记时对此也表示，如果在一些蝇头小利上斤斤计较，纠缠不休，那是非常短视和狭隘的，更不能以邻为壑，试图独占利益、不容人家分一杯羹，那样最终也会损害自己。

2. 刚性承诺缺乏可信性基础

从契约所依据的法律规范来看，目前长三角地区各地方政府间签订的契约缺乏法律依据。从我国的法律规定中来看，目前只有在水资源利用、海洋环境保护和行政区域边界划分三个领域产生的纠纷中允许地方政府间采用契约的方式。[1] 现行的《地方各级人民代表大会和地方各级人民政府组织法》

[1] 冯望：《地方政府间行政契约研究》，中国政法大学硕士论文，2009 年，第 23 页。

中对于地方政府间关系没有明确规定，对于地方政府间签订的合作协议也没有作出解释，导致合作协议的法律依据来源不清。现在长三角地区在解决区域问题时只有国务院所颁布的《进一步推进长江三角洲地区改革开放和经济发展的指导意见》，以及《长江三角洲地区区域规划》两份文件可以参照，但是两者都没有对长三角地区所形成的合作协议等形式的承诺作出解释和建议。而刚性承诺所依赖的司法和仲裁系统在文件中也没有体现，其服从规范很难建立起来。

从第三方参与来看，第三方参与是外部强制约束力量。地方政府间合作坚持的是平等协商与合作原则，在合作中各方地位平等。除各地方政府之外的第三方，如中央政府，没有建立权威性的区域协调机构对其进行监督。另外，由于没有依照信息公开的原则，对各自承诺进行充分公开。如本应该限时在指定的公共媒体或者网站公布所有的地方法规、地方所有的行政审批和收费标准、产业政策和补贴政策内容、年度政府工作报告和预决算报告[1]，却没有及时向外部宣布。而信息不公开，公民的参与监督难以起到威慑的作用，难以从形成体制外权力平衡，无法“形成从国家与社会的关系层面，国家在管理社会的同时，社会亦与国家相互制约、相互作用形成的一种均衡状态”。[2]

从奖惩机制来看，作出可信的承诺，并不能直接收获到金钱或者晋升的机会，致使地方政府官员很难产生动机以作出可信的承诺。即使作出虚假承诺，也没有惩罚或者退出机制对其行为进行指责与强制退出，这也是合作中机会主义与搭便车行为比比皆是的一个重要原因。如在港口和机场等基础设施建设的过程中，一方面苏浙沪已经签署《长三角地区道路货运一体化共同宣言》，另一方面三地紧锣密鼓开展各地的港口和机场建设，导致重复建设与基础设施利用不足。有人做过统计，目前长三角地区每万平方公里的机场

[1] 周业安、冯兴元、赵坚毅：《地方政府竞争与市场秩序的重构》，《中国社会科学》2004 年第 1 期。

[2] 张国庆、杨建成：《信息公开与权力平衡：新时期中国政府有效监督的现实路径》，《天津社会科学》2009 年第 3 期。

密度为0.8个，超过美国每万平方公里0.6个的水平。浙江就有7个民航机场，江苏有8个。浙江的除了萧山机场营运正常外，其余机场经营状况堪忧，而江苏的，除了禄口机场外，其余普遍亏损。就在这种情况下，苏州等地仍然要上新的机场项目。为什么会出现这样的局面呢？苏州的一位政府官员的话，也许一语道破天机：建机场有利于提高苏州的地位。[1] 由于刚性承诺没有强制性，地方政府间所作出的承诺也就成为虚设。

3. 合作承诺书本身存在的问题

完全的契约是指这些承诺的集合包括了双方在未来预期的事件发生时的权利和义务。如规定了合作的具体领域、采用什么措施合作、执行规则、执行时间以及各方违约时的惩罚措施和仲裁机构等，这种承诺就是相对完整的，对于这种承诺更多地是需要进行事后的监督。然而，在长三角地区的公共服务合作中，一方面，合作各方对于未来合作的种种事宜难以完全考虑周全，合作更多的是一种摸索与尝试，另一方面，由于刚性承诺与柔性承诺建立的制度基础不充分，合作中充斥着机会主义与搭便车行为。因此在合作的过程中建立的多是非完全契约，对未尽事项，只能通过多次协商谈判来解决所面临的各种问题，从而进行机制设计或制度安排。从已搜集到的长三角地区合作承诺中的条款来看，目前长三角地区政府间达成的不完全承诺存在的问题表现为以下几个方面：

合作内容太过宽泛，缺乏具体的合作措施。合作内容是合作承诺中最主要的条款，应该在合作承诺中标明合作各方的权利与义务，但是目前长三角地区所形成的合作承诺中，除上海世博会期间对环境保护等方面的合作要求有具体的合作内容和合作措施，其他的要么是只有合作内容，要么是只有合作措施，而且对于合作中遇到的困难没有提出具体的解决措施。

以长三角地区异地养老保险承诺为例，南京、上海和杭州三个中心城市针对外地户籍人员参加当地职工基本养老保险的政策是不统一的（见表

[1]《空中通道一掷"亿"金，长三角机场困局谁来解惑》，《国际金融报》2004年3月8日。

4-10）。从表中可以看出，三市对于保障对象及缴费年限的规定是不一致的，如果一个人在三地的缴纳年限皆达不到三地的最低限定，最后该人在何处领取养老保险便成了一个问题，然而，在两省一市印发的《长三角地区异地居住企业离退休人员养老保险待遇资格协助认证合作协议》中，对于类似政策调整只字未提，没有制定执行的具体规则，容易导致合作的下一阶段进入执行困境。这种合作协议便是一个不完全的承诺。

表 4-10：上海、南京和杭州等三城市异地基本养老保险的承诺情况比较[1]

项目	上海	南京	杭州
保障对象	仅限于通过劳动人事部门正式调入的体制内人员，自由流入的体制外人员不含在内，且年龄应掌握在据法定退休年龄 5 年以上（特殊人才不受规定限制）	1. 经劳动、人事部门批准调入或引进的且与用人单位签订 3 年及 3 年以上劳动合同； 2. 经跨统筹区的集团企业批准，调入该集团企业在南京的所属单位的高级管理人员和具有高级职称的人员； 3. 跨统筹区在南京自主创业的人员； 4. 曾在南京市参保的南京户籍人员，跨统筹区流动就业后要求返回南京市；其他跨统筹区到南京就业的人员	外地户籍参加杭州市职工基本养老保险的人员
缴费年限	在上海市实际缴纳社会保险费必须满 5 年	1-4 类缴费需满 10 年，5 类缴费需满 15 年	缴费需满 7 年
待遇标准	上年城镇职工平均工资的 20%+ 个人账户的 1/120	上年城镇职工平均工资的 20%+ 个人账户的 1/120	上年城镇职工平均工资的 20%+ 个人账户的 1/120
转移或终止	可转移社保关系及个人账户	可转移社保关系及个人账户	可转移社保关系及个人账户

而在上海市迎接世博会与苏浙所达成的合作承诺中，苏浙沪三地环保部门借助《长江三角洲地区环境保护合作协议（2009 — 2010 年）》的平台，先后制定了《长三角区域大气污染联合防治工作方案》、《2010 年上海世博会长三角区域环境空气质量保障联防联控措施》，通过具体要求以联合监

[1] 资料来源：莫建备：《大整合、大突破——长江三角洲区域协调发展研究》，上海人民出版社 2005 年版，第 270 页。

测、共同整治、应急联动为主要内容，并划定了以世博园区为核心、半径300公里的重点防控区域，规定在环境数据信息共享、重点高架污染源控制、机动车污染排放统一标识管理、秸秆禁烧等方面体现长三角区域污染联防联控；并做好环境空气质量预测预警，在总体不影响正常生产生活情况下做好应急减排措施的储备，加强与苏浙两地的合作沟通，严格控制污染物排放。[1]这一任务现在已经顺利实现，从其承诺的内容上来看，其可信度远比《长三角地区异地居住企业离退休人员养老保险待遇资格协助认证合作协议》要强的多。当然，其中的因素很多，比如说合作的紧迫性，上海市对苏浙进行了一定的利益补偿，环保部的直接参与等，但是，明确承诺的具体内容与措施是其中很重要的一个因素。

合作承诺的效力未加明确。合作承诺的效力在这里主要指其生效时间和适用范围。在梳理长三角地区所形成的文字承诺过程中，发现大多数的承诺中都没有明确规定协议的生效日期及有效时间，只有签署时间与签署单位的名称（见前表4-7）。何渊曾整理了80个相关行政协议，其中涉及生效时间条款的行政协议只有20个，占总数的25%。[2]在笔者收集的合作协议中，也只有少数协议规定了确定的生效时间，如《关于长三角使用农产品标准化（合作）的协议》中作出了明确的规定，明确其协议自签署当日起在两省一市试行。而两省一市人社局出台的《长三角地区医疗保险经办管理服务合作协议》、《长三角地区异地居住企业离退休人员养老保险待遇资格协助认证合作协议》都没有约定执行日期。由于缺乏具体的生效时间，这就为合作过程中机会主义者与搭便车行为埋下了伏笔。合作方就有借口为己方迟迟未采取合作行为开脱，从而增加了交易成本，造成合作各方信任危机。

责任追究机制和纠纷解决机制的缺失。长三角地区各级地方政府之间合作是建立在平等自愿的基础之上，在合作的过程中总会遇到一些难题，这些

[1]《长三角以世博空气质量保障为契机加快区域联防联控工作》，上海市环境网，http://www.sepb.gov.cn/news.jsp?intKeyValue=20979。

[2]何渊：《中国特色的区域法制协调机制研究》，格致出版社、上海人民出版社2010年版，第40页。

难题很有可能会损害到合作者的利益，从而导致合作各方的合作中断，因此，在承诺中还应有应对这些问题的责任追究机制以及冲突解决机制。然而，在已签订的长三角地区各级政府之间的合作协议中，没有相关内容，见（前表4-7）。有学者提出："无论是区域经济一体化已基本成型的长三角地区和泛珠三角地区的协议，还是其他区域相继缔结的协议，都未约定协议中的违约责任、监督和纠纷解决机制。"[1] 如2008所制定的《长江三角洲地区环境保护工作合作协议（2009—2010年）》中，对两省一市2009—2010年环境保护的任务做了分解，承诺在这一年中从提高区域环境准入和污染物排放标准、创新区域环境经济政策、重点推进太湖流域水环境综合治理、加强区域大气污染控制、健全区域环境监管与应急联动机制和完善区域环境信息共享与发布制度等方面入手，以解决长三角地区环境保护问题，但是在最后的合作保障中，只有建立两省一市的环境保护联席会议制度对合作作出保障，并没有提及三方如有违约的处理措施。

长三角地区合作中的不完全承诺由于协议关键条款的缺失，其约束力大打折扣，势必对合作下一阶段的执行留下诸多隐患。

三、地方政府间公共服务合作执行机制的成效与问题

（一）执行机制的成效

长三角地区地方政府间合作可以分为两省一市层面和长三角地区16城市层面，而且在实践中，两省一市的合作时间比较短，合作绩效较少。而16城市之间的合作已经进行了十几年，合作已见成效，这里分别进行论述。

1. 两省一市的执行机制现状与成效

长三角地区两省一市为了完成国务院《关于进一步推进长江三角洲地区改革开放和经济社会发展的指导意见》以及《长江三角洲地区区域规划》对接工作，在2008年建立的两省一市合作机制，即决策层、协调层与操作层

[1] 叶必丰：《我国区域经济一体化背景下的行政协议——以长三角区域为样本》，《法学研究》2006年第3期。

的三级运作机制保障下，统筹协调，制定了贯彻国务院《指导意见》的实施方案。如上海市 2011 年 1 月出台的实施方案中，强调了进一步深化重点专题合作，着力破解人流、物流、信息流、资金流和技术流的体制障碍，切实加强《区域规划》实施机制建设，做好《区域规划》实施情况的报送、评估、督促等工作。[1] 并在贯彻《指导意见》和《区域规划》的基础上，强调进一步落实区域合作的几个重要专题。如在近期的合作中，针对交通基础设施、环境保护和社会保障等公共服务合作专题签署的合作协议，加强执行落实协议的工作。

虽然两省一市的合作机制建立时间较短，目前主要处于建立和完善各种具体操作机制的过程，但是为了有力推动合作的履行，两省一市利用专题组运行机制、轮值牵头推进工作，同时注重调查研究和探讨引入评估机制等，已经取得了一定的执行绩效。见表 4-11。

表 4-11：长三角地区两省一市 2009 年专题执行成效 [2]

合作专题	实施成效
交通专题	扩大了高速公路联网收费和不停车收费系统（ETC）服务范围
科技专题	开通了科技资源共享服务平台；建立了长三角大型科学仪器协作共用网
环保专题	建立长三角地区危险废物环境信息交流制度；建立跨省危险废物转移审批程序，开展联合执法检查
社保专题	确立养老保险关系转移、跨省居住退休人员资格协助认证合作；实现长三角地区企业职工失业保险关系异地转移网上信息互通

一是初步建立了省级层面的执行组织。[3] 根据“决策层、协调层和执行层”三级运作机制的要求，两省一市筹建了省级领导及省级职能部门负责的执行机构，如江苏省成立了常务省长担任组长、政府分管秘书长和发改委主任为副组长的长三角合作与发展协调小组，负责协调执行过程中比较突出的矛盾与问题；两省一市根据联席会议制度要求，分别成立了省级联席会议办公室。

[1]《关于本市贯彻〈长江三角洲地区区域规划〉实施方案》，http://www.shanghai.gov.cn/shanghai/node2314/node2319/node12344/u26ai24566.html。

[2] 资料来源：由 2009 年度长三角地区合作与发展联席会议工作报告整理形成。

[3] 根据上海市发改委地区与区域经济处长三角办公室提供材料整理形成。

该办公室设在省（市）发改委，并在省（市）发改委内设立长三角办公室，负责长三角区域合作工作的推动与监督执行；在省级职能部门层面，成立重点合作组，由相关业务主管部门主要负责人任组长。专题组运行机制除兼具协商及前面各种调研工作，同时，为了顺利推动合作进行，各专题组建立健全自身的组织架构，制定相应的工作制度，并报各省（市）联席会议办公室备案。在合作协议的执行中，根据专题任务要求或人事变动，可以及时调整各专题组组成人员。通过建立具体的执行组织和配备专门的执行人员，以保障合作的顺利进行。以长三角港口合作为例，在国务院的指导下，组建了上海组合港管理委员会，成立了由交通部副部长任主任，沪苏浙两省一市副省（市）长任副主任，相关职能部门负责人任委员的组织机构，对以上海为中心，浙江和江苏为两翼的港口码头泊位进行组合。另外还设立了上海组合港管理委员会办公室，作为交通部在长三角地区的派出机构。从而基本建立了长三角地区两省一市港口合作的组织协调与操作机构。

二是初步调动了省级层面执行主体的积极性。为了调动各合作主体的执行积极性，采用轮值牵头的方式，遵循“优势互补、平等协商、互惠互利、务实合作、共融共进、联动发展”的原则，两省一市轮值坐庄，主持每一年合作事项的协商、执行评估与下一步合作的商议，以充分调动每一方的积极性。各专题组则根据其所在省（市）的轮值情况，如上海市轮值，则由上海市轮值主持该年的组织协调与执行检查工作。每年召开专题组会议若干次，协商解决年度计划执行过程中遇到的具体问题，协同推荐本专题组的各项工作。其有关会议通知和纪要由本年度轮值牵头方负责及时抄送各省（市）联席会议办公室。每年的11月，各专题组完成本年度的工作总结，研究提出下一年度工作设想，并由轮值牵头方报送各省（市）联席会议办公室，为召开本年度长三角地区主要领导座谈会做好相关筹备工作。

三是初步建立了执行的监督与评估机制。在联席会议办公室的协调下，两省一市积极探索完善专题合作组工作的推进机制，以落实目标责任，加强督促检查。同时探索健全区域合作指标体系采集和发布机制，并力求建立较为科学的评估机制，如在专题合作中，试行建立异地评估机制，就像江苏和上海评估浙江、江苏和浙江评估上海以及上海和浙江评估江苏的互评机制。

四是初步建立了区域发展基金。执行过程离不开资金的保障，长三角地区两省一市以课题的形式进行研究，积极探索设立长三角地区合作与发展共同促进基金，以保障合作协议的履行。

2. 长三角16城市群执行机制现状与成效[1]

长三角地区两省一市的合作由于时间较短，合作尚处于初期阶段，对于各合作专题的执行还处于探索时期。而长三角16城市的合作从1999年开始，经过了十几年的努力，合作已见成效（见表4–12）。执行机制也在不断完善的过程中。

表4-12：长三角地区16城市2008-2009合作协议执行成效[2]

合作专题	合作协议	执行机构	实施成效
港口合作专题实施成效[3]	《长江三角洲城市合作（常州）协议》（2007）	南京、宁波、南通和上海港口管理部门牵头，16城市港口管理部门共同执行	港口规划与建设、港口市场监管、港口安全与环保、港口信息与培训等四个合作工作小组开始运作；长三角港航合作网正式开通；复旦大学与上海市港口管理局牵头的复旦大学长三角港口发展研究中心成立
旅游标志规范设置专题	《长江三角洲城市合作（常州）协议》（2007）	上海市旅游局、公安局交警总队、上海市城乡建设交通委牵头，16城市相关职能部门共同执行	完成了一部宣传短片；编写了相关的解读本；编制了《迎世博长三角旅游景区（点）道路交通指引标志达标工作600天行动计划》，明确了达标工作的实施进度和实施经费，并在各城市展开了试点工作
交通卡互通专题	《长江三角洲城市合作（常州）协议》（2007）	上海市建设交通委牵头，16城市职能部门共同执行	上海与南京、无锡、杭州交通卡实现部分公交线路互通

[1]本部分根据上海市政府合作交流办公室区域合作处访谈记录整理形成。

[2]资料来源：根据上海市政府合作与交流处长三角协调办公室提供材料整理形成。

[3]根据《2008年长江三角洲城市合作成果汇编》、《2009年长江三角洲城市合作成果汇编》相关资料整理形成，由长江三角洲城市经济协调会办公市（简称为长三角协调会办公室）提供。

（表 4–12　续表）

环境保护专题实施	《长江三角洲城市合作（常州）协议》（2007）《长江三角洲地区环境保护工作合作协议（2008–2010）》2008	上海市环保局牵头	形成了长三角地区流域生态补偿机制的研究报告。建立了补偿机制的总体框架
医疗保险合作专题	《长江三角洲地区城市合作（湖州）协议》（2009）	南京市劳动和社会保障局的牵头，16 城市相应职能部门共同执行	长三角共有 12 个城市正式启动了医保费用异地报销双向代办服务[1]。12 个城市已建立联网实时结算或委托代理结算

（1）设置了合作专题执行机构

长三角地区 16 城市的组织协调机构是长江三角洲经济协调会（下简称长三角协调会），长三角协调会设办公室，并下设联络、专题、财政等若干工作组。长三角地区 16 城市合作过程中所达成的合作意向，主要也是以合作专题的形式展开合作。长三角 16 城市从 2008 年与两省一市合作进行对接，每年挑选 3 ~ 7 个合作专题进行协商，围绕公共服务的合作专题主要有基础设施建设、公共安全、社会保障与环境保护。合作专题由牵头单位组织，建立相应的组织机构，履行合作协议。2007 年以前牵头单位都是上海的职能部门，从 2007 年起，为了调动其他城市的参与积极性，开始试点由其他 15 城市各专题职能部门牵头。由于专题组成员是由各个具体职能部门组成的，专题组成员也是合作协议的执行人员。

合作专题执行机构的设立，从执行组织层面为合作协议的履行提供了保障。长三角协调会首先强化了合作专题各部门责任权利的分解落实。明确工作班子、工作职责以及进度要求。同时，以合作专题的牵头部门为工作推进的主要组织机构，协同长三角协调会办公室，落实工作计划，定期召开专题工作协调会（目前长三角协调会一年召开 8 次会议，每季度一次长三角协调会主任会议，由上海市、南京市、杭州市和宁波市协调会主任参加；每季度一次长三角协调会办公室会议，主要是合作专题组成员与长三角协调会办公

[1] 即异地就医的居民，可实现当地看病、当地进行医保费用结算报销。

室人员参与），配合协调会常任主席方协调解决合作协议履行中的矛盾，确保合作协议的有序履行。

根据笔者收集到的40多个合作协议情况统计，目前长三角地区在执行合作协议的过程中，选择通过合作专题执行机构来履行的合作协议占了54%，这使得合作专题执行机构已经成为长三角地区地方政府间合作协议最重要的履行机构。何渊通过对80份全国地方政府间所达成的行政协议的分析，发现机构履行（行政首长联席会议、专题工作组）已经占据地方政府间合作协议履行的47%，已经成为中国行政协议最重要的履行机构。[1]

（2）构建了资金保障机制

从2004年开始，长三角地区城市合作对通过合作专题形式运作的公共服务合作建立了一定的保障机制。如执行资金的保障，为了确保合作协议的履行，长三角协调会会员所交会费（上海市30万/年、南京、杭州、宁波20万/年，其他12个城市10万/年），除部分用于每年的协调会议外，大部分用于推进和履行该年所确定的合作专题。而实际上，为了显示各市对合作的重视，大部分轮值举办协调会议的城市，是从自身财政中另外支出会议费用。有些城市，如上海、苏州，则是根据合作专题中所规定的执行费用，按照1:1的比例进行配套，作为本市的项目推动经费。除此之外，由于上海市作为长江三角洲16城市协调会的常任主席方，上海市每隔三年额外拿出100万注入长三角协调会会费中，作为合作专题的推动费用。2008年与两省一市合作工作对接后，长江三角洲16城市合作也积极参与筹备长三角区域发展基金的建设工作，以获得更多的合作履行保障资金。

（3）初步建立了监督和评估机制

长江三角洲16城市的合作主要通过专题进行，而专题是由长三角协调会每年商议确定以课题形式发包，经过课题研究形成合作协议，然后交由各城市加以执行。目前，各市的具体执行情况由各市自行监督。为了保证合

[1]何渊：《中国特色的区域法制协调机制研究》，格致出版社、上海人民出版社2010年版，第45页。

作协议的履行，长三角协调会强化了督查考核，初步建立了由长三角协调会定期评估的机制。具体操作如下：各城市合作专题每季度形成工作推进报告，在协调会工作会议上进行进度检查，并及时通报给各城市。每年年底长三角协调会对各合作专题进行统一验收，根据验收情况确定经费资助。此外，为了保证执行的公平与效率，下一步准备引入外部专家进行评估，以加大监督力度，提高执行绩效。如2010年初，长三角协调会对长三角地区医疗保险合作中异地结算方案实施情况进行了总体评估，根据评估结果，督促各城市结合自身经办管理、信息技术、结算条件等情况，完善自身工作，进一步调整完善。同时，根据评估结果，对执行人员进行奖惩。如2009年度的长江三角洲城市经济协调会第九次会议中，对2007年、2008年专题工作先进个人予以了表彰，开启了对合作专题及其合作协议执行中激励措施的探索。

经过长江三角洲16城市十几年的合作实践，以及长三角地区两省一市的合作努力，长三角地区在公共服务供给中的合作协议履行中，设置了以合作专题牵头单位与成员单位共同执行的机构组织和人员责任权利配置；初步建立起执行资金的保障机制；在执行中评估机制也做了有益的探索。但是由于在实践中还没有建立一套完整的执行机制，长三角地区公共服务供给中合作协议的执行仍面临一系列的困境。

（二）执行机制存在的问题

在长三角地区公共服务合作供给的过程中，地方政府之间合作协议的执行虽然取得了一些成就，但是由于作为合作伙伴的每个地方政府都有自己的公共服务供给目标，大家会有“你的火灾不是我的火灾”的心理，如果同其他地方政府的合作能够与这些目标一致，那很好；如若不能，除非有外部压力，否则合作就很难得到执行。在合作中，比较常见的是合作协议执行的目标置换和阻滞现象。

1. 地方利益目标与合作目标不一致的执行目标置换

公共选择理论中的“经济人”假设，说明在政治互动过程中每一参与方都是理性的利己主义者。[1]长三角地区两省一市与长三角地区16城市所达成的合作目标分别体现了苏浙沪两省一市和16城市的共同利益，而各地方政府公共服务供给目标只针对其所管辖地区的公民需求。因此，作为理性“经济人”的地方政府，当其利益目标与合作伙伴所达成的合作协议目标存在差异时，地方政府往往以地区局部利益为重，以地区（部门）利益目标替换合作共同体的利益目标。这种执行目标置换从执行行为上来说可以分为不执行与替代执行两种行为。

合作协议的不执行行为。合作协议的不执行行为是指虽然合作各方签订了合作协议，但是部分地方政府无视合作协议对时间、程序、合作目标的要求，不采取具体执行的措施，使合作协议落空的行为。最为典型的就是前面提到的“断头路”现象。“为了建设申嘉湖高速公路，仅浙江嘉兴市嘉善县就征地4100亩，涉及5个乡镇16个行政村的457户拆迁农户和23家企业。这一段高速公路不能与上海的高速公路网形成对接，当地的拆迁群众颇有怨言。”[2]虽然上海与浙江已经签订了道路交通一体化的合作协议，但是由于上海方面暂时没有开通需求，从而使嘉兴路段30多公里的路面不能完全发挥作用。这种行为就是典型的不执行行为。

合作协议的替代执行行为。以长三角交通基础设施建设中的合作为例，交通专题作为长三角地区两省一市合作的重要专题，目标是实现长三角地区交通一体化，实现交通基础设施建设的合作共赢。然而，在合作过程中，这一共同目标影响到各地方政府的地区利益，从而上演了长三角地区的“机场建设大战”，结果导致了长三角地区机场的大量重复建设，以至于“长三角”地区每万平方公里的机场密度为0.8个，超过美国每万平方公里0.6个的水平。预计到2020年，这一区域拥有的民航机场将达到48个，从而形成平均每间隔400来公里就有一个机场覆盖的布局，以“长三角”为中心的华东地区将

[1][英]蒂莫西·贝斯利：《守规的代理人——良政的政治经济学》，李明译，上海人民出版社2009年版，第30页。

[2]《新华视点：断头路提醒了谁？》，http://news.xinhuanet.com/politics/2007-09/03/content_6658702.htm。

成为国际上机场密度最高的地区之一。[1]各地的机场建设大战结果是造成客流分散，出现了多个地方机场入不敷出，大量亏损的现象。在港口合作中，合作的目标是实现长三角港口建设的有序竞争与各港口的优势互补。但实际执行中，几乎所有的长三角大中型港口都制订了各自地区港口建设的宏伟发展计划：投资大，动辄以亿计；每个港口都提出了建设亿吨港口的目标。如上文提到的宁波北仑港和上海洋山港的重复建设就是以地方利益替换合作目标的典型案例。这种以地方利益目标替换合作目标的结果只能导致长三角地区港口各自为政、各自为战，浪费严重。

2. 地方利益目标与合作目标基本一致中的执行阻滞

在地区利益目标与合作协议目标基本一致的情况下，长三角地区在执行合作协议中的阻滞主要表现为地方政府执行能力差、执行效率低下、执行效果不佳。从执行行为上主要表现为选择性执行与延迟性执行。

选择性执行。当地方利益目标与合作目标基本一致，但是有部分冲突时，地方政府只执行对该地区有益的部分，这种行为可以说是选择性执行。如长三角地区医保互认过程中，16城市中已有12城市实现互认，基本实现了医保异地结算的目标，见表4-13。但是对于已被两省一市列为重点专题的社保合作，所提出的建立医疗保险互认，却遇到了难题。在对上海市民政局的调研中，民政局一官员指出："上海作为长三角的最大的城市，拥有最好的医疗资源，如果实现医疗保险互认，长三角其他城市的病人就会蜂拥而至，不仅医院承受不了那么繁重的任务，上海人民也不会答应，这会导致他们看病更加困难。"

表4-13：长三角地区医保费用异地报销双向代办服务执行进展[2]

城市	是否实施异地就医结算	对应城市	工作进展说明
上海	是	镇江、常州、南通、扬州、杭州、宁波、湖州、嘉兴	

[1]《长三角上演机场建设大战》，http://www.hangzhou.com.cn/20030101/ca339036.htm。

[2]资料来源：《2009长江三角洲城市合作成果汇编》，长三角协调会办公室提供。

（表4-13 续表）

南京	是	泰州、扬州、镇江	与上海结算工作基本就绪，下一步确定联网方式；与杭州结算工作商定中
扬州	是	上海、南京	
镇江	是	上海、南京	
常州	是	上海	
南通	是	上海	
泰州	是	南京	
苏州	否	--	已与江苏省异地就医结算平台连接
无锡	否	--	
杭州	是	上海、宁波、湖州	与湖州多家医院实施定点结算
宁波	是	上海、杭州	
湖州	是	上海	
嘉兴	是	上海	
台州	是	杭州	与杭州两家医院实施定点结算
绍兴	否	--	
舟山	否	--	

延迟性执行。如2008年长三角地区16城市提出的“深化港口合作”专题中，第一个任务是由南京、宁波、南通、上海港口管理部门牵头设立“港口规划与建设”、“港口市场与监管”、“港口安全和环保”、“港口信息与培训”四个工作小组，并要求在2008年9月前完成调研报告，但实际上只有宁波市港口管理局牵头的港口市场监管合作小组达到时间节点要求，由南京和南通牵头的两个小组工作进度滞后，以至于5月在上海再次召开秘书长工作会议进行督促。[1]早在2005年由上海市城市交通管理局提出的“实行‘一卡通’系统互通，促进长三角交通一体化”合作专题，历经6年仍未实现。虽然其中有各地区交通卡标准、技术、政策、利益主体等方面的原因，导致了执行阻滞，但是历经6年仍在观望状态之中，可见其执行效率比较低下。

又如，2004年由上海市旅游委、上海市公安局交巡警总队牵头的旅游

[1] 长江三角洲城市经济协调会办公室：《2008年长江三角洲城市合作成果汇编》，由上海市合作交流处提供材料。

景区道路交通指引标志合作专题，是一项体现政府公共服务职能的“公益项目”，也是一项推动区域合作，与长江三角洲地区广大市民、中外旅游者密切相关的长三角区域“实事项目”。2008 年实施过程中，本准备完成总量的 25%，但实际情况是当年执行状况很不乐观。其中上海、无锡、常州、镇江、扬州、南通、泰州、杭州、宁波、舟山只完成 10%、南京完成 34%、苏州、绍兴、台州完成 40%、湖州完成 20%、嘉兴完成 80%，没有一个如期完成约定任务。

（三）执行机制困境的原因分析

造成公共服务合作协议执行过程中的目标置换和阻滞，阻止合作目标实现的主要有两个重要方面的原因：其内在根源是由于缺乏激励制度所引发的代理人危机；其外在诱因则是执行主体的合作能力受到一定的制约。

1. 激励约束制度缺乏下的代理人危机

合作过程中最主要的目标是促使执行主体，完成合作的既定目标。然而，根据委托代理理论，在长三角地区地方政府间合作中存在着多重委托代理关系，由于委托人与代理人之间存在的信息不对称和目标冲突，在地方政府间合作的过程中，合作各方都以追求各地（个人）的利益为目标，必然经过成本—收益分析，以实现其利益最大化为目标。合作执行过程中的信息不对称和委托人与代理人利益目标的冲突，导致执行过程中合作目标置换。正如有学者所指出的：“利益追求是政策执行者的内在驱动力，正是利益推动着人们去执行政策或违反政策。”[1] 表现在合作协议执行过程中，这种原因是由于缺乏制度化的监督与评估激励约束，致使代理人不能实现与委托人利益目标一致所造成的。

（1）缺乏制度化的监督

经典委托代理模型最为关注的问题是监督，亦即防范代理人出现道德风

[1] 丁煌：《研究政策执行问题必须遵循科学的方法论》，《北京行政学院学报》2003 年第 1 期。

险问题。[1]在其设定的情境中，代理人受权按照委托人的要求完成某项工作，工作的最终结果可为双方所知并可验证，但由于代理人在工作期间的努力程度或付出，难以为委托人所观测，为此，监督必不可少。以长三角地区公共服务领域合作协议执行的监督来看，[2]由于合作协议的执行缺乏一整套监管制度和监督机制，这种缺失强化了地方政府在执行过程中的机会主义倾向。即当合作协议的目标有利于该地区经济社会发展，实现该地区公共服务福利最大化，有利于体现该地区官员的政绩、增进该地区官员的个人利益和集体利益，该地方政府就认真执行；而不利于该地区经济社会的发展，有损该地区官员的政绩及其利益，该地方政府就以地区发展目标取代合作目标，从而产生目标置换。而由于合作是跨区域进行的，在缺乏跨区域监督体系的协助下，无法及时监督，并进行纠偏。

就目前长三角地区三个层次——国家层面的部际监督、省（市）层面的政府监督、地市级层面的政府监督情况而言，长三角地区的公共服务合作是以长三角地区各省市为主体，以平等自愿原则展开的合作。从国家层面来看，国家发展改革委员会对参与合作的积极性不大，很难起到监督作用，其他部委虽然有受邀参与合作过程，但是真正起到监督作用的较少。在笔者收集的合作协议及其召开的联席会议中，虽然大部分会议都邀请了中央各相关部门参与，40多个合作协议中，只有《2008长江三角洲地区环境保护工作合作协议》明确在合作协议中提出“联席会议邀请环保部华东督查中心参加”，[3]但对中央各部委的作用大多没有规定，部分中央部委对长三角各地区合作持观望态度。这种情况下，难以要求国家各部委对长三角地区各地方政府进行

[1][英]蒂莫西·贝斯利：《守规的代理人——良政的政治经济学》，李明译，上海人民出版社2009年版，第114页。

[2]从广义上，长三角地区公共服务合作的监督对象包括了每年的长三角地方政府间所形成的总体合作协议的执行检查。从狭义上说，由于根据每年总体合作协议只挑选某些具体领域进行专题合作，因此，本书所列举的监督例证都是对合作专题及根据合作专题所形成的具体合作协议的监督。

[3]《2008长江三角洲地区环境保护工作合作协议》，http://www.jshb.gov.cn/jshbw/qkxx/jshj/200901/200909/t20090901_110955.html。

自上而下地职责分工和建立清晰的问责机制。

以长三角流域跨界水体生态补偿机制合作专题为例。长江三角洲区域水资源总量丰富，但水环境污染问题突出，形成了“水质性缺水”状况。近十年长三角地区湖泊水质已由原来的III类为主变为以IV类、V类为主，区内近20个主要湖泊超过75%已呈现明显的富营养化。“跨界”污染成为其总体恶化的一个主要因素。为此，2008年，沪苏浙环保厅（局）签署《长江三角洲地区环境保护工作合作协议》，并确定将长三角流域跨界水体生态补偿机制作为其重点合作专题之一。在专题调研中，专家们发现，实施生态补偿机制的主要障碍就是如何明确污染责任主体，并要求污染责任主体对被污染方进行补偿。这就要求必须由一个权威性的机构收集信息，监督跨界水污染的情况。以上海市环保局牵头的专题局提请国家环保总局介入，遭到环保总局拒绝；提请国家发展改革委员会参与，国家发改委的答复意见为先试点，根据试点情况再研究。[1]

在省（市）层面的监督合作机制中，各省（市）地方政府作为责任主体，对于合作协议的执行负主要责任，因此应该监督省级政府及其领导人的合作协议执行情况。然而，对省部级领导的考核主要是中共中央组织部的职能，而签署的合作协议本身是不具备法律约束意义，也无法通过法律监督起作用。地市层面的地方政府及其政府部门是合作协议的主要执行主体，其工作完成情况由其所在部门领导和地方政府领导负责，但目前在地市级层面也没有形成专门针对区域合作工作的考核监督机制。而作为主要协调机构的长三角办公室和长三角协调会办公室由于不是实体机构，没有监督权，在实践中很难真正发挥监督作用。正如访谈中，南京市发改委长三角协调会办公室一同志所指出：目前根据合作协议，负责执行监督的是两省一市和16城市地方政府，各合作单位的完成情况全靠自觉，各地方政府很难对合作协议的执行进行监督约束，各地的具体完成情况信息也是各自呈报，其真实性很难得到保证。长三角办公室和长三角协调会办公室只能通过召开会议形式，督促合作各方

[1] 由上海市合作与交流处长三角协调会办公室人员访谈资料整理形成。

推动执行，没有实质监督权。

此外，在合作协议的执行监督过程中，监督部门获取信息的来源主要靠各部门的报表和统计数据，信息来源渠道单一，没有动员社会力量进行外部监督。作为外部监督主要力量的公民、专家和媒体由于没有专门的参与机制，无法行使监督权监督作为代理人的地方政府。

（2）难以形成执行评估制度的激励约束

执行的过程就是“公共目标不断分解为执行主体的目标，并使得执行主体的目标协同执行公共目标的过程。其目标协同机制涉及到人的需要、动机和利益的机制设计。”[1] 在这一过程中，激励机制起着重要的作用，它能够促使执行主体有动力朝向已形成的公共目标。长三角地区各省市及城市之间的合作是一项复杂的工程，各地方政府既肩负该地区公共利益，其本身又有着个人利益，合理有效的激励机制有利于推动各地方政府积极执行合作所达成的目标。长三角地区地方政府间公共服务的合作处于不同的行政辖区，应该以评估机制作为激励代理人的重要手段，促使代理人与委托人之间的利益目标一致，有效治理作为代理人的各地方政府在合作中搭便车现象。然而，目前我国的政府绩效考核制度一方面是建立在以行政辖区管理范围基础之上的，地方政府官员跨区域所进行的合作，如果没有纳入到当地的绩效考核内容之中，哪怕地方政府官员为合作贡献的再多，在考核中也没有成绩。另一方面，目前我国的政府绩效考核制度仍以 GDP 为主要指标，地方政府间在公共服务领域的合作，很多是为了改善民生的“公益工程”，很难用 GDP 指标体系进行衡量。“这种激励结构的错位，导致各地方政府往往重合作协议，而不愿真正执行合作协议。”[2]

2. 执行主体的合作能力制约

即便地方政府间能够根据达成的合作协议共同展开合作行为，在具体开

---

[1] 曹堂哲：《公共行政执行的中层理论——政府执行力研究》，光明日报出版社 2010 年版，第 125 页。

[2] 访谈中，上海市合作交流处一同志指出，合作中，有些地方政府积极参与合作，签署合作协议，是为了作秀，从而增大其所在地区和城市的知名度，作为其政绩宣传的工具。

展执行工作时，他们也会遭遇到新的挑战——执行主体会受到多种因素限制，而影响其合作能力的发挥。在长三角地区地方政府间合作执行中主要表现为执行组织的不健全、执行资源的短缺等制约。

（1）执行组织不健全

执行组织是执行主体的重要内容，目前长三角地区公共服务合作中没有建立专门的执行组织机构，合作协议的协商机构也是合作协议的执行机构。在长三角地区两省一市的合作中，两省一市虽然已经建立起决策、协调、执行（操作）的三级运行机制，然而执行（操作）层级的机制主要是通过设立在两省一市发改委下的长三角办公室，而在上海市长三角办公室具体负责的人员只有一位，江苏省和浙江省发改委下设的办公室也只有几位工作人员。执行层的另一层次长三角协调会，作为16城市合作的主要组织机构，其工作人员也都是各个部门的兼职人员。因为只是一个虚体单位，长三角协调会没有人员编制。以上海市长三角协调会办公室为例，上海市长三角协调会办公室设在上海市政府合作交流处之下，其办公室工作人员身兼多职，作为长三角协调会的常任主席方，每年的工作任务要筹备长三角协调会的多次会议，还要对每年确定的合作专题执行情况进行督查与年底的评估。

通过合作专题成立的两省一市职能部门联席会议或者16城市职能部门联席会议，设立的办公室或秘书处，也只有沟通协商的作用，对于合作中的执行主要还是靠自觉。

（2）执行资源短缺

合作协议的执行中，资金、人员等保障是合作协议执行的必要前提。拥有具有才能和执行力的人才、灵活的财政资金是跨区域合作的重要保障。现实中，执行所要面临的一个重要障碍是，这些资源常常会处于稀缺状态。“各地方政府执行部门不愿放弃对资源的控制权，一方面是担心着会影响其传统职责的有效履行。”[1]另一方面，合作所能够带来的利益也许不能在任期内

[1]［美］尤金·巴达赫：《跨部门合作——管理“巧匠”的理论与实践》，周志忍、张弦译，北京大学出版社2011年版，第235页。

变现，着力于内部工作也许能够更有前景，这就促使各执行部门出于自利的动机，抵制把稀缺的组织资源投入到跨区域的合作，以此来保护自己本部门的自主权。在长三角地区以合作专题为基础形成的合作协议执行过程中，各地方政府具体执行部门的人员安排与资金预算都是建立在原有基础之上的，很少会有部门抽专人专项负责，而各省市目前的主要精力仍放在经济建设之上，公共服务领域的合作，如果能创造一定的利益回报，则投入，如果利益回报不明显或短期内没有利益回报，就会消极执行。

以长三角地区医保合作为例，异地就医结算经办工作内容涉及人员资格确认、卡证办理、费用审核、基金结算等多个环节，工作任务繁杂。特别是上海、南京、杭州等大城市，由于医疗资源与水平处于长三角地区较高水平，异地转移的患者较多，工作量更大。同时，随着医保覆盖面的扩大，经办服务内容的拓展，具体工作的履行人员人手紧张，成为制约合作协议履行的一大问题。对于这种现象，调研中，上海市合作交流处一同志也以长三角港口合作专题2008年实施过程中存在的同样问题进行了说明：

各城市港口管理部门人手不足，承担专题项目的部门和人员都有本职工作，在机构精简的情况下，任务繁重，承担专题项目就是额外增加的工作。所以，在人员方面无法保证专题项目的落实。

对于合作协议的资金投入。目前两省一市是各自履行，尚未建立起专项基金激励执行。长三角地区城市合作中虽然以长三角协调会会费形式，通过合作专题的形式投入并要求只有通过年底评估的才发放课题费用。但这种费用提供仅限于课题调研，对于各地方政府间公共服务合作的具体推动并没有专项的资金保障和奖罚措施。以长三角旅游景区道路交通指引标志规范的设置为例，上海市合作交流处同志介绍了该项目的实施意义，并对各城市资金支出做了详细介绍：该项目的经费预算共计为6241万元。其中上海1200万元、南京204万元、苏州200万元、无锡500万元、常州100万元、镇江300万元、扬州75万元、南通150万元、泰州150万元、杭州1600万元、宁波570万元、绍兴300万元、湖州90万元、嘉兴390万元、舟山165万元、台州247万元。

这些资金投入都需要各地方政府自行筹措，有些地方政府财政紧张，就会推迟或者拒绝执行。缺乏资金保障成为该项目执行中所遇到的最大障碍。该同志指出：每个城市的财政预算都是年初就定好的，由于没有专项资金的支撑，该项目在 2008 年执行过程中遇到了很大的障碍。此外，由于长三角协调会没有权力和资金对完成较好的单位进行奖励，对完成不好的单位进行惩罚，只能通过召开各合作部门办公室会议，协调督促其加快执行速度。

第五章

完善地方政府间公共服务合作机制：突破与路径

长三角地区各级政府为进一步深化合作，努力探索解决路径。十八届三中全会《关于全面深化改革若干重大问题的决定》中也承诺将建立事权和支出责任相适应的制度，适度加强中央事权和支出责任，为跨区域公共服务合作提供了政策和财政支撑。

一、完善地方政府间公共服务合作协商机制的路径

威廉姆森建议交易经济学采纳合同科学的思想，以制度设计专家取代仲裁者的时候，或许也是为本书指明了一条解决的路径，威廉姆森指出，交易成本经济学的目的并不是在前进过程中不断解决冲突，而是在事前认识到了潜在的冲突并设计了治理结构来阻止或弱化冲突。[1] 同理，跨区域公共服务协商机制一方面应该在前进的过程中不断解决冲突，另一方面更应该事前认识潜在的冲突，从而注意到完善和创新协商机制来预防冲突、推动合作。实际上，协商的目标就是通过健全协商机制来实现良好的协商秩序，而这种良好的秩序，基于上文所析，需要有灵活有效的协商体系、健全的信息共享机制、利益协调机制以及权力共享机制作为保障。

[1] [美] 埃瑞克·G. 菲吕博顿、鲁道夫·瑞切特：《新制度经济学》，孙经纬译，上海财经大学出版社 1998 年版，第 68 页。

（一）构建有效的协商体系

在地方政府间跨界公共服务问题磋商谈判的过程中，存在着一定的交易费用，威廉姆森将交易费用区分为事前交易费用和事后交易费用，磋商谈判所涉及到的主要是事前的交易费用，如起草、谈判和签订协议的成本。协商机制的一个重要作用就是降低事前的交易成本，这就要求构造一个灵活有效的协商体系，从多个层面寻找降低交易成本（例如信息搜寻成本、讨价还价成本、相互间利益摩擦成本等）的途径。通过这个体系有效地提高协商的能力，确定协商的范围，界定利益相关者，最有效率地促进协商。

1. 建立多元协商主体

制度形成的过程是区域间各相关利益主体不断博弈、讨价还价的结果。在跨区域公共服务协商的过程中，需要各利益相关者对影响他们切身利益的跨区域公共服务的政策、战略规划和目标积极参与协作，这些利益相关者不能仅仅限于政府及政府官员。王志峰分析了城市治理中市民、企业的重要作用，同时通过对罗伯特·罗茨、格里·斯托克等关于治理的梳理，认为协商机制的基础应该扩大到治理的层面——地方政府间公共服务的合作更多是从治理层面的合作，即合作治理公共事务，那么协商的主体也即治理的主体。[1]建立多元的协商主体一方面能够激励各利益相关者的积极性，通过磋商，协调各方利益，提高决策水平；另一方面吸纳公民、企业等利益相关者的加入，可通过“呼吁”和“退出”机制，加强对政策制定者的监督和督促。这种“呼吁”正是赫希曼所倡导的用来促进组织绩效恢复的方式。正如赫希曼所言，“既然承认呼吁在绩效恢复方面具有积极的促进作用，那么就应该设计出一种制度，以便鼓励呼吁并降低个人与集体行动的费用。”[2]这种制度首先要能够让呼吁者有“呼吁”的权利，这就要在跨区域公共服务协商的体系中纳入各利益相关者的身影。作为服务对象的跨区域公民以及公共服务生产者其中之一的企业、非政府组织也就成为协商体系中不可或缺的一份子。因此，跨区域公共服务协商主体应该是容纳与跨界公共服务各利益相关者的多元组

[1] 王志锋：《城市治理的经济学分析》，北京大学出版社 2010 年版，第 178 页。

[2] [美] 赫希曼：《退出、呼吁与忠诚》，经济科学出版社 2001 年版，第 44 页。

合，包括了地方政府、地方政府各相关部门及其工作人员、相关企业、非政府组织以及公民等。

西方国家在协商治理方面提供了可资借鉴的经验。英国在区域公共服务合作治理过程中建立了协商治理机制，它强调通过一种非强制性的协商以及在一个平等舞台上各协商伙伴们的对话来制定区域发展的战略与政策。英国在三大区域治理组织——区域政府办公室、区域发展处和区域议事厅设立的论坛和委员会中吸纳了大量的区域伙伴组织的参与，并赋予这些地位不同、影响力不同的组织以同样的话语权，从而形成了一个协商治理主体的网络体系。这也是由于三种组织缺乏政治上的合法性以及必要的法律权力所被迫作出的一种选择，它们必须通过与区域中各执行部门以及地区其他相关利益组织，如第三部门等，建立一种合作伙伴关系，从而为区域治理提供一个整体性协商主体框架。以英国区域议事厅为例，区域议事厅是一个志愿性、多党派的包容性组织，代表本地区的利益。它是由 70% 的地方当局成员（包括国家公园管理局）以及 30% 的区域利益相关组织（包括高等教育部门和进修学校、英国工业联盟、英国工会联盟、商会、小企业部门、教区和镇议会、英国过敏医疗服务部门、志愿者组织、知识与技能委员会、区域文化公会、农业与环境团体以及其他组织）组成。[1] 区域议事厅中的相关利益者组成见表 5-1。

表 5-1：区域议事厅中社会与经济伙伴团体人数表 [2]

	NE	NW	YH	WM	EM	EE	SE	SW
商业	5	10	3	11	8	6	12	7
志愿者组织	2	1	1	3	5	5	7	4
环境	1	2	1	2	2	4	3	3
文化	1	1	1	1	2	3	3	2
工会联盟	5	3	1	2	4	2	2	4
卫生	1	1	1	1	2	2	1	1
高等教育部门	1	1	1	2	3	1	1	1

[1] 曾令发：《探寻政府合作之路——英国布莱尔政府改革研究》，人民出版社 2010 年版，第 250 页。

[2] 资料来源：Sandford M. The New Governance of the English Regions, New York: Palgrave Macmillan, 2005:191. 曾令发：《探寻政府合作之路——英国布莱尔政府改革研究》，人民出版社 2010 年版，第 251 页。

（表5–1 续表）

教会	1	1	1	1	2	1	2	1
进修学校	1	1	1			1	1	1
住房				1	1	1	1	1
公平	1		1	1				2
农业	1		1	1				1
知识与技能	1			1				2
青年人				1				1
交通				1		1		
旅游				1				1
警察					1			
选派					5	2		
总计	21	21	14	29	35	29	33	33

注：NE- 东北地区；NW- 西北地区；YH- 约克郡与亨伯郡地区；WM- 中西部地区；EM- 中东部地区；EE- 英格兰东部地区；SE- 东南地区；SW- 西南地区。

在美国的公共服务协商治理中，也形成了一个利益相关者的协商网络体系，其中强调了公民的参与。以水利项目的开发为例，在水利项目的协商开发过程中始终包括公众的参与，这种商议会召集所有有关的利益相关者参加讨论，以制定策略和规划。密西西比河委员会每年举行两次密西西比河整个下游流域的会议。委员会的巡视从上游顺河而下，每天停留一地，在重要的河港举行公众会议。在委员会成员到来之前，市民可以写信，向委员会提出问题，市民会收到委员会对他们提出的任何问题或论点做出的书面回答。每逗留一地，委员会主席会提出“流域状况的报告”，它包括委员会的目标和在实现目标过程中取得的进展。联邦、州和地方官员参加这些会议，因为委员会不断改变会议地点，所以他们将随同委员会巡视。[1]

欧盟的开放式协调机制则把社会伙伴在内的相关行为者都纳入到决策过程中。欧盟决策机构提出议题，让各方就议题发表意见，对各方的争端和冲突进行公开的辩论，以通过协商和讨价还价达成共识，归纳出一个共同的行动方案。以欧盟就业战略为例，就业战略中的协商主体包括了欧盟机构、成员国政府、成员国地方政府、公民社会以及欧盟层面的社会伙伴，这些主体一起对年度就业指针的内容进行磋商和辩论，就各自的立场发表意见，通过

[1] 尚宏琦、鲁小新、高航：《国内外典型江河治理经验及水利发展理论研究》，黄河水利出版社 2003 年版，第 331 页。

相互协调拟订各方基本认可的方案。[1]

这种多层协商主体所构成的协商网络体系一方面有益于在协商的过程中吸纳各方面的建议，有利于协商结果的执行；另一方面，公民与专家等社会层面群体的纳入，有利于对各地方政府的工作督促和检查，毕竟跨区域公共服务的最终目的是为跨区域的公民提供公共服务，如果服务对象都不能有效参与协商过程，他们的“呼声”如何能够被表达到协商之中？

随着长三角地区地方政府间公共服务合作的推动，长三角地区也应该建立包括非政府组织、公民及专家等群体的多元协商主体，并通过制度来保障各个协商主体的参与权利，真正实现协商的平等原则，以有利于协商协议的达成，协商结果的执行，以及执行等过程的监督。

2. 完善多层次协商机构

跨区域公共服务合作还需要进一步完善协商机构，从而为协商提供一定的平台。区域合作治理离不开其组织机构的加强与建设。以英国为例，英国建立了三个区域治理的组织，按照从国家控制到区域自治的系谱排列，分别为区域政府办公室、区域发展处和区域议事厅。区域政府办公室是英国环境部、贸易工业部、交通部以及教育与就业部等10个部门的区域办公室合并，执行中央10部门的区域政策。在区域政府办公室之下又设立了区域协调小组，区域协调小组是区域办公室的协调中心，同时也是社区与地方政府部门的一个组成部分，主要功能是为区域政府办公室提供集中化的财政以及人力资源服务，也负责对这些区域政府办公室进行绩效管理，成为区域政府办公室与中央部门的一个联系和协调纽带，另外也强化了区域政府办公室对地方政府的影响。区域发展处理论上是对区域议事厅负责的，是区域议事厅在地区经济发展的执行机构，其成员来自社会各界，具有广泛的代表性，代表地区各方的利益。区域发展处的年度目标成果，由区域政府办公室进行评估，主要是促进地区重建、就业等，对该地区及整个英国的可持续性发展作出贡献。区域议事厅是一个志愿性的团体，其成员主要是由英国各个地区中地方

[1] 周弘、[德]贝亚特·科勒－科赫：《欧盟治理模式》，社会科学文献出版社2008年版，第97页。

政府的议员以及与地方经济、社会和环境事务相关的代表共同组成。[1]区域议事厅的主要工作手段是协商，区域议事厅的主要职责是对区域发展处的活动进行监督与检查，并且为区域发展处的区域战略提供一个论坛，协调区域政策，强化区域伙伴关系的建立。三个区域性组织从中央层面到区域再到地方层面，相互制约相互扶持，从而为英国区域性发展提供了良好的协商平台。

建立中央层级、区域层级和地方层级的多层次协商机构。长三角地区目前已经建立了地方层面的协商机构，如两省一市的区域合作办公室、各城市的区域合作办公室，以及相当于区域一级的协商机构——区域经济协作办公室，这些都可以作为跨区域公共服务合作的协商平台，但是还缺少中央一级的区域管理办公室，专门针对区域发展问题进行协调。此外，区域一级的协商机构的权力与财政也不能得到相应的保障，其成员代表的组成也不够科学民主。针对这些问题，国内一些学者借鉴和总结了国内外一些做法，先后提出成立中央层级、区域层级和地方层级的协商机构，如陶希东等总结了美国大都市区治理的机构形式，提出应该建立中央政府指导下的集权过渡性的大都市区政府，如长江三角洲都市区政府，对大都市区的交通、垃圾处理、机场、环保等公共服务进行统一长远发展规划，并对都市区内地方政府进行监督和指导，促进省市各级政府在提供公共服务方面的效率，促进大都市区的政治经济一体化。[2]

充分发挥行业协会与民间论坛的作用。应建立和完善专题合作所形成的各种跨区域的企业和行业协会以及民间论坛。埃莉诺·奥斯特罗姆对公共池塘资源的研究充分证明，通过论坛、俱乐部等民间自发对话形式可以充分发挥这些对话机制的交流沟通作用，通过这些对话平台，可以帮助克服官员的有限理性缺陷，有利于解决冲突和对话障碍，从而降低交易成本。因此，应完善长三角地区现有的民间协会与论坛，以在民间层面形成新的协商交流平台，组织区域内、国内外、政学商界的代表人物和专家学者献策献计，为长

[1] 曾令发：《探寻政府合作之路——英国布莱尔政府改革研究》，人民出版社2010年版，第225-240页。

[2]陶希东、黄丽：《美国大都市区规划管理经验及启示》，《城市问题》2005年第1期。

三角地区各地方政府在各种重大合作问题上形成共识奠定基础。这也是目前长三角地区准备重点发展的协商平台之一，如，在国家发改委地区司官方网站上发布的一份官方研究报告中，为长三角地区规划了一个区域协调机制框架，可以归纳为三个层次，中央层面的统筹协调机构、地方政府以省市两级为主的协调机构（下设常务协调机构）、社会层面的协调机构（包括社会中介组织、企业层面和长三角论坛）。[1]

总之，应在长三角地区形成中央—区域—地方—社会多层次协商机构：中央层面的区域合作机构对整个区域起宏观调控指导以及自上而下的监督作用；区域层面的机构则肩负起协调与决策作用，并监督地方政府的工作落实情况；地方政府层面具体落实本辖区的工作；社会层面起咨询和监督作用。这样的多层次协商机构有利于形成咨询、决策、执行和监督一体化的协商运行模式，有利于长三角地区跨区域公共服务合作的健康发展。

3. 设计可执行的协商协议

协商协议的可执行性既是对协商的检验，又是下一步合作工作顺利进行的基础。这就要求在协商的过程中首先能够确定协商的范围，在共同界定协商进程时，要能够明确诸如谁是利益相关者，什么样的协商论坛更切合实际，有关问题的框架应如何搭建以及如何最有效率地促进协商等问题，这些工作形成了一个特殊的预协商阶段。建立在以基于各方利益为基础的协商，并通过理清协商者之间的共同点和分歧点，显示哪些地方可能需要进一步的技术分析，是增进协商效果的关键性技术步骤。例如：跨区域交通卡合作中技术标准是否统一，各地有关环境保护、教育等各方面的政策是否可以对接，这些直接会影响到协议的形成与执行。只有解决了这些问题，通过反复的谈判与磋商才能够形成共识，促进协议的形成，否则以强制手段形成共识为基础所达成的协议是很脆弱的，就算在压力下勉强形成协商协议，执行中也会受到抵制而夭折。合作者要接受一点，只有当各方都愿意倾听彼此的意见和建议并作出多目标的交易选择时，协商才是最合时宜的。因此，协议的执行将

[1]《发改委报告建议长三角合作制度建设分两步走》，http://www.eeo.com.cn/Politics/by_region/2007/04/05/53475.shtml。

是一个不断协商的过程，这里不多赘述，前面已有详细分析。

（二）形成无缝隙的信息共享机制

如上所析，实现信息的共享是协商与合作过程需要解决的一个基本问题。斯科菲尔德（Schofield）对这个问题做了一个概括，“支撑合作问题的基本理论问题是他们相互获取对方偏好和可能行为信息的方式。既然每个人不仅拥有他人偏好的信息，而且也知道他人拥有对自己的偏好和策略的知识，所以，这是一个共有知识的问题。”[1] 在跨区域公共服务协商过程中，全面无缝隙的信息共享机制能够有力地推动合作专题的实质性进展。

无缝隙强调的是整体的而不是各自为政的方式。[2] 无缝隙的信息共享即是在地方政府间公共服务合作的过程中，形成对合作事务完整的信息共享。信息的共享受到多种因素的影响。学者胡平基于对宝鸡市和西安市的调查总结，探讨了对信息共享造成影响的直接影响因素（见表 5-2），建议对影响政府间信息共享的客观资源条件和主观意愿动力方面都要加强建设，特别要重视政府的主观动力方面，不能一味只顾加大各种投资。同时应建立部门之间的信任关系，以推动政府部门、政府间信息共享的意愿，促进信息共享水平的整体提升。[3] 周肇光提出，针对区域公共服务主要是着眼于为居民在区域内部流动等创造良好的环境，长三角地区信息共享平台的建设应该围绕提高区域公共服务能力，围绕人口流动信息、就业信息、社会保障信息、社会问题管理信息（环境生态监测、交通监管信息、突发疾病和公共卫生、安全信息等）。[4]

[1] [美] 乔·B. 史蒂文斯：《集体选择经济学》，杨晓维等译，三联书店上海分店、上海人民出版社 1999 年版，第 128 页。

[2] [美] 拉塞尔·M·林登：《无缝隙政府公共部门再造指南》，汪大海、吴群芳等译，中国人民大学出版社 2001 年版，第 3 页（序）。

[3] 胡平：《地方政府公共信息共享机制与管理问题研究》，西安交通大学出版社 2009 年版，第 184 页。

[4] 周肇光：《长三角区域经济一体化政府协调与服务研究》，安徽大学出版社 2010 年版，第 166 页。

表 5-2：政府信息共享的直接影响因素[1]

假设编号	假设陈述	检验结果
对信息共享直接影响因素的假说		
H5.1:	政府部门支持信息共享的资源越丰富，其参与信息共享的水平越高。	++
H5.2:	政府部门推动信息共享的动力越强，其参与信息共享的水平越高。	++
对信息共享影响因素之间相互关系的假说		
H5.3:	政府部门推动信息共享的动力越强，其支持信息共享的资源越丰富。	++
H5.4:	政府部门支持信息共享的资源越丰富，其对信息共享的认识越积极。	0
H5.5:	政府部门对信息共享的认识越积极，其推动信息共享的动力越强。	+
H5.6:	政府部门间的信任程度越高，其推动信息共享的动力越强。	++
H5.7:	政府部门间的信任程度与信息共享的认识积极程度正相关。	+

本书认为，实现地方政府间区域公共服务信息共享，具体可从以下几个方面作出努力：

建立区域公共服务信息共享联席会议制度。目前长三角地区信息共享的建设还是靠各地区行政力量的推动，因此，应该建立区域层面的联席会议制度，由各地区主管公共服务的一把手亲自负责督促建设，并由具体相关部门执行。研究政府信息资源目录体系、制定信息交换相关标准和管理办法。

成立区域公共服务信息共享中心。由各地区地方政府统一建设，公共服务信息应该保证“一数一源，共建共用”，数据中心所收集的数字由各地方政府辅助收集。加快区域人口、教育、环境、卫生等基础数据库的开发建设与共享利用，加强对数据信息的采集、登记、存储、共享及安全等环节的管理。这一点可以参照英国区域战略合作伙伴的做法。英国区域战略合作伙伴数据中心[2]，数据主要由区域理事会专门负责收集，数据采取一数一源，一方面该数据确定地方政府拥有所需数据，另一方面地方政府也能够减轻为区域绩效管理处汇报数据的压力，而且该数据也成为中央区域办公室考核各地

[1] 资料来源：胡平：《地方政府公共信息共享机制与管理问题研究》，西安交通大学出版社 2009 年版，第 184 页。

[2] Roles and Responsibilities in the Local Performance Framework. http://www.communities.gov.uk/publications/localgovernment/frameworkrolesresponsibilities.

方公共服务绩效的主要依据。

建立完善区域公共服务信息一体化发展的长效协同机制。一是要推进区域公共服务信息化发展的政策与法规的对接协同，如教育政策、社保政策等。由两省一市政府达成协议的信息共享重大项目，目前缺乏相关法规或法规不统一的，由三地提交区域联席会议协商，就关键问题达成一致，并推动相关制度建设，彻底清除行政壁垒。二是要完善信息一体化发展所需要的基础设施，建立区域统一的信息化技术标准。[1]

构建完整的长三角地区公共服务信息共享机制架构。构建从信息资源、信息保障到应用操作等完整的长三角地区公共服务信息共享机制架构（见图5-1）。要在信息共享建设中充分发挥市场机制的作用，形成政府主导，市场化运作的模式。通过多层次的信息共享系统充分保障信息共享的可操作性、可实现性与可保障性，真正把信息共享落到实处。

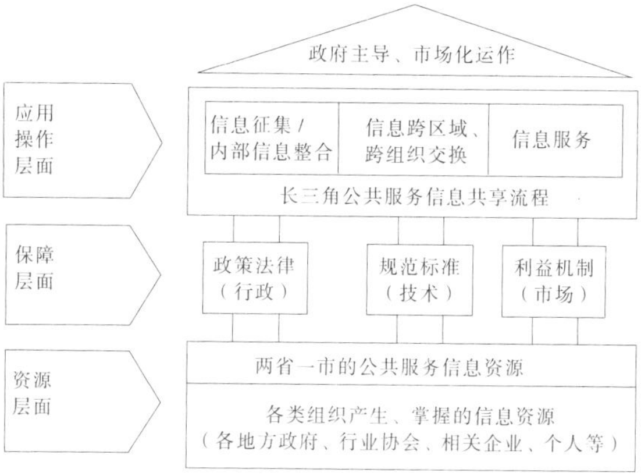

图5-1：长三角地区公共服务信息共享机制总体架构[2]

（三）建立多途径的利益共享机制

由于各地方政府对自身利益的追求，区域内公共服务合作很难实现“集

[1] 周肇光：《长三角区域经济一体化政府协调与服务研究》，安徽大学出版社2010年版，第166页。

[2] 图表来源：根据张成洪“长三角信息信息共享机制总体架构图”改制。转引自莫建备：《区域一体化发展：拓展和深化——长江三角洲区域经济社会协调发展研究》，上海人民出版社2007年版，第432页。

体理性”，从而出现集体行动的困境。奥尔森坚持认为，自愿组织或联盟的存在并非是为了其成员的共同利益而存在，几个人或许有共同利益，但他们也同样有私人利益，并内含于个人对自愿组织的支持之中。尽管他们每个人都能获益于集体的形成或存在，但他们并不是为了推动共同利益而行动。在奥尔森看来，要使集体行动有效，要么除了公共利益外还给个人提供某种私人的排他性物品，要么存在某种形式的道德规劝、强迫或强制，这样才能有效解决搭便车行为和集体行动的困境。[1]在长三角地区公共服务协商过程中，要实现协商主体利益的协调，必须遵循利益分配的原则，通过利益补偿机制，实现跨区域地方利益的共享；通过建立新型政府绩效评估标准和跨区域干部交流机制，实现跨区域地方政府官员个人利益的共享。

引入市场机制，实现“利益共享”。即要通过规范的利益转移来实现区域公共服务合作整体利益的均衡。可以采用市场化模式对地方利益进行再分配，从而使地区利益分配达到一种比较公平的状态。以公交一卡通所拟用的解决途径为例。经过长期的探索与协商，长三角地区 16 城市采用自愿协商出资组建有限公司的方式，以专营公司运作的方案，解决交通一卡通中的利益共享问题。具体如下：组建“长三角区域交通卡交换清分平台”运营实体。各参与城市按比例共同出资组建有限责任公司，区域交换清分中心可通过交易清分费获得收益。区域交换清分中心的运行维护成本主要是支付区域交换清分中心的运行、维护费用，运行成本也可以由参与单位分摊的办法解决。[2]借鉴“一卡通”的市场化运行思路、模式，可以尝试用于解决长三角地区其他领域类似合作中利益分享问题。

建立利益补偿机制，实现利益共享。利益补偿机制需要通过规范的利益转移来实现。2007 年 9 月国家环保总局出台了《关于开展生态补偿试点工作的指导意见》，主要针对自然保护区、重要生态功能区、矿产资源开发、流域水环境保护四个领域的生态补偿。在流域水环境保护的补偿方面，建立

[1] [美] 乔·B. 史蒂文斯：《集体选择经济学》，杨晓维等译，三联书店上海分店、上海人民出版社 1999 年版，第 122 页。

[2]《2008 年长江三角洲城市合作成果汇编》，长三角协调会提供材料。

了根据跨界断面的出入境水质状况确定横向补偿标准。[1]这对于流域合作治理开启了一个新的起点，为解决流域治理中的利益分配问题提供了新思路。以江苏省所试行的省内生态补偿为例，2008年江苏省在太湖流域首创了环境资源区域补偿办法，规定如果交界断面水质超标，上游地区政府将按3种主要污染物超标浓度，每吨支付给下游地区1.5万元至10万元不等的环境资源补偿资金。以期在流域的上下游之间，形成“谁污染、谁付费补偿”的新机制。可以借鉴江苏省的办法，通过建立长三角地区两省一市邻域水生态补偿专项基金，实现区域内的利益补偿，并在公共服务领域中逐渐开展试点，建立起长三角地区跨区域公共服务整个领域中的利益补偿机制，为各个地方政府参与公共服务协商注入动力，以更顺利开展合作。

此外，还可以考虑健全新型政府绩效评估标准和跨区域干部交流机制，以推动实现跨区域地方政府官员个人利益共享。在目前的政治经济体制下，地方政府官员主要靠实现经济增长来获得上一级政府的认可，从而在政绩考核中获得良好的排名。这种“政治锦标赛”作为目前地方政府官员主要的激励机制，较适用于单指标而非多指标的考核，这使得公共服务和社会管理很难纳入考核体系。而且，相比于GDP等经济指标，公共服务的产出指标很难量化，又加大了自上而下开展绩效考核的难度。尤其在跨区域政府间合作中，地方政府官员的合作对象都是自己的竞争对手，官员会衡量在短暂的任期内能否产生明显的效益，然后决定是否合作，合作到什么程度。如果不采用有效的激励措施，官员们的协商就容易成为一个过场，而合作就成为一种舆论的造势，并不能产生真正的合作效果。因此，应该建立一种新型的政府绩效评估指标体系，一方面要切实使新型的政府绩效评估标准能够建立在提高人民生活水平的公共服务职能目标之上，另一方面要加大区域内地方政府官员的交流机制，不仅仅是省内、市内的交流，而是区域内的交流。此外，一个可能的方向是政府向社会放权，加大地方政府官员对地方公民负责的责任与义务。这需要从扩大官员由公民直选的力度和级别，建构起社会问责机

[1] 周婷：《长江上游经济带与生态屏障共建研究》，经济科学出版社2008年版，第181页。

制，以对地方政府行为进行间接控制。通过赋予服务对象问责权力迫使政府机构不断改善职能履行绩效。[1]

长三角地区各级地方政府通过磋商谈判，对跨区域公共服务应该合作的领域有了初步的合作共识，并通过区域间各级别政府官员的参观、访问、论坛、研讨会等多种沟通方式，确定了合作的机构，并进一步明朗化了合作的意向、主体，确定了合作的主题，以合作专题的形式作为公共服务领域合作的突破口。然而，遗憾地是，虽然长三角地区在协商平台的构建、协商沟通机制的建设方面取得了一定的成效，但目前为止，长三角地区公共服务合作中利益协调这一核心问题仍未得到较好的解决，这将对合作中后续环节造成困扰，影响合作的顺利发展。协商只是地方政府在公共服务领域合作迈出的第一步，合作协议仍需要通过地方政府在实践中通过互惠的承诺与有效的执行来实现。在接下来的本书将对这些问题作更深入地分析。

二、改进地方政府间公共服务合作承诺机制的对策

在当前地方政府职能未转变彻底、地方政府仍需面对经济增长与晋升直接挂钩的情况下，单纯通过承诺很难完全解决合作中所存在的各种机会主义，这就需要我们对制度进行创新，以创造性的思维、新的路径来面对这些问题。奥尔森为了解决集体行动中成员“搭便车”的行为，设计出“有选择性的激励”作为动力机制，“通过额外的奖金、红利或荣誉等对那些为集团利益的增加做出贡献的个人进行奖励，而惩罚就是制订出使个人行为与集体利益相一致的规章制度，一旦某个成员违背，就对之进行罚款、通报批评或开除乃至法办等。”[2]这为完善地方政府间公共服务合作承诺机制提供了一个可资借鉴的路径，为了实现地方政府间公共服务可信承诺机制，同样需要我们通过柔性承诺与刚性承诺相结合，正面积极引导，辅以潜在的惩罚“威胁”来激励地方政府作出可信的承诺。

[1] 郁建兴：《条与块的游戏规则该怎么变》，《人民论坛·学术前沿》2010年第7期。

[2] [美] 曼瑟尔·奥尔森：《集体行动的逻辑》，陈郁、郭宇峰、李崇新译，上海人民出版社1995年版，第7页（序）。

（一）构建地方政府间诚信体系

目前长三角地区已经在社会信用管理体系建设方面先行一步，其主要目的是构建覆盖长江三角洲16个城市的区域社会信用管理体系，进而构建覆盖苏浙沪两省一市的区域社会信用管理体系。2004年在第二届“长江三角洲一体化发展论坛”上，长江三角洲16个城市市长在浙江湖州共同发布了《共建信用长江三角洲宣言》[1]，作为我国第一份区域性政府间签署的“信用”宣言，力图形成“一处失信、处处受制”的制约体系，使诚实守信逐步成为市场规范和社会行为规范。社会信用管理体系的建设为长三角地区地方政府间诚信体系的建设奠定了基础，作为长三角地区公共服务供给中重要的内容之一，其公共服务合作发展中的诚信状况直接影响到整个地区社会福利优化。但是，由于地方政府这一主体的特殊性，长三角地区要构建地方政府间的诚信体系，是一个比较漫长艰难的过程，因为制度发展是有路径依赖和锁定的，需要不断利用制度创新来“开锁”。目前可以从培育长三角地区地方政府间共同的价值体系，建立互惠规范和失信惩罚机制，再逐渐过渡到构建地方政府间信用的评估体系，从而形成声誉约束机制，使柔性承诺的“可信”度提升。

1. 培育共同的价值体系和共享的合作愿景

在政府履行其公共服务职能的过程中，通过培育各合作伙伴树立共同的价值体系，打造诚信的形象，不仅对其所服务的公民有着重要的意义，另外对顺利实现跨区域的合作也有着重要的意义。中国悠久的历史文化对地方政府间公共服务合作的共同价值体系提供了深厚的文化背景，中国儒家曾多次对治道者的诚信提出建议，如孔子强调为政者要“敬事而信”[2]，要求为政者做事要慎重，要讲信用，要言行一致，信守承诺，为民众做出表率。荀子则道：“古者禹汤本义务信而天下大治，桀纣弃义背信而天下大乱。”[3]长三角地区共属吴越文化大区，地理环境、人文基础、生活习俗、语言体系，

[1]《16城市签〈共建信用长三角宣言〉》，http://www.110.com/ziliao/article-121768.html。

[2] 出自《论语·学而》。

[3] 出自《荀子·王霸》。

都是“大同小异”。文化的认同有助于形成一个区域内分工协作的价值基础，在合作过程中，要利用相似的文化传承，不断进行区域文化联动，灌输互惠互利、彼此信任的思想，以形成区域文化一体化，培养区域精神资源，从而打造长三角地区地方政府间共同的价值观念，提升长三角地区各地方政府柔性承诺的“可信性”。目前长三角地区在公共服务领域的合作中已经注意到这个问题，并在各层级每年一次的协商会议上反复进行强调，强调合作共享、互惠互利；加强区域文化的联动，建立区域文化联席会议，通过区域文化联动，来推动政府、社会等各利益相关者共同的价值理念。

共同的价值体系可以通过建立共享的愿景来推动。如芝加哥城市群为推动区域协调发展，号召成立一个区域型组织“芝加哥都市 2020”，愿景是区域政府、企业和居民一起努力，在未来的几十年里，使芝加哥区域具有更强的吸引力。[1] 而英国的区域战略伙伴关系里，也提出建立以提供“更好的公共服务”为目标的长期愿景。在长三角地区港口合作中，前上海市港口管理局局长许培星也提出：“长三角港口将群策群力、协调发展，共迎未来的机遇和挑战。”[2] 共享的愿景能号召合作者一起努力。

2．发展互惠规范

然而，地方政府并不是具有崇高思想的超利益组织，它始终存在着扩张其自身利益的冲动。互惠规范的发展在一定程度上能够促进各地方政府在自愿平等的基础上实现合作。正像詹姆斯·科尔曼所指出的，社会规范可以将行动的控制权从行动者转移到其他人手里。[3] 这是因为行动具有“外部性”，具有影响他人的后果（积极的或消极的）。当各地方政府在合作中发现，合作要求按照一种特定的方式行动，如果不遵循就会给予惩罚，这时就建立了规范。互惠的规范可以被灌输出来，并由教育和惩罚来实现。因此，在长三

[1] 胡雅龙：《世界第六大城市群——长江三角洲城市群崛起之路》，上海社会科学出版社 2010 年版，第 199 页。

[2]《2008 年长江三角洲城市合作成果汇编》，第 11 页，上海市政府合作交流处提供材料。

[3]［美］罗伯特·D. 帕特南：《使民主运转起来》，王列、赖海榕译，江西人民出版社 2001 年版，第 201 页。

角地区公共服务领域的合作中，要学会通过使用教育和奖惩手段来推动互惠规范的建立。首先是通过教育，包括了两块内容，一是对合作伙伴们全体的教育，宣传互惠的优越，利益共享可以使得大家都能享受到区域福利最大化所带来的好处，同时督促获益多者对获益少者进行利益补偿，或者多分担些义务。二是对拒不分享利益者的教育，由于长三角地区各地方政府间是建立在平等基础上的合作，没有行政隶属，只能通过申请或汇报，要求中央层级的职能部门协助教育。其次是奖惩，奖惩需要引入元规范这一概念，“元规范是使得一种规范开始运作起来的动力，通过对不惩罚者的报复和对背叛者的报复联系起来”[1]。在公共服务领域的合作中，元规范即在合作之初设定一种潜在的规则，一方面不容许背叛，另一方面，对于容忍背叛的人，也同样惩罚，同时对于积极合作者进行奖励。只有建立这种规范，才能保证互惠规范的建立与实现。

如在《关于共同做好“长三角港航合作网”信息维护工作的协议》中，为了激励大家做好信息维护工作，协议规定由上海市港口管理局出资，给予合作优秀者一定的物质和精神奖励，这是对互惠规范建立的一种尝试。从目前长三角地区合作来看，互惠元规范在两省一市的基础上很难建立起来，需要中央政府的介入，或者由区域层级的管理部门制定，并要求两省一市的市长们通过“责任状”等形式建立，以利于互惠规范的进一步发展。

3. 建立失信惩罚机制

失信惩罚机制实际上是利用声誉机制进行运作的。人们的本性倾向于互惠互利并信任与之日常共事的同伴。在长三角地区地方政府间频繁的沟通与交流过程中，省市两级及其政府职能部门形成了多层次的联席会议制度，这些每年至少一次的会议制度，帮助各地方政府官员相互了解，并建立一定的友谊与信任。这种友谊通过合作的多次进行，从而加深了地方政府官员之间的彼此信任。在某些合作伙伴失信的时候，通过冷落、排斥、拒绝合作，并要求其他地方政府官员共同拒绝合作，从而使失信方名誉受损，受到惩罚。

[1] [美] 罗伯特·阿克塞尔罗德：《合作的复杂性：基于参与者竞争与合作的模型》，上海人民出版社2008年版，第58页。

失信惩罚机制（声誉机制）的实现离不开共同价值体系的基础，如果失信在合作共同体内被认为是正常现象（如地方政府间合作中不可信的承诺：机场建设大战、港口大战、环境污染等地方保护主义在签订承诺合约后仍然存在，并被各地官员视为正常现象），既不会受到上级政府的指责（如市级之间的不合作，不会受到省级政府的指责，省级之间的不合作，不会受到中央级别的指责）与惩罚，又没有受到合作共同体内合作伙伴的指责与惩罚，那么声誉机制很难发挥作用。要建立失信惩罚机制，必须强化两方面的惩罚，一方面是来自上级机关领导的惩罚（效果最好），另一方面是来自合作共同体内合作伙伴的惩罚。而这两种措施，都需要对背叛者的信息公开，可以选择三种递进方式公开：首先在共同体内公开，如果没有改进，选择在政府网站公开，如果还没有改进，通过区域性网站和其他公开网站进行谴责，对其进行道德谴责。当然，如果遇到特殊情况不能完成所承诺的合作，如遭遇突发性危机事件（地震、大范围疾病传播）等困难，可以及时通过区域协调办公室进行沟通协商，作出说明。

总之，应通过建立区域共同价值体系，发挥互惠规范和失信惩罚机制的共同作用，建立地方政府间的诚信体系，以完善柔性承诺机制。如果说建立地方政府间公共服务领域的诚信体系是从柔性承诺的角度强化承诺的可信性，那么提升合作承诺的失信惩罚"威胁"度则是从刚性承诺的角度来强化承诺的可信度。

（二）加强合作承诺的刚性约束

建立地方政府间诚信体系主要是从柔性承诺的角度入手，强调承诺要靠内在的规范来实现其可信性。合作承诺的强制力度则是从外在的制度进行刚性约束。可以从明确合作承诺的法律地位、建立区域性管理机构和加强中央政府的权威性指导与公民参与来实现。

1. 明确合作承诺[1]的法律地位

目前长三角地区已经出台了《国务院关于进一步推进长江三角洲地区改

[1] 这里合作承诺主要指地方政府间所签署的各种类型合作协议。

革开放和经济社会发展的指导意见》（国发〔2008〕30号，下简称为《指导意见》）和《长江三角洲地区区域规划》。其中《指导意见》是首次从国家层面以中央文件形式对区域发展做出指导，说明在区域发展方面得到了中央政策的支持。《长江三角洲地区区域规划》作为《指导意见》的具体贯彻，是促进区域发展的一项国家政策措施，需要具体的法律来对其进行保障。目前我国强调要依法治国，在法治国家里，社会生活的基本方面和主要社会关系均应纳入法律治理的轨道。长三角地区所达成的合作承诺，也要通过国家法律的确认和调整，才能够真正得以建立和受到保障。

区域发展中，合作承诺得到法律保障最早起源于英国和美国。在英美两国的区域政策实施中，重视采用立法的手段，进行规制调控，对区域发展有着推动效果。以美国为例，20世纪20年代，美国宪法开始出现协定授权条款，纽约州与新泽西州签订了政府间行政契约，根据此契约成立了美国第一个州际机构——纽约港口管理局（New York Port Authority），该机构有权筹措资金，进行基础工程的建设和管理，以推进地区交通设施的利用。[1]州际协定最初主要是用来处理相邻州之间的边界争端问题，20世纪逐渐开始适用于其他领域，如自然资源的保护、刑事管辖等。随着全球化和区域化的发展，州际协定被大量用在公共服务领域。一些州除了维持完全独立的行政机构之外，开始在双赢的合作基础上为其他州提供特定的设施和机构。[2]州际协定在美国的盛行是因为在美国联邦体制下，州际协定具有很强的法律效力：美国州际协定同时具有州法和合同性质，由于美国宪法的充分保障以及本身具有的合同性质，州际协定的效力优先于成员州之前颁布的法规，甚至也优先于之后新规定的法规。就像一般民事合同对个人或公司的效力一样，具有合同性质的州际协定对成员州同样具有约束力。一旦参加了州际协定，各州就不能随意的单方面修改或者撤销该协定。除了州政府之间的州际协定，美国地方

[1] Gausman CJ. The Interstates Compact As A Solution To Regional Problems: The Kansas City Metropolitan Culture District. University of Kansas Law Review, Vol.45, 2006: 901.

[2] 何渊：《州际协定——美国的政府间协调机制》，《国家行政学院学报》2006年第2期。

政府间还采用政府间行政契约、联合服务协定和政府间服务转移契约等形式就某些具体的公共服务事项对合作进行承诺。[1] 近年来，又调整了法律保障范围，从区域经济和社会发展调整到发掘区域优势；利用区域特色，综合性规制区域经济社会问题，如美国明尼苏达州的《区域发展法》[2]。

为了保障已出台的国家有关长三角地区各相关政策的有效实施，正如保证《长三角地区区域规划》的有效实施，需要建立权威的法律法规体系，以明确合作承诺的法律地位。我国应该借鉴美国等发达国家的做法，对长三角地区区域发展进行立法协调。通过全国人民代表大会形式，确立《长江三角洲区域发展法》，从中央层面对区域合作进行法律规范支持，各地方政府采用地方性法律或法规进行支持。两省一市及长三角 16 城市在合作的过程中所制定的合作承诺应享有高于各地地方法规的法律效力，以保障其权威性。在实际操作过程中，一方面，要注意各地方政府间签订的合作协议（承诺）不能侵占中央的权力，不涉及政治性；另一方面，合作协议（承诺）一旦签订，各地方政府就不得随意地单方面修改或撤销该协议。

2. 完善区域协调管理机构

美国签订的州际协定，成立了许多跨州机构。现在有超过 60 个这类机构，涉及教育关怀、河床管理、交通等领域。[3]1933 年，美国通过的《田纳西河流域管理法》批准成立了田纳西河流域管理局；《阿巴拉契亚区域开发法》成立了阿巴拉契亚区域委员会等，都成立区域层面的管理机构对跨区域的事务进行管理。然而，目前我国地方政府间没有正式的有法律地位的区域管理机构。长三角地区虽然设立了区域经济协调办公室，但是该办公室的成立没有法律依据，其人员编制、经费来源受到限制，而且其权力地位没有威权性，无法有效协调区域间其他地方政府之间的合作与冲突，对于地方政府间形成的合作承诺，也没有权威的手段和措施进行管理，无法在外部为合作

[1] 冯望：《地方政府间行政契约研究》，中国政法大学硕士论文，2009 年，第 19 页。

[2] Regional Development Act, http://www.lpa.state.mn.us/laws/regional462.html#regions.

[3] [美] 尼古拉斯·亨利：《公共行政与公共事务》（第 8 版），中国人民大学出版社 2002 年版，第 641 页。

承诺提供“威胁”。同时，目前各地方政府在合作的过程中所建立的各种联席会议制度，应该通过专门的区域协调管理机构统一进行管理与协调，该协调管理机构应该是在反映各地方政府意愿，能获得区域内各政府普遍认同的，具有民主性的治理结构。一方面要能够发挥各地方政府的积极性，另一方面要着重解决跨区域的公共服务领域的合作与冲突，把解决区域内民生问题、实现区域基本公共服务均等化作为其主要任务。由此，该区域协调管理机构的主要职能应围绕组织协调长三角地区各级政府间的重大基础设施建设、生态环境保护、区域公共安全、区域文化联动、区域内教育发展等制定规划和政策措施，监督各地方政府间签订的合作承诺执行情况，以提供有效的外部“威胁”。

3．加强中央组织层面的创新

在外部强制实施制度规则中，引入一个强大有力的中央权威机构可能是最有效的外部“威胁”。在地方政府间公共服务的合作中，各个合作主体都在为有可能被背叛而缺乏安全感。要想合作获得成功，背叛所受到的制裁就必须强大有力到足以使背叛时的利益受损，从而使得背叛不再成为各合作主体的占优和偏好策略。目前，中央政府仍然掌握最多资源配置权力，如果想通过外部“威胁”而实现失信“威胁”，就需要中央层面的规制与管理。在当代，几乎所有发达国家，中央政府在区域管理领域都发挥了重要的作用。如英国议会下设立的专门委员会，其职能是既介入一般区域管理与规划制定，又参与解决最严重的区域问题。[1] 美国《邦联条约》第 9 条规定：“对于现存的或者今后可能遇到的州际争端，包括边界、司法权等问题的冲突，美国国会有最终的裁决权。”[2] 为实现地方政府间公共服务的合作承诺，有必要在借鉴发达国家经验的基础上，结合我国地方政府间合作的实践，在中央成立专门的负责区域公共服务合作的权威机构，如“区域协调管理委员会”，并

[1] 陈瑞莲：《区域公共管理理论与实践研究》，中国社会科学出版社 2008 年版，第 314 页。

[2] 何渊：《美国的区域法制协调——从州际协定到行政协议的制度变迁》，《环球法律评论》2009 年第 6 期。

下设一个办公室进行协调管理。

（三）规范合作承诺的内容与形式

目前长三角地区合作承诺的可信性不高，还在于其所缔结的合作协议内容过于原则和抽象，可操作性不高，同时没有规定生效日期、约定违约责任追究机制和冲突的仲裁机构。应进一步规范合作承诺的内容与形式。

1. 合作承诺内容细则化

合作承诺的内容包括了合作的标题、合作各方、合作应遵守的原则、合作针对的问题以及具体的解决措施。从合作的标题来看，应该标明合作参与的范围、合作承诺的具体名称以及涉及到的主题。合作各方包含的对象要明确，如果是省市之间的合作承诺，要有具体的分管领导的签字承诺，并在附带条款中规定要在各地的人民代表大会常务委员会中通过，以增强该合作承诺的法律效应。合作应遵守长三角地区所遵循的平等自愿、互惠互利原则。协议应有一定针对性，可以签署范围比较宽泛的区域合作协议，但是针对具体领域的协议，合作事宜要有比较细致的规定，并制定出可操作的合作规范。在合作承诺中应规定合作各方必须出台相应的地方性或具体公共服务领域的法规和条例与合作规范相对照，如果法规和条例已存在，则规定应与合作承诺中签订的规范相一致。实现各地方政府法规和条例的标准化，以推动合作的顺利进行。避免再次出现像“长三角公交卡一体化”以及“社会保险一体化”等由于标准不统一而使得合作迟迟推动不了的现象。对于合作承诺的生效时间应有具体的规定，如果不能按期实施，必须要做出书面说明，由各方所约定的合作机构进行受理。

2. 合作各方权利与义务具体化

合作承诺中除了合作的主题与合作措施之外，最为重要的就是要把合作各方的权利和义务进行分解，并在合作承诺中具体明确。合作各方的权利义务还应和合作过程中所应承担的成本与收益挂钩，制定好利益共享和必要的利益补偿机制，以保障合作承诺的可执行性。合作各方应在调查研究之后，估算出大概的成本与收益，在合作承诺中加以说明和分配。对于合作成本的分担比例与收益分配比例，在协定中应明确相关的程序与期限，具体的比例可以人口、经济总量以及获得利益的可能性为基数，也可以平均分配。[1]一定要在合作承诺中达成一致的书面意见，否则口头承诺很难提供对其进行可信的保障。

3. 合作承诺的责任追究和冲突解决明确化

要明确合作承诺的责任追究机制和冲突解决的仲裁机制。规定和完善责任追究机制及冲突解决的仲裁机制是强化合作承诺约束力的重要决策。目前长三角地区所形成的合作承诺中，极少有对拒不履行约定，或者履行义务时违反承诺约定的行为作出详细的违约责任追究机制；对于合作中可能会出现的争端解决方式，个别协议中规定由建立的协商联席会议制度进行协商解决，没有通过中央或其他外部监督力量进行解决的规定。应该在今后长三角地区达成的合作承诺中加上责任追究机制与冲突解决机制这一合作条款。同时应从经济的角度作出规定，要求合作各方缴纳一部分违约保障金，由中立的区域协调管理机构保管，对违约行为根据其程度进行惩罚。当然，长三角地区所形成的合作承诺主要是对等性的行政契约，其约束力主要是合作各方基于对合作共同体的责任和践诺原则所产生的自我约束力，强制性不足。如果是各地方具体职能部门违约，可以提请其上级人民政府迫使其履行，这也是具体的运作过程中，强调各省市负责人负责总体决策的一个重要原因。

此外，在完善合作承诺的过程中，还可以增加地方政府绩效评估的区域公共服务合作内容，并实现区域内拒不合作地区之间官员的对调，使得官员在合作中的成败与其个人利益攸关，以此作为合作承诺的治理机制。这些机制能够有效限制机会主义和减少交易成本与信息不对称的问题。

地方政府间公共服务承诺机制为跨区域的公共服务合作提供了动力，是促进地方政府间公共服务合作的重要机制，随着各方签署了各种合作承诺，合作进入另一个过程，即合作承诺的执行过程。

---

[1] 何渊：《泛珠三角地区行政协议的评估及建议》，《广东行政学院学报》2006年第2期。

三、健全地方政府间公共服务合作执行机制的措施

为了提升地方政府间公共服务合作执行力，需要我们设计能够运用于实践的执行机制。笔者结合整体性治理思想，提出应对执行机制进行新的制度安排。首先，要对现有的执行体系进行系统优化，从执行体系自身着手，通过整合，构建有利于合作执行的组织系统；为了避免代理人的道德风险问题，建立有效的监督和评估机制以实现对代理人的激励安排，从而确保按照代理人所达成的结果来进行奖惩，推动代理人（执行人员）的利益目标与合作目标达成一致。

（一）构建整体型执行组织体系

“有效的组织是制度变迁的关键。地方政府区域合作的实现要有实施具体合作事宜的组织载体。”[1] 从我国实际情况和西方国家地方政府间合作的实践来看，有力的执行机构和支撑执行机构正常运转的执行资源是确保执行效率的保障。长三角地区地方政府间公共服务合作的执行组织是多种利益关系的集合体。由于长三角各地方政府所组成的执行组织涉及到多重的委托代理关系，为了避免代理人利用所掌握信息的优势，违背委托人的利益，在执行组织的组建过程中，要加大委托人的参与，以有利于获取信息。因此，有必要对政府内部进行整体性构建，从政府外部引入公民组织，从而形成新型伙伴关系的执行组织，在中央政府、地方政府和公民三个层面形成制度性的组织机构，加强执行的组织力量。

1. 构建区域性的“整体型”执行组织机构

经济合作与发展组织在《爱尔兰：迈向一种整合性公共服务》一书中指出：“应对复杂性、交叉性的问题需要一种整合性公共服务，这要求通过增加网络结构的行动，而不是采用自上而下的组织结构。”[2] 该研究报告指出，

---

[1] 陈剩勇、马斌：《区域间政府合作：区域经济一体化的路径选择》，《政治学研究》2004 年第 1 期。

[2] OECD Public Management Reviews: Ireland: Towards An Integrated Public Service. Paris: OECD, 2008:12–25.

提供整合性公共服务其中的一个挑战是克服传统的公共服务供给弊端，发展一种基于共同协商结果的责任结构，只有这样，各种公共服务的行动者才能以一种整体合作的方式解决共同面对的社会问题，而不至于以一种松散的个体结构，围绕各自的利益与议程去面对共同的问题。故必须依赖于各种公共服务组织及机构跨界性协同运作。

因此，在地方政府间公共服务合作的过程中，运用“整体政府”[1]的理念，构建从中央层面到地方政府职能部门的多层级执行机构（如图 5–2）。通过协调、联合、整合等方法促使公共服务合作中各执行主体紧密合作，通过组织重构，对各执行主体的权力、责任和利益进行重新梳理，以公众公共服务需求为中心，为公众提供无缝隙的公共服务。

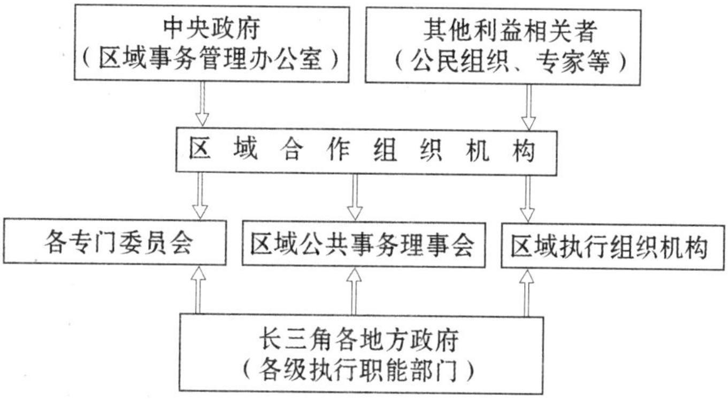

图 5-2：长三角地区区域“整体型”执行组织机构[2]

（1）设置中央层面的区域事务管理办公室

在跨区域公共事务的治理方面，中央政府往往拥有比较优势。长三角地区各地方政府直接没有隶属关系，它们之间的合作需要来自外部，如中央的

[1] 整体政府作为当代政府管理的一个新理念，是 21 世纪公共服务改革的鲜明特征之一。它是指公共服务机构为了完成共同的目标而实行跨部门，以及为了解决某些特殊问题而组成的联合机构。（参见高建华：《区域公共管理视域下的整体性治理：跨界治理的一个分析框架》，《中国行政管理》2010 年第 11 期。）整体政府中所指的跨部门既包括了跨同一层级政府部门，也包括了跨不同层级政府部门之间的合作。

[2] 图表来源：作者自绘。

推动力量。因为“中央在地方政府间合作中能够起到‘裁决者’的角色，能够使不同的地方利益主体在讨价还价中，实现利益之间的妥协和平衡，最终达成一致的结论；中央还承担着‘发动者’和‘推动者’的角色，促使地方合作目标与国家的整体发展规划和目标诉求相互协调统一、以经济手段或者行政手段推动合作的落实。”[1]具体而言，中央可以通过资金扶持、政策诱导和政绩评价导向来推动长三角地区的地方政府间合作。为了促进实现长三角地区地方政府间合作的目标，应该在中央层面设立相应的部门，这个机构的主要任务是促进区域发展和鼓励地方合作，并且当长三角地区地方政府间合作发生矛盾时，能够充当信息沟通和冲突裁判的作用。

目前对中央层面设置区域管理机构主要有这样几种建议，有学者建议在国家层面成立长江三角洲区域空间发展委员会，在长三角省市层面成立长江三角洲区域合作发展领导小组，以加强重要垂直领导力度；也有的学者建议国家发改委成立六大区域协调发展管理机构，即在现有的国家发改委地区司、西部办、中部办和东北办的基础上，建立六大统筹区域协调发展管理局。[2]学者们提出这些建议是为了强化中央政府在区域管理方面的权威功能。以长三角地区为例，中央政府可以在以下方面发挥积极作用：首先，通过《长江三角洲区域规划》，制约和推动长三角地区各地方政府出台区域性社会和经济发展规划，以此引导长三角地区各地方政府合作治理区域公共事务，推动地方政府间合作的开展和合作事项的执行；其次，制定全国统一法律法规，为长三角地区地方政府间合作协议的执行提供合法依据。在长三角地区地方政府间公共服务合作执行过程中，各地法律法规的冲突，是造成合作协议执行困难的重大障碍之一。如表 4-10（见第四章）中，上海、南京和杭州三城市关于异地基本养老保险政策的不一致，造成了《长三角地区异地居住企业离退休人员养老保险待遇资格协助认证合作协议》执行政策困境。“交通

[1] 娄成武、于东山：《西方国家跨界治理的内在动力、典型模式与实现路径》，《行政论坛》2011 年第 1 期。

[2] 胡雅龙：《世界第六大城市群——长江三角洲城市群崛起之路》，上海社会科学出版社 2010 年版，第 199 页。

一卡通”的合作执行也存在同样的问题，由于缺少统一的技术标准和管理政策，使得长三角地区“交通一卡通”历经6年仍未成功。但这些合作中的执行困境可以通过中央政府发布全国性的法律法规来加以解决。

根据国外经验，中央层面的区域组织机构是中央政府发挥区域公共物品供给的重要部门。如英国区域治理的组织构成中，由梅杰政府于1994年成立的区域政府办公室，扮演了中央在地区的“眼睛和耳朵”的角色，通过制定地区发展战略来实现对地区的影响。[1]它主要以政策议题为中心，围绕如环境、社区发展、基础设施来展开公共服务的供给，与地区各合作伙伴共同努力，帮助各地方政府确立区域战略目标并且监督它的执行。

美国联邦政府也积极从中央层面促进地方政府间合作，主要做法是以有关援助的法律为约束，促进大都市区地方政府间协作关系的形成，并试图以区域组织的形式将这种关系制度化。[2]如，在通过分类援助项目往地方政府转移资金时，一般要求该地区成立区域协调机构（主要是政府理事会和大都市区规划组），进行区域规划，配合联邦政府进行公共事务的治理。

（2）酝酿成立区域公共事务理事会

酝酿成立长三角地区区域公共事务理事会，理事会成员由长三角地区各地方政府成员组成，主席通过成员选举产生，并报请中央批准，设任期制，建立相应的组织制度与管理细则。该机构从区域公共事务治理的全局出发，对长三角地区的公共服务供给进行有序的调节和控制，赋予该机构规划、决策和协调的权限，同时下设区域公共事务执行专门委员会，专门委员会可以是不同合作专题的专门执行机构，负责区域内合作政策的具体执行。成立区域层面的组织机构是为了通过与中央和各级地方政府间更好地协调沟通，以保障区域层面地方政府间公共服务合作协议的执行。

从国外经验看，建立区域层面的组织机构成为发达国家调节跨区域公共

[1] 曾令发：《探寻政府合作之路——英国布莱尔政府改革研究》，人民出版社2010年版，第228页。

[2] 王旭、罗思东：《美国新城市化时期的地方政府：区域统筹与地方自治的博弈》，厦门大学出版社2010年版，第279页。

事务的一个重要组织保障。美国早在20世纪初期，就开始了地方政府间的合作。其主要的区域层面的组织机构有政府理事会（也称区域理事会）以及政府联合会，是美国区域层面的重要组织形式。政府理事会因为具有地方政府现有模式未受干涉、地方政府与更大政府机构间基本不存在权力转移、以自愿协作为基础的特点而备受区域合作的青睐。这种形式的合作比较符合长三角地区合作现状，可以作为借鉴。政府联合会以南加州政府联合会为主，按经济总量计，该地区为全球第十大经济体。南加州政府联合会的执行机构区域理事会由来自65个地区和各县的83名选任官员组成，使用联邦政府在该地区的庞大资金，履行环境保护、就业等方面的区域规划功能。[1]

由于区域层面的组织机构具有从区域层面解决区域公共产品和公共事务治理的优势，世界上大部分发达国家都设置了区域层面的协调组织，如英国、日本、澳大利亚等国家也在区域层面设置了不同形式的区域管理机构。

（3）完善目前区域协调组织机构的执行功能

建立区域公共事务执行委员会目前还是设想，更务实的措施是应进一步完善长三角地区两省一市、长三角地区16城市两个层次协调组织机构，使其充分发挥执行功能。针对目前存在的人员编制问题，根据合作深化后任务的增加，可通过设置专门职位解决，进一步落实协调组织机构的权限与义务，更好发挥两层协调组织机构在促进合作协议履行方面的作用。加强16城市协调组织机构与两省一市决策层、协调层的合作，强化16城市协调会联席会议制度的执行职能，与决策、协调层的两省一市领导人联席会议制度形成错位互补发展。

（4）强化各省市政府跨部门执行机构

各地方政府职能部门是长三角地区公共服务合作供给协议的最主要履行主体，在公共服务合作供给中，往往由多个地方政府职能部门负责。因此，各地方政府职能部门之间的合作与否对合作协议的执行有着直接的影响。所以应完善各省市政府对下属职能部门的协调功能，首先，配合大部门体制改

[1] http://www.scag,ca.gov/who.htm. 转引自王旭、罗思东：《美国新城市化时期的地方政府：区域统筹与地方自治的博弈》，厦门大学出版社2010年版，第285页。

革，对职能相近的部门进行合并（如人力资源管理部门与社会保障部门的合并）；其次，强化各省市发改委对负有合作执行任务职能部门的协调作用，对目前各省市发改委下设的长三角办公室以及地级市下设的协作办公室人员加强培训和管理，实现其工作人员专职化。

通过设立和完善中央、区域及各级地方政府组织机构，运用整体性治理的理念，促使这些机构共同努力，以实现区域公共服务供给为其合作目标。

2. 拓展执行组织资源获取渠道

政府执行资源在很大程度上影响着协议执行力的强弱。执行组织所需要的资源主要有经费、人员和信息。

（1）拓展资金获取渠道

应拓展多种资金获取渠道。首先，利用合作专题项目，获取从中央的专项基金财政转移。目前在长三角地区的合作中，太湖流域的治理项目，中央政府的专项拨款是最为重要的一部分，但是其他合作专题项目获取中央支持的较少。这里可以学习国外的经验，如美国政府理事会在成立初期经费很少，在耗资巨大的大型公共服务的提供方面力不从心。后来，联邦政府分类援助项目进行的财政转移资金成为政府理事会的重要资金来源。在政府理事会的资金来源中，联邦政府占据的比例曾经高达75%。[1]其次，建立区域发展基金项目。如欧盟的结构基金、聚合基金以及团结基金就为合作提供了大力的支撑。结构基金可以用于帮助落后区域加快发展和追赶步伐，提升培训的现代化，促进就业；聚合基金用于帮助发展水平较低的合作成员的环境保护和基础设施建设项目；团结基金用于合作伙伴方突发性重大自然灾害的应对。[2]可以参照欧盟经验，由两省一市和16城市建立发展基金，成立基金委员会，以“合作中贡献多的一方，得到的利益相对多一些”；“经济实力强的、受益多的一方补偿经济实力弱的、受益少的一方”。[3]第三，发行区域建设债券，

[1] 王旭、罗思东：《美国新城市化时期的地方政府：区域统筹与地方自治的博弈》，厦门大学出版社2010年版，第281页。

[2] 欧盟区域政策网站，http://europa.eu.int/comm/regional_policy/index_en.htm。

[3] 杨龙、戴杨：《地方政府合作在区域合作中的作用》，《西北师范大学学报》（社会科学版）2009年第5期。

广泛吸收社会资金。如在大型交通基础设施的建设中，通过发行债券吸收社会资金的积极参与。同时采取使用者付费的措施，筹集部分经费。

（2）吸收非政府组织参与协议执行

民营化大师萨瓦斯说，“随着政府能够解决社会问题这一信念的日渐衰落和幻想的破灭，中间组织的价值被重新发现，并被视为未来的希望。”[1]一方面，由于非政府组织可以协助满足区域公众对于一些公共物品的特殊需求。另一方面，中国的非政府组织与政府的关系密不可分，从财政资助和人员委任等方面都依赖于政府。因此，应转变合作协议的执行主要靠各级政府工作人员的做法，通过吸纳各类非政府组织、专家和公民参与到协议的执行当中来，最大限度地发挥这些人力资源在协议执行中的作用，从而将贯彻协议的行为变成群众的自觉行动，减少地方政府协议执行的阻力和压力，降低执行成本。

首先，逐步建立统一的区域性行业协会。目前大部分中介组织在职能上侧重于为政府服务，因此可以通过政府组织与中介组织的合作，建立和完善社会综合服务体系，提高协议执行的能力。其次，建立公民参与渠道。公共服务最终的目的是为区域公民提供优质的公共服务，公民的参与一方面可以促进协议的执行，另一方面可以通过向公民宣传，减轻地方政府提供跨区域公共产品的压力。最后，继续推进与专业服务机构的合作，进一步发挥“长三角港口发展研究中心”、长三角城市合作（复旦大学）研究中心等专业机构的作用。通过与专业服务机构的合作，既可以对政府部门工作人员进行培训，提升专业素养，又可以通过与高等院校等专业机构的合作，对公共服务合作进行宣传造势，扩大其声势和影响力，鼓励地方政府履行合作协议，提高供给区域公共服务产品的积极性，从而激励其他政府部门参与合作，以实现一个领域的合作可以带动另外领域合作的目标。

（3）实现执行信息共享

信息是协议执行中不可缺少的资源。图洛克在《官僚制政治》一书中分

---

[1][美]E·S·萨瓦斯：《民营化与公私部门伙伴关系》，中国人民大学出版社2002年版，第348页。

析了理性自利的官僚追求最大化策略导致的结果。雄心勃勃的公共雇员是所谓的经济人，他们追求自己在官僚制中获得晋升的机会，追求官僚机构规模和预算规模的扩大。而这要取决于上级的认可，因此，公共雇员会尽可能地取悦于上级。对信息进行筛选成为必然，有利的信息将会被发送，不利的信息将会被控制，这样信息失真以及由此导致的决策目标和实施效果之间的偏差不可避免。[1]所以，地方政府要拓宽信息来源渠道，加强执行过程中的信息管理，避免信息失真，随时了解协议执行情况，及时调整协议执行方案，以保证协议执行的效力。要通过把信息技术作为治理手段，对不同的信息与网络技术进行整合，推行政府行政业务与流程透明化、整合化的一站式服务，提高执行整体运作效率和效能。

（二）改进执行评估体系

执行中的评估制度具有重要的意义，评估可以作为协议执行的重要激励手段。在执行过程中，激励制度对执行主体的行为选择有着至关重要的影响，执行失败可以视为激励制度失灵的结果。评估作为激励的手段所起的作用已经得到验证，如周黎安建立了政治锦标赛模型，分析了现行的政府绩效评估在促进地方政府官员发展经济，提高GDP，以获得政治地位晋升的重要作用。在地方政府公共服务供给合作中，如果创建科学的执行评估体系，调整合作协议执行者与委托人之间的利益目标，使其达到一致，从而实现委托人与代理人激励相容，将有利于激发官员们合作的动力。

1. 以合作绩效评估作为执行评估工具[2]

合作绩效评估可以根据两省一市现行研究的区域合作指标体系建立与信息采集课题基础上，形成对各地方在履行合作协议，实现合作目标的过程中的绩效评估方法，它是长三角地区合作执行情况的一个总体评价。在对地方政府的激励手段中，除了向地方分权，最重要的机制就是政治锦标赛，

[1][美]文森特·奥斯特罗姆：《美国公共行政的思想危机》，毛寿龙译，上海三联书店1999年版，第67页。

[2]Roles and Responsibilities In the Local Performance Framework, http://www.communities.gov.uk/publications/localgovernment/frameworkrolesresponsibilities.

即让若干个同级地方官员相互竞争，最后将经济绩效最好的官员提拔到更高的职位。如果把合作绩效评估的结果也引入到政治竞标赛之中，将有利于提高地方政府执行合作协议的积极性，从而很大程度上解决了执行中的激励问题。同时，当作为合作协议执行者的行为受到合作绩效评估结果的约束时，作为上级决策和协调机构的委托人与作为代理人的执行者之间就达成了激励相容。

运用合作绩效评估工具首先要建立信息收集机制，这一点可以借鉴英国地方绩效协议的做法。英国地方绩效协议是英国公共服务协议基础上扩展起来的对于地方政府和地方公共服务提供机构的评估协议。由不同地方政府和地区内所有公共服务提供机构共同形成战略伙伴关系，签署合作绩效框架协议（见表 5–3）。在合作绩效框架中规定建立数据交换中心模式，实现区域合作中合作绩效数据一次性采集。这种绩效数据的收集一方面可以减轻地方政府为绩效管理汇报数据的压力，同时，可以确保数据的真实性。此外，要在现有长三角地区协调会评估的基础上，成立长三角地区专家评估委员会。一方面可以为各城市发展提供决策咨询，另一方面可以通过建立长三角地区专家库的形式，不定期抽取专家，以区域合作巡视员的角色，抽查合作执行情况，作为合作评估的重要依据。此外，要把合作评估的结果放入各地方政府绩效评估的内容之中，作为地方官员晋升的重要指标。

表 5–3：英国区域合作绩效评估框架中的角色责任分配 [1]

组成成员		角色责任
评估对象	各地方政府	履行按照共同目标合作提供公共服务； 自我检测绩效。
	地方提供公共服务的机构（企业及非营利组织）	

[1] 资料来源：根据 Roles and Responsibilities in the Local Performance Framework 相关内容整理形成。Roles and Responsibilities In the Local Performance Framework. http://www.communities.gov.uk/publications/localgovernment/frameworkrolesresponsibilities.

（表 5–3　续表）

评估主体	中央区域发展办公室	作为咨询成员参加区域会议，提供有关中央政策方面的专家建议；协助中央各部委检查相应公共服务工作的进展，解决区域理事会难题，确保区域发展目标的可行性；协调区域与中央各部委相关项目的关系。
	审计委员会	处理危机与不良绩效。
	中央政府各部门	修改现存政策，形成未来政策； 处理合作中突发危机，对于低效地方政府进行干预。
	区域理事会	制定区域发展战略，通过数据分析，确定区域真实服务需要；针对区域目标，根据各地方政府能力划分责任；集中资源帮助有困难的伙伴发展。
	巡视员（专家或公民）	独立评估，收集证据进行评估与视察。

2. 改进现有政府绩效评估体系

设立合作绩效评估，主要是从执行过程到执行结果的评估。不能解决地方政府选择合作的意愿：地方政府只会选择有利于地方发展和个人发展的合作项目，而不是根据公民的公共服务需求开展合作。解决这个问题，需要从改进现有政府绩效评估指标体系入手。

20 世纪 80 年代初期实施的领导干部选拔和晋升标准的重大改革使地方官员的晋升与地方经济发展绩效挂钩，使得地方政府官员的个人利益（政治晋升）与区域经济增长与发展紧密相连，从而达到机制设计上的激励相容的效果。[1] 这种绩效评估制度在促进地方政府发展经济方面有着相对的积极效应，但是，它使得地方官员对有正向溢出效应的行动（如跨界修桥铺路）激励不足，而对于有负向溢出效应的行动（如污染和开采公共资源）则激励过度，这不利于以提供公共服务为主的政府职能转变。因此，要改进这种绩效评估制度，建立公共服务绩效评估体系，目前国内多个省市及地方都在试点建立以公共服务为政府考核主要目标的指标体系，长三角地区江苏的扬州市和浙江的富阳市都已经开展了相关的指标体系设计。

中央政府也加大了对地方政府公共服务职能的考核，如为了加大应对环境污染，建立低碳经济发展为主的可持续发展战略，推出了节能减排与地方

[1] 周黎安：《转型中的地方政府：官员激励与治理》，上海人民出版社 2008 年版，第 249 页。

干部晋升挂钩的新措施，实行在节能减排方面的“一票否决制”。中央政府的这种举措已经使地方政府官员的行为发生了重大变化，如江苏省无锡市首推的治理河流污染的“河长制”，要求各级党政负责人负责辖区内河流的污染治理，并实施“河长制”管理保证金制度，与官员的个人职务晋升挂钩。可以预见，随着绩效评估指标向公共服务职能的转变，将促使地方政府间对跨区域公共服务的关注和合作，从而实现机制设计上的激励相容。

3. 建立公民参与评估的制度

如果说合作绩效评估解决了决策、协调部门与执行部门之间的委托代理中的激励相容问题，那么建立公民参与评估的制度将解决公民与地方政府这层委托代理关系中的激励相容问题。地方政府并不单是上级政府的代理人，更应该是地方公民的代理人，通过建立公民参与评估的制度，可以促使长三角地区各级地方政府以满足公民公共服务需求为目标，也促使地方政府关注公民对跨区域公共服务的需求，从而推动合作的进展。同时，通过公民参与合作执行的评估，能够一定程度上保证执行绩效的真实性。“唯有不断完善地方政府与地方公众间的‘委托代理关系’，建立以科学发展观为指导的政绩考核体系，树立正确的政绩观，才能从根本上抑制压力型体制造成的地方政府个别领导干部的逐利博弈冲动。”[1]

（三）重构有效的监督体系

美国行政学者威廉·N·邓恩说过，“监测有助于确定项目执行人员、官员以及其他利益相关者是否按照立法者、管理机构和专家组所制定的标准和程序开展行动。”[2] 合作协议执行中的监督是对合作协议执行过程与成果加以评估和监管，以确认执行者所应承担的责任。中国长期以来流行的是属地化分级管理模式，这赋予了地方政府相当的行政治理权力，然而地方政府

---

[1] 周国雄：《博弈：公共政策执行力与利益主体》，华东师范大学出版社 2008 年版，第 232 页。

[2] [美] 威廉 .N. 邓恩：《公共政策分析导论》，谢明等译，中国人民大学出版社 2001 年版，第 20 页。

所受的监督和制约非常有限，主要靠上级政府对其进行监督和制约，但由于上级政府对其所拥有的信息有限，这使得垂直监督非常困难。

因此，对合作协议执行的监督要重新进行设计建构。首先，要考虑建立完整的监督主体体系和全方位、多层次的监督网络；同时，要通过官员问责制，结合评估机制与监督的结果，强化责任追究。

1. 构建区域多元化监督主体

长三角地方政府间形成的公共服务合作协议涉及到多方利益主体，从监督地方政府的不同角度层次配置，可以分成几个主体层次：一是含人大、政协在内的党群机关人员，作为权力机构分工制约的监督；二是代表上级政府或者本级政府的人员，作为行政系统内部的上级监督；三是代表企业法人或组织利益的人员，作为社会组织体的监督；四是代表社会个人的人员，作为社会中个人的监督。[1]从政府层次来分，监督主体可以分为中央政府层面的监督主体；区域层面的监督主体；各省市层面的监督主体；地级政府监督及地级政府部门内部监督几个层次。要整合这些监督主体体系，使其发挥整体效力。首先，要充分发挥各地人民代表大会的监督作用，对各地方政府所达成的合作协议进行监督和审查，并监督其执行；其次，要加强专门监督部门的实际监督力，促使其把监督落到实处。

加大公民监督力度。一个比较好的方法是试行地市级以下一把手能够通过公推公选的方式，由当地公众来进行选举产生。因为，一方面，越是基层的地方政府越了解基层选民的偏好和当地经济发展条件，越有可能提供“因地制宜”的公共服务；[2]另一方面，越是基层地方政府，政府与选民的距离越近，辖区内的选民越有能力监督地方政府的执行情况，从而降低了监督的交易成本。

充分发挥媒体的监督力度。在地方政府间合作的过程中，媒体一方面为

---

[1] 王锡锌：《行政过程中公众参与的制度实践》，中国法制出版社2008年版，第286页。

[2] 周黎安：《转型中的地方政府：官员激励与治理》，上海人民出版社2008年版，第249页。

合作行为宣传造势，另一方面成为监督政府执行行为的有力途径。“‘断头路’提醒了谁？”、“港口重复建设”、“医保异地结算进展”、“地下水污染致长三角变沧海”等长三角地区公共服务供给问题都是通过媒体进入大众的视野，并引起广泛关注，迫使地方政府官员及时应对。媒体还充当着公众与政府决策部门的沟通中介，一方面把公众的呼声与需求传递给决策部门，另一方面唤起公众对政策问题的关注，呼吁公众对政府执行行为的监督。

最后，在整合这些多元化的监督主体的基础上，构建起一个严密有效的监督网络，打造一个上行监督与下行监督相结合、内部监督与外部监督相互沟通、相互配合、相互补充、协调互动的全方位、多层次的监督网络，[1]监督地方政府合作协议的真实实施情况。

2．完善执行信息公开制度

执行信息公开包括两个方面：面对公众的信息公开；面对各地方政府合作方的信息公开。

面对公众的信息公开。现代社会治理理念强化了公众对信息公开的需求，作为服务对象的公众拥有区域合作执行情况的知情权，即对于其所在地区地方官员执行合作协议的政策、计划、时间进展等与公众利益密切相关的政策执行有及时、准确了解的权力。因此，一方面要通过政府网站及时准确地公布合作决策、决策执行情况，另一方面对本地区影响重大、与公众利益关系密切的合作，要通过听证会的形式，与公众沟通，并通过媒体把信息公开。

面对合作伙伴的信息公开。对合作各方而言，获得其他地区合作执行情况的信息是必要的，否则其他合作伙伴也会因为得不到合作者执行进度情况而心生懈怠，或者对对方执行状况真实性有所怀疑，这种情况对于具有负外溢性区域公共产品的合作执行显得尤为突出。因此，除在评估体系中建立合作执行信息交换中心，实现各地方政府之间的信息共享之外，还应通过建立区域合作信息共享制度，把合作协议的各个环节，尤其是执行环节的情况，呈现在公众面前。此外，要坚持信息“公开为原则，不公开为例外”的原则，

[1]张杰、王琳：《公共政策执行监督的有效性分析》，《合肥学院学报》（社会科学版）2010年第1期。

确保信息的可得性和真实性。

3．建立执行问责制

“责任政府”是现代民主政治的基本价值理念，民主政治不仅要求政府是有限政府、高效政府、服务型政府，而且必须是责任政府。[1]责任政府要求建立官员问责制，建立合作中执行问责制是指在地方官员执行区域政策的过程中及时公开合作决策与内容，如实公开其执行状况；执行过程中如果出现执行不力，造成损失，要承担政治与法律责任。

官员问责是西方政治发展的产物，如英国所建立的责任内阁制。近年来，我国官员问责涉及的领域不断扩展，从突发性公共危机（地震抢险）、重大恶性事故（如煤矿事故）、到行政不作为（如“瘦肉精”监测）再到滥用执行权（非法拆迁）。各地方政府在公共服务供给中的合作，也应该通过问责制度，对不能及时有效执行合作协议的官员进行责任追究，以保障执行的效率与效果。要把监督结果与执行评估结果结合起来，通过官员问责制，严格落实责任。吸取现有的经验，比如已经建立和实践中的“河长制”就是对太湖流域水污染合作治理结果进行问责的重要保障机制。“河长制”通过明确各责任主体之间的责任义务，把责任落实到党政的主要领导，由各级党委、政府主要负责人进行责任落实，从而建立起一个明确的责任体系。同时，通过监督，利用执行中的评估结果，实现对不能达标或者产生重大污染事故的直接责任人进行问责。

另一方面是完善执行监督主体的责任追究制度，尤其是对党政机关的各层级监督人员。作为监督主体的各级政府如果没有有效地发挥监督功效也是一种失职行为，要依法追究其作为监督主体的监督责任。

[1] 谢炜：《中国公共政策执行中的利益关系研究》，学林出版社2009年版，第136页。

第六章

地方政府间公共服务合作机制：异地养老合作案例

异地养老模式在国外发展较为成熟，20世纪末，日本在老龄化加速出现之际，也曾制定过“异地养老”方略，即在国土辽阔的巴西以及距离较近的泰国、新加坡建造日本社区，在那里配备适应日本人日常生活的各种设施，然后安排老年人迁到那些国家养老。但这一措施因社会舆论的压力而没有得到推广。此外，英国也有不少老人把自己的养老地点选择到西班牙、南非这样的国家。

根据联合国的规定，65岁以上人口占总人口比例达到7%时就进入老龄化社会，达到14%时就进入老龄社会。2010年，我国60岁以上老年人有1.78亿，占总人口的13.26%，标志着我国已迅速进入老龄化社会。我国老年人口年均增长3%，预计2020年将达到2.43亿，占总人口的18%，到2050年，老年人口总量将超过4亿，占总人口的30%以上，其中80岁以上的老年人口将达到9448万，占老年人口的27.78%。[1] 人口老龄化将是我国未来较长时期内的基本国情。在此宏观背景下，我国异地养老产业迅速发展

[1] 全国老龄工作委员会办公室：《中国人口老龄化发展趋势预测研究报告》，2006年。

起来，并涌现出了一批新兴异地养老目的地。[1] 长江三角洲地区老龄化现象尤为严重，因此，借助长江三角洲地方政府间公共服务合作机制探索实行异地养老，缓解地区养老的难题，具有重要意义。

一、长江三角洲地区城市居民实行异地养老的现状与困境

（一）长江三角洲地区城市居民异地养老的现状

1. 长江三角洲地区城市居民人口老龄化严重

长江三角洲地区的老龄人口数量远远大于我国其他地区，其中城市更为严重。预计至 2040 年，长江三角洲老年人口人数约 3730 万人，为目前规模的 3 倍。长江三角洲地区的劳动力人口的抚养中心由少儿人口开始出现向老年人口逐渐转移的趋势，10 年间少儿抚养比重连年下降，而老年人的抚养比重却上升了 33.37%。例如上海老龄化严重程度（见表 6-1）。根据《上海市社会保障“十一五”规划》，2010 年底，上海 60 岁以上老年人已经达到了 310 余万人，占户籍人口的比例从 2007 年的 19.58% 提高到近 23%。预计上海在 2030 年老龄人口将达到最高峰值，老年人口比重将高达 28.8%。[2] 2011 年底上海市 60 岁以上老年人口达到 347.76 万人，占户籍人口比例已经达到 24.50%。[3] 人口老龄化对长江三角洲地区养老问题提出了更高要求，迫切需要发展异地养老等新型养老服务业，来缓解地区养老难题。另外，长江三角洲各城市相似的文化习俗也为该地区发展异地养老事业提供了良好的文化环境。由于长江三角洲地区城市的老龄化问题突出，传统的养老方式已经不能满足我国特别是长江三角洲地区城市居民的养老需求。

[1] 黄璜：《我国异地养老产业发展战略探讨》，《商业时代》2013 年第 4 期。
[2] 资料来源：《2009 年长江三角洲统计年鉴》。
[3] 资料来源：《2012 年上海市统计年鉴》。

表 6-1：2004—2008 年上海人口年龄结构分布（单位：万人，%）[1]

年份	合计	0–17 岁		18–59 岁		60 岁及以上	
		人数	比例	人数	比例	人数	比例
2004	1352.4	169.97	12.57	921.65	68.15	260.78	19.28
2005	1360.26	161.07	11.84	932.82	68.58	266.37	19.58
2006	1368.08	154.07	11.26	938.4	68.59	275.62	20.15
2007	1378.86	149.95	10.87	942.68	68.37	286.83	20.8
2008	1391.84	147.15	10.57	943.32	67.81	300.57	21.6

2. 长江三角洲地区城市居民对异地养老有强烈需求

根据扬州市异地养老合作课题组 2010 年对长三角地区城市居民异地养老问卷调查结果来看，长江三角洲城市居民中愿意异地养老的平均比例超过了 30%，其中上海、苏州超过了 41%（见表 6–2）。在 2009 年长江三角洲城市居民选择异地养老方式选择中，绝大多数居民选择异地养老（见表 6–3）。

表 6-2：长江三角洲城市居民愿意异地养老的比例[2]

城市	比例（%）
上海	41.39
南京	37.24
常州	32.34
泰州	31.48
扬州	34.71
镇江	23.7
苏州	41.96
无锡	28.88
杭州	31.04
湖州	32
宁波	34.89

[1] 资料来源：《2009 年长江三角洲统计年鉴》，转引自《长江三角洲地区城市居民异地养老合作研究》。

[2] 资料来源：扬州市异地养老合作课题组 2010 年调查数据，转引自《长江三角洲地区城市居民异地养老合作研究》。

（表 6-2　续表）

绍兴	27.89
嘉兴	25.10
台州	14.28
舟山	17.55
合肥	20.35
马鞍山	20.35
总计	28.34

表 6-3：2009 年长江三角洲城市居民选择异地养老方式（%）[1]

城市 养老方式	异地养老公寓	租房养老	旅游养老	候鸟式养老	异地购房	其他	合计
上海	35.94	5.88	16.33	22.22	10.78	8.82	306
南京	26.85	13.88	16.20	23.14	12.03	7.87	216
常州	31.01	10	16.01	23.00	11.99	7.97	3060
泰州	14.70	8.82	11.76	29.41	5.88	29.41	136
扬州	43.28	8.95	11.94	31.34	2.98	1.49	67
镇江	24.33	7.66	12.66	18.33	30.66	6.33	300
苏州	30.85	10.15	23.04	16.12	12.10	7.81	256
无锡	30.81	10.06	15.72	22.64	12.57	8.17	159
杭州	30.64	10.21	23.11	16.12	11.82	8.06	186
湖州	27.27	0	27.27	27.27	9.09	9.09	143
宁波	31.08	9.45	16.21	22.97	12.16	8.10	148
绍兴	30.76	10	16.15	23.07	12.30	7.69	130
台州	42.85	7.14	28.57	14.28	7.14	0	14
舟山	30.76	10.25	16.66	23.07	11.53	7.69	78

（二）长江三角洲地区异地养老具有一定的合作基础

1. 长江三角洲异地养老政策具有良好的制度支撑

近些年，为改善民生，中央政府和长江三角洲地区地方各级政府不断出台诸多与异地养老相关的政策，从不同层面为长江三角洲地区居民异地养老发展提供了初步的政策保障（见表 6-4）。

[1] 资料来源：扬州市异地养老合作课题组 2009 年调查数据，转引自《长江三角洲地区城市居民异地养老合作研究》。

表 6-4：近年来国家及长江三角洲地区居民养老相关政策

政策类别	政策出台年份	政策文件名称	政策相关内容要点
全国性政策	2004	《中共中央关于加强党的执政能力建设的决定》	健全社会保险、社会救助、社会福利和慈善事业相衔接的社会保障体系。
	2006	《中共中央关于构建社会主义和谐社会若干重大问题的决定》	构建和谐社会要“完善社会保障制度，保障群众基本生活”。
	2006	《劳动和社会保障事业发展“十一五”规划纲要（2006 年—2010 年）》	建立健全社会化管理服务体系，加快公共老年服务设施和服务网络建设，鼓励有条件的地方兴建退休人员公寓，不断提高退休人员的生活质量。
	2007	《关于加快发展养老服务业的意见》	提出进一步发展老年社会福利事业，大力发展社会养老服务机构，鼓励发展居家老人服务业务等措施。
	2008	《国务院关于进一步推进长江三角洲地区改革开放和经济社会发展的指导意见》	对长江三角洲在未来社会保障事业的发展提出了明确的目标，即到 2012 年，社会保障体系覆盖城乡，公共服务能力进一步增强，基本实现全面建设小康社会的目标，到 2020 年，社会保障水平进一步提高，实现基本公共服务均等化。
	2010	《长江三角洲地区区域规划》	到 2015 年，率先实现全面建设小康社会的目标；到 2020 年，力争率先基本实现现代化。
	2010	《社会保险法》	国家建立基本养老保险、基本医疗保险、工伤保险、失业保险、生育保险等社会保险制度，保障公民在年老、患病、工伤、失业、生育等情况下依法获得物质帮助的权利。个人跨统筹地区就业的，其基本养老保险关系随本人转移，缴费年限累计计算；个人达到法定退休年龄时，基本养老分段计算、统一支付。

（表 6-4　续表）

	2010	《中共中央关于制定国民经济和社会发展十二个五年规划的建议》	坚持把保障和改善民生作为加快转变经济发展方式的根本出发点和落脚点；加快发展各项社会事业，推进基本公共服务均等化；坚持广覆盖、保基本、多层次、可持续方针，加快推进覆盖城乡居民的社会保障体系建设；完善实施城镇职工和居民养老保险制度，实现基础养老金全国统筹；加强社会保障信息网络建设，推进社会保障卡应用，实现精确管理。
地方性政策	2001	上海市政府《关于"十五"人口、就业与社会保障重点专项规划的通知》	构建符合上海特点的养老模式，切实鼓励养老机构由养老成本较高的中心城区向养老成本较低、环境配套较好的郊区（县）及周边省市转移，鼓励上海支边、支内人员和原知青人员就地养老。
	2007	《上海市社会保障"十一五"规划》	大力发展社会养老服务事业，深入开展专业化的社区居家养老服务，加快机构养老床位建设，基本形成老年人家庭自我照料、社区居家养老服务于机构养老服务为一体的养老服务格局。
	2007	《江苏省劳动和社会保障事业发展"十一五"规划纲要》	完善参保对象异地养老、异地就医相关办法，妥善解决包括农民工、灵活就业人员在内的参保对象在省内跨地区转移的社会保险关系转接问题。
	2007	《浙江省劳动和社会保障事业发展第十一个五年规划纲要》	探索解决参保人员流动时社会保险关系接续问题的有效办法；加快公共老年服务设施和服务网络建设，不断提高退休人员的生活质量。

2. 长江三角洲地区城市居民实行异地养老具有比较优势

长江三角洲地区具有较好的经济优势。作为我国经济发展最具有活力，发展潜力最大的区域之一，长江三角洲地区各城市居民人均收入水平较高，据苏州市一项对 287 名空巢老人的调查显示，269 位空巢老人有退休金，平均水平为1476.34元，其中，62.5%的老人每月退休金为1000 ~ 1499元，20.4%的老人每月退休金为1500 ~ 1999元，二者合计占全部有退休金空巢老人的82.9%，还有13.3%的空巢老人的退休金收入达到2000元以上，如果加上子女或多或少的资助，其收入水平亦不低。[1]

长江三角洲地区具有高度的区域文化认同感，具有良好的文化认同优势。在实现长江三角洲一体化进程中，该区域不断地进行交通整合、产业整合、资本整合、文化整合等，初步形成了长江三角洲范围内三个大都市区，上海大都市区（上海、苏州、无锡、常州、嘉兴、湖州）、南京大都市区（南京、镇江、扬州、泰州、合肥、马鞍山、滁州、芜湖）、杭州大都市区（杭州、宁波、绍兴、舟山），使长江三角洲地区城市间同城效应程度高。在长期的历史发展过程中，由于地域相邻、交通便利，容易形成共同的价值观念。沪宁、沪杭和杭宁三条高速公路，已形成3小时快速交通圈，串联起长江三角洲地区各个城市，沪宁、沪杭和杭宁高铁使长江三角洲城市群形成1小时都市群。长江三角洲地区不仅成为发展强劲的经济增长极，也成为具有强烈认同感的文化核心圈。长江三角洲地区的文化发展将区域群体共同联合起来，使区域内人们对区域一体化事务形成高涨的热情，有效促进了老年人口顺利接受异地养老的概念，形成高度的认同感。文化的相似性，包括气候等差别都不大，有利于开展异地养老合作。

3. 长江三角洲地区在异地养老方面积累了一定的经验

长江三角洲地区异地养老已经拥有多年经验，比较典型的有南浔的“老年公寓”式异地养老模式、浙江安吉“农家乐租房”式异地养老模式和环沪“养老房产”式异地养老模式等。这些先行异地养老模式为长江三角洲地区异地养老积累了一定的经验。

案例1：南浔“老年公寓”式异地养老模式。[2] 长三角最早的异地养老产业萌芽于浙江湖州市的南浔镇。这里如今已被誉为：“中国第一老年城”，

---

[1] 李芬：《异地养老兴起的社会结构背景分析》，《湖北社会科学》2012年第8期。

[2] 万润龙：《异地养老：长三角率先起步》，http://www.cnpension.net/index_lm/2008-06-17/220993.html。

全国老龄委称之为“开创我国社会化养老先河”。这个老年城又名“久安老年公寓”，坐落于古镇南浔，是浙江省老年公益事业深化改革的试点。1997年，浙江久安公益事业有限公司投资5000万元兴建了这座老人公寓。公寓占地面积近百亩，建筑面积3万平方米，由老年公寓、老年俱乐部、老年医疗康复中心、江南水乡一条街和文园等老龄服务设施及产业组成。11年来，先后已有140多位来自长三角各地的老人安居此城。

上海老人许建贞、邵菊英夫妇1998年卖掉了上海的房子，来到南浔老年城生活。2004年，他们被女儿许新接进自己的别墅，生活了1年左右，就又搬回了老年城。许建贞老人说：“比起别墅，这里更自由，生活更方便，环境也特别好。”钮菊艳老人是一名退休教师，老伴去世后，女儿把她接到美国生活。但她适应不了38层的公寓和语言不通的环境，回到国内来到老年城过日子。3年前，她与隔壁房间的沈德坤老人喜结良缘。

在人们的传统概念里，似乎只有那些无人赡养的孤寡老人才会选择养老院。然而，根据最新统计，仅浙江杭州就有近1/4的老年人生活在空巢家庭中。这部分缺少子女照顾的老人的养老需求尤其强烈。越来越多的老人因受不了“空巢”状态而选择了养老院。

据了解，每户老人只需支付6万元的住房使用押金和每月300元的管理费后，即可在久安老人公寓拥有一套35平方米的公寓并可永久入住，而押金将在老人搬离或逝世后如数归还给本人或其家人。老年城里的老人平均年龄为76岁，其中年龄最大的95岁，年龄最小的65岁。为公寓服务同时为社区服务是南浔老年城的两个职能。目前，这里还是上海交通大学和上海市高校退管会的定点离退休教职工疗休基地。

案例2：浙江安吉“农家乐租房”式异地养老模式。[1] 2007年，上海市浦东新区民政局组织千名老人异地养老试住测评。安吉县旅游局农家乐规范管理协调小组办公室副主任李静介绍，安吉450万的旅游人次中，70%都是上海人，安吉很期望能在上海人心目中打造出一个“异地养老”的品牌。

---

[1]《上海“异地养老”方略试水浙江 居住有环境标准》，http://news.zj.com/detail/804314.shtml。

2007 年 9 月 14 日开始，上海市民政系统组织了 16 个社区 1030 名老人分批赴安吉体验，每批试住 3 天，至 11 月 26 日才完成。“要求必须是浦东市民、身体健康，且对教师、先进工作者、工程师这些对社会有杰出贡献的老人优先考虑。”试住的 3 天时间，老人们入住安吉的农家乐。组织者希望能通过农家乐形式，让老人们体会到人情味。希望能够让老人融入农户，与农家孩子亲近。

之后，组织者对养老的各项环境指标进行测评，“安吉那边的环境确实很好，吃住适应性问题也不大，关键是异地养老的价格问题。”活动的执行者上海市浦东新区民政局下属社区服务行业协会工作委员会副主任刘朝阳说。活动结束，组织者发放 1000 多份问卷，在收回的 864 张有效问卷中，90% 的老人觉得包吃住，一个月 1000 元至 1200 元的价格能够接受。刘朝阳也进行过测算，除去交通等费用，一天 35 元比较合适，“但这个价格，在安吉已经很难操作。”

老人一旦入住安吉几个月，涉及的问题远比现在的 3 天活动所遇到的要复杂。“子女探亲方面，我们准备每两周发一次车，接送子女到安吉陪老人住一两天。我们也会派工作组跟随老人到安吉，大概每一百人配备一个工作人员。老人一旦在安吉发病，我们计划立即送回上海，这也是在距上海车程一个半小时至两小时范围内选址的原因。”

组织方对老人们关心的医疗问题和娱乐项目也做了准备。一旦合作，安吉将在老人入住地派驻医护人员并在房间安装呼叫铃，而且保险公司还要介入。

案例 3：环沪“养老房产”式异地养老模式。[1] 浙江嘉兴宣称华东地区第一个养老主题社区的江南太阳城，当初定位为：“上海人的养老天堂”，为吸引上海人，甚至推出了每平方米 3300 元左右的低价，比嘉兴同一地段的楼价低了 600 元。嘉兴市政府为该项目从土地价格等方面提供了一系列优惠政策，但对购房者也提出了明确要求，即保证 70% 的楼盘销售给上海客户。

[1] 杨江：《环沪“养老房产带”调查》，《新民周刊》2007 年第 50 期。

长三角16个城市中，嘉兴并不介意成为上海中老年人的天堂。销售人员说。江南太阳城的规划设计确实在很多细节上体现了老年社区的倾向，譬如，小区内每套房子安装了呼叫系统，绿化率41%，建有以供老年人娱乐的文化活动馆以及医疗卫生站。

与嘉兴太阳城相似，上海周边出现的养老型楼盘多数被上海人消化。位于昆山花桥镇的绿地21城孝贤坊是另一个毗邻上海门户的养老型楼盘，除建筑设计细节体现老年社区特色外，还引入了同济医院绿地昆山医院，社区内设平价药房，还将设立老年食堂、老年文化中心、休闲中心。

位于上海南汇的"亲和源"，这是国内第一家老年会员制康乐社区，在那里老人可以享受居家生活，也能获得专业的养老服务。"有配菜中心为老人烧饭，还有一个可容纳200人的养老院。"这是国内唯一的老年社区，类似一个松散的大养老院，"亲和源"共有13栋住宅楼，可容纳1500名老人居住。该项目采用会员制，前100名入住的会员一次性交纳50万元，以后根据房屋大小收取2万至5万元的年费。

二、长江三角洲地区异地养老面临合作困境

虽然长江三角洲地区在异地养老方面具有经济发展、社会发展等比较优势和先行先试的经验，但长江三角洲地区还没有实现真正意义上的"一体化"，各城市之间存在的经济发展差异、社会保障政策衔接不到位、医疗保障接续困难等问题还严重影响着长江三角洲地区异地养老的顺利推进。

第一，长江三角洲地区社会保障政策尚未完全互通互认。虽然刚刚闭幕的十八届三中全会中提出要改革我国的户籍制度，但是具体政策出台和执行还有很长的路要走。目前的户籍制度，使老年人口在走出所在地后被贴上"外来人口"的身份标签，其养老保险、医疗保险等福利很难跟随本人顺利转移。异地养老的老年人口中，养老保险和医疗保险是最为基础的保障工作，如果不能实现长江三角洲地区养老保险和医疗保险的互通互认，异地养老工作很难推行下去。已经开展养老保险和医疗保险互认的地区，比如说江苏省，也存在一定的问题，江苏省内异地领取养老金收取银行手续费，银行按每笔

1% 收取异地取款手续费，一年下来养老金要“缩水”不少。

第二，长三角地区城市养老成本高。上海市在对愿意去浙江安吉异地养老的老人测评时发现，90% 的老人觉得如果包吃住，一个月 1000 元至 1200 元的价格能够接受。如果满足老有所乐的娱乐项目跟上，人均月需费用可能达到 1800 元左右，很多老人表示不能承受。[1]长三角地区虽然经济比较发达，但同样存在各类社会保障基金赤字问题，个人账户的空账问题十分突出。在现收现付制向统账结合制转变过程中，地方政府和老年居民个人需要支付巨大的统筹基金。养老金的这种空账现象会影响到支出更大的异地养老，如何在各政府财政收入之间进行沟通，将投入到养老上的财政收入进行统一管理，也是长三角地区异地养老面临的难题。

第三，长三角地区各城市政府异地养老合作意愿的问题。异地养老比一般养老成本更高，政府需要投入更多人力、财力和物力。老年人口增加也会对转入地的医疗、交通和其他服务行业提出新的要求。给转入地所在政府造成一定的压力。目前长三角地区 16 个城市中，虽然有部分城市具有较好条件，对接纳异地养老有一定的服务意愿，但如何说服和带动长三角其他城市在异地养老方面进行合作还有较大难度。

三、长江三角洲地区异地养老合作机制的构建与完善

2009 年 4 月，扬州市在调研长三角医保合作异地联网实时结算过程中，发现有 1.2 万名上海人和 2 万多名南京人退休后移居到扬州。扬州市意识到这是一个巨大的朝阳产业。2010 年扬州市向长三角协调会递交了专题合作的申请。同年 3 月 26 日，长三角经济协调会第 10 次会议在浙江嘉兴召开。除正式吸收合肥、盐城、马鞍山、金华、淮安、衢州这 6 个城市为新会员外，会议一个重内容就是，各成员城市领导共同签署了《长江三角洲地区城市合作（嘉兴）协议》，《协议》提出要继续深化“长三角医保合作”、“长三角金融合作”、“长三角会展合作”等三个合作专题，新设“长三角园区共建”专题和“长三角异地养老合作”、“长三角现代物流业整合和提升”两

[1] 穆光宗：《关于异地养老的几点思考》，《中共浙江省委党校学报》2010 年第 2 期。

个课题，并明确了这些课题在2010年的目标任务。“长三角异地养老合作”就此正式进入合作议题。

（一）长三角地区异地养老合作机制的建立

1. 长三角地区异地养老合作协商机制的构建

长三角异地养老合作是建立在长三角已有合作基础之上的合作议题。其协商机制的层次包括了长三角协调会、2009年确定的长三角医保合作联席会议制度和长三角异地养老合作联席会议制度。其中，“长三角异地养老合作”课题由扬州市发改委牵头实施，并协调其他成员城市的发改委、民政局相关部门参与组织实施。根据“课题”要求，2010年完成以下任务：建立长三角16城市由老干部局、民政局等相关部门参加的异地养老互动合作联席会议制度；在具备条件的城市探索启动异地养老公寓、租房养老、旅游养老等形式的养老模式。

以推动医疗保险专题为例，长三角地区建立了22个[1]城市医疗保险主要负责同志参加的联席会议制度和联络员制度，研定工作计划，通报工作信息，定期工作研讨。2010年11月份在南京召开了长三角22个城市医疗保险工作负责同志、医疗保险合作专题联络员参加的工作协调推进会。合作专题组以联席会议合作平台为中心，积极推进“一个合作平台、四项经办协作”合作机制建设，加强各城市医疗保险经办机构之间在“异地就医人员管理服务、信息化、医疗费用监管、医保资金清算”四项经办工作上的协作。

表6-5：有关长三角异地养老合作方面达成的合作共识

时间	合作共识	牵头单位
2009年3月	长三角医疗保险合作	南京市劳动和社会保障局
2010年3月	深化长三角医保合作	南京市劳动和社会保障局
	长三角异地养老合作	扬州市发改委

[1] 合肥市、马鞍山市、淮安市、盐城市、金华市、衢州6个城市为2010年度新参加的长三角协调会。

2. 长三角地区异地养老的承诺机制

为进一步推动长三角地区人才流通流动，促进异地养老合作，长三角地区各省市在推动养老保险接续、医保互通等方面做了大量工作，形成了不同层次的合作承诺。

以医疗保险合作为例，2009 年 3 月，16 城市市领导签署协议设立了“长三角地区医疗保险合作专题”之后，长三角地区共有 22 个城市正式启动了医保费用异地报销双向代办服务。长三角医疗保险合作专题组拟定了《长三角地区医疗保险异地就医联网结算信息方案》，提出了四种异地就医联网结算模式及信息标准化方案，以便各城市根据自身经办管理、信息技术、结算条件等情况，结合评估方案，对异地结算工作进行调整完善。

表 6-6：长三角地区近年来有关推动异地养老合作承诺的基本状况

承诺时间	承诺内容	承诺形式	承诺主体
2009	医疗保险转移接续	协议	三省一市（安徽参与）
2009	离退休养老保险异地领取	协议	三省一市（安徽参与）
2008	医疗保险委托代理结算协议	协议	上海市松江区医保中心 浙江嘉兴社保局
2008	医疗保险委托代理结算协议	协议	上海市 杭州市
2008	医疗保险委托代理结算协议	协议	上海市 湖州市

3. 长三角地区异地养老的执行机制

为推动异地养老保险待遇资格认证工作顺利开展，上海、江苏、浙江和安徽四省 2010 年 7 月在安徽召开了协调会议，在《长三角地区异地居住企业离退休人员养老保险待遇资格协助认证合作协议》确定的框架基础上，就协助认证的人员范围、认证时间、数据格式、认证流程和建立联席会议制度等方面进行了深入交流并达成共识。会议还就启动建设长三角地区跨省市参加社会保险人员基本信息交换机制进行了初步探讨。

在推动长三角地区医疗保险异地就医异地结算方面，根据2009年出台的《长三角地区医疗保险异地就医费用结算实施方案》相关要求，首批参与医疗保险合作专题的16个城市已启动实施异地就医结算工作。同时，为了启动实施异地就医结算工资，各城市配备异地就医结算经办人员90余人，每年人员经费450余万元；配备电脑、打印机、读卡器等设备180余台（套），价值200余万元；计算机程序开发、网络租赁、工资、宣传费用投入超过300万元。据初步统计，截至2010年末，16个城市累计为6.75万人次办理异地就医结算，共计受理医疗费用1.28亿元，支付医保基金9102万元。[1]

（二）长江三角洲地区异地养老合作机制存在的主要问题

目前长三角地区推行异地养老合作时间不长，合作机制构建尚不够完善。

第一，长三角地区异地养老合作还在研究阶段，尚未建立起基于共同利益分享基础之上的协调体系。从参与的协商主体来看，目前设计的长三角地区异地养老合作机制中，参与协商的主体为政府部门，作为直接利益相关方的老年人参与协商的机制还没有建立。从异地养老政策的出台，到长三角地区各城市异地养老合作协议的签署，很少征求各城市老年人口的养老意愿和养老需求以及对当前养老政策的建议等。从协调体系建立的基础来看，参与协调的各城市没有达成利益一致，调研中，异地养老的重要参与方某市民政局领导坦言，该市之所以愿意承担异地养老合作专题，是因为该专题能够有效促进该市养老产业的大力发展，而长三角其他城市，由于没有利益驱动，大家对这项合作的热情度明显不足。从协调体系中异地养老信息共享来看，长三角地区异地养老信息平台中，以医疗保险异地结算信息系统为例，实现医疗保险联网实时结算所要搭建的“中间平台”都很困难，一方面是因为中间层级多，要先在省内建立省级层面的“中间平台”，将其医保信息进行整合并实现联网结算，然后实现省际“中间平台”的信息共享；另一方面，增设“中间平台”，需要大量资金和技术投入，还涉及到各地医保信息系统、

[1] 南京市人力资源和社会保障局：《关于2010年度长三角地区医疗保险合作专题工作情况的汇报及2011年度工作计划》，2011年1月。

医疗机构信息系统的改造，技术成本和维护管理成本，这些都阻碍着长三角地区各城市信息共享机制的建设。

第二，长三角地区异地养老合作意愿不足，合作承诺机制没有刚性约束。长三角地区针对异地养老合作专题形成的合作协议，以及与异地养老合作相关的养老保险政策、医疗保险异地结算政策、异地养老补贴机制等，都没有比较规范的立法约束，没有形成刚性约束。以上文中提到的长三角地区异地养老保险承诺为例，南京、上海和杭州三个中心城市针对外地户籍人员参加当地职工基本养老保险的政策是不统一的，见表4-10。从表中可以看出，三市对于保障对象及缴费年限的规定是不一致的，如果一个人在三地的缴纳年限皆达不到三地的最低限定，最后该人在何处领取养老保险便成了一个问题，然而，在两省一市印发的《长三角地区异地居住企业离退休人员养老保险待遇资格协助认证合作协议》中，对于类似政策调整只字未提，没有制定执行的具体规则，容易导致合作的下一阶段进入执行困境。这种合作协议便是一个不完全的承诺。

第三，长三角地区异地养老合作专题缺乏有效的执行保障措施，执行机制有待进一步完善。从异地养老合作专题的执行机构来看，长三角地区异地养老合作推动是由各城市民政局部门牵头推动，没有具体的执行机构，各地方的执行情况各异。以异地养老基础工作，异地就医结算情况来看，由于异地就医结算经办工作设计人员资格确认、卡证办理、费用审核、基金结算等多个环节，工作量相应增加，各医保经办机构普遍人手紧。从异地养老合作专题的资金保障来看，虽然协调会有一定的资金支持，各城市也配套投入了一定的资金。但异地养老合作涉及到养老保险的统筹、医疗保险的异地结算等各项工作共同推进，需要大量的财力支撑。

（三）进一步完善长三角地区异地养老合作机制的思路

长三角异地养老合作工作的推进是一项长期工作，进一步完善长三角地区异地养老合作机制需要从以下方面着手。

第一，构建合理有效的异地养老合作协商体系。一是要逐步建立多元协商主体共同推动的异地养老协商机制，积极吸纳异地养老研究领域的专家学者、与政策相关的利益相关人——老年人、民间异地养老中介组织以及相关的企业的共同参与；二是要构建多层次的异地养老协商机构，异地养老工作需要中央层面协商机构的参与和推动，因此在长三角地区还应增加中央层面异地养老协商机构的层次；三是推动异地养老各合作主体利益共享机制的建设，异地养老受益方应通过一定利益补偿机制，实现异地养老利益的共享，提高各参与城市的合作意愿；四是加大各地区信息共享平台建设，通过信息平台建设，实现异地养老信息共享。

第二，强化以互惠愿景为基础的长三角地区异地养老合作承诺的刚性约束。一是要构筑长三角地区异地养老合作的美好愿景，利用长三角地区一体化进程中形成的良好合作基础，不断灌输互惠互利、彼此信任的思想，从而打造长三角地区地方政府间共同的价值观念，提升长三角地区各地方政府柔性承诺的“可信性”，推动政府、社会等各利益相关者共同的价值理念。二是要不断规范长三角地区异地养老、长三角地区医疗保险结算等政策，实现长三角地区各城市异地养老政策的统一性和互通性。三是要推动长三角地区异地养老政策的法制化和制度化进程，强化异地养老政策的刚性约束。

第三，加大对长三角地区异地养老的执行保障。一是增加长三角异地养老等工作的人员编制和工作经费。解决因人手不足和资金缺乏而导致的异地养老工作的难以推动。二是引入非政府组织、企业等进入异地养老行业，拓展异地养老政策的执行渠道。三是开展异地养老合作专题实施方案的运行情况评估。包括对异地养老合作专题实施方案运行情况的评估和与异地养老合作专题相关的养老保险合作专题、医疗保险异地结算等合作专题运行情况的评估。对评估情况及时通报合作各方，以便及时就公众中出现的问题进行沟通和研讨，提出进一步的解决方案。

结语

当前，日益提升的跨区域公共服务需求对世界各国地方政府提出了合作治理的要求，如何有效的促进区域政府间的合作已成为普遍共识。在这种时代背景下，各国地方政府通常都是建立区域合作机制来增强沟通，以形成合作共识，推动区域内合作的进行。就国内看，长三角地区作为我国经济发展速度最快、经济总量规模最大的区域之一，该区域内的各地方政府已经深刻意识到只有顺应全球化和区域一体化的趋势，通过转变政府职能，积极推进区域公共服务合作，才能充分发挥区域整体优势，取得更大发展。在合作共赢的目标激励下，长三角地区初步形成了横向地方政府间公共服务合作机制，在一些领域形成了合作协调共识，建立起了两省一市和长三角地区 16 个城市两个层面的合作协调机制。但是，这种新兴的合作机制，由于还处于起步探索阶段，存在很多问题，并面临着制度困境。

为此，本书以地方政府间公共服务合作过程为视角，根据合作过程中最为关键的三个阶段，建立起地方政府间公共服务合作机制的分析框架，在此基础上，本书围绕协商、承诺与执行机制，从实现目标、运行要素和运行方式三个层面，分别探讨了地方政府间公共服务合作中各机制的运行现状、存在问题，并有针对性地提出完善途径。

本书的主要结论为：

第一，针对当前长三角地区公共服务合作的现状，特别是现行合作机制存在的若干问题，本书得出，地方政府间公共服务合作机制的完善是破解当前长三角地区公共服务合作困境的必然选择。总的来看，该机制是一个包括协商、承诺、执行这三大子机制在内的完整系统。实际上，从协商机制到承诺机制再至执行机制是一个循环的、非线性的动态过程，只有在前一个阶段实现了利益平衡，维系了信任关系，合作才能顺利推进，否则合作将被中断，需要重新开始沟通谈判，直至到达新的利益平衡。

第二，从协商过程看，在实际操作中，长三角地区存在着区域合作的协商机构较为松散，缺乏权威性的政府协商管理机构；没有建立起信息、利益共享等共享机制等问题。针对这些问题，本书提出应当在协商机制中构建有效的协商体系，实现信息共享，通过利益补偿和利益分享机制实现地方政府间利益协调，以推动地方政府间积极协商，达成合作共识。

第三，从承诺过程看，长三角地区已初步建立了承诺机制，该机制的承诺形式多样、内容丰富、承诺效力逐渐增强，但还没有建立起真正的互惠规范，承诺的可信基础不足，缺乏责任追究与纠纷解决机制。针对这些不足，笔者建议可以通过构建地方政府间诚信体系，培育合作各方的共同价值体系，建立互惠规范和失信惩罚机制，规范合作承诺的内容与形式等措施来完善承诺机制。

第四，从执行过程来看，长三角地区合作协议的执行存在阻滞现象，针对执行中由于缺乏制度化的监督、缺乏权威性的执行组织机构、执行资源不足等问题，本书提出构建区域多层次执行组织机构，拓展资金获取渠道；建立合作绩效评估制度，引入公民参与评估；同时完善信息公开制度，建立官员问责制以加强监督等改进措施。

第五，从长三角地区地方政府间公共服务合作机制总体来看，长三角地区在协商过程取得了较好的成效，建立起了多层次的协商平台，在多个领域形成了合作共识，但尚未解决利益协调问题；承诺过程中在多个领域达成了多种合作协议，但多数可信性较弱；由于前两个阶段机制的不完善，执行机制本身不健全，合作协议的执行阶段是三个过程中最为薄弱的环节。需要系统性地完善合作机制，以解决这些问题。

第六，概括而言，地方政府间公共服务合作机制的完善，需要从制度环境、组织安排、体制改革三个方面做进一步努力。具体看来，从制度上看，需要通过加强区域立法工作，塑造良好的法制环境，减少地方性法律间的冲突，保障区域合作执法的统一性和协调性；从组织安排看，需要建立制度化的多层次区域组织机构，形成中央层面的权威性区域协调管理机构、区域层面自发性协调组织机构和区域中介组织机构等多个层面的组织机构；从体制上看，需要改革现行的地方政府绩效评估体系，建立激励和约束机制，激励合作行为，惩罚"背叛"行为，结合利益补偿机制与利益分享机制，实现各地方政府的利益平衡。

在进一步的研究中，还将在以下方面作出努力：

一是地方政府间公共服务合作机制涉及到的要素很多，本书所构建的分析框架未能囊括所有要素，而且由于地方政府间所处的复杂的经济社会环境，只能从总体上对地方政府间公共服务合作进行一般性的分析与解释，对于一些要素的微观分析尚未到位，如地方政府官员的任期制对于合作的影响、各级地方政府间的利益博弈对合作机制形成的影响等，这需要作进一步的深入分析。

二是从研究选择的地方政府层级而言，本书主要选择了省市两个层级的横向合作进行研究，而地方政府间公共服务合作是一个包括中央与地方各层级、从政府到非政府组织（中介组织）到公民的多层次、多主体参与的合作，每个层级在合作中都起着重要的作用，本书虽有所涉及但限于研究精力、研究条件而未深入展开。在案例的选择上，由于长三角地区的特殊性，其所形成的合作机制能否适应于全国各不同地方政府间公共服务合作有待进一步验证。同时，由于材料收集的困难，对公共服务具体领域的合作机制没有进行差异化的研究分析，如环境保护领域的合作与基础设施建设领域的合作机制之间的差别等。

附录一

访谈对象信息一览表

地　区	类　别	单　位
北京	中央层面	国家发展与改革委员会
上海	省（市）层面	上海市发改委地区与区域经济司（长三角协作办公室）
上海	省（市）层面	上海市政府合作与交流处（长三角协调会办公室）
上海	省（市）层面	上海市民政局
南京	省级层面	江苏省发改委
南京	市级层面	南京市发改委（长三角协作办公室）
南京	市级层面	南京市政策研究室
扬州	市级层面	扬州市政府

附录二

长三角地区签署的主要公共服务合作协议

（一）省级政府（职能部门）之间的合作协议

1. 上海市、江苏省、浙江省信用体系建设区域合作推进方案
2. 长江三角洲地区环境保护工作合作协议（2008–2010 年）
3. 上海市、江苏省、浙江省关于长三角社区教育合作协议
4. “3 ＋ 1”旅游合作协议（苏浙沪＋皖）
5. 苏浙皖沪三省一市公安经侦区域警务合作框架协议
6. 长三角地区跨省市用工信息共享平台建设合作协议
7. 长江三角洲人才开发一体化共同宣言
8. 长三角职教与成教合作协议
9. 关于加强沪浙两地教育交流合作的意见
10. 长三角地区道路运输一体化发展议定书
11. 长三角地区知识产权发展与保护合作框架协议书
12. 长三角地区知识产权局系统专利行政执法协作协议
13. 长三角地区信用服务机构备案互认协议书
14. 长三角地区知识产权发展与保护合作框架协议书
15. 长江三角洲地区政法综治工作协作交流框架协议
16. 长三角信用服务机构合作框架协议

17. 长三角地区工伤康复资源共享协议
18. 长三角地区医疗保险经办管理服务合作协议
19. 泛长三角区域青年交流与合作框架协议
20. 长三角民办教育联动发展合作协议
21. 长三角地区异地居住企业离退休人员养老保险待遇资格协助认证合作协议
22. 关于加强长三角文化合作的协议
23. 关于建立长江三角洲紧缺人才培训中心合作协议书
24. 关于长三角区域新闻出版合作发展的框架协议
25. 关于建立长三角区域版权保护和版权服务协作机制的合作协议
26. 长三角数字教育资源合作建设协议
27. 长三角地区中等职业教育实训基地共享框架协议
28. 长三角基础教研联动发展协议
29. 长三角地区失业保险关系转移及待遇享受的合作协议
30. 信用服务机构备案互认协议
31. 长三角高校毕业生就业工作合作协议书
32. 关于开展人事争议仲裁业务协助和工作交流的协议
33. 关于三地引进国外智力资源共享的协议
34. 长三角食用农产品标准化互认（合作）协议”
35. 长三角地区异地居住企业离退休人员养老保险待遇资格协助认证合作协议

（二）长三角地区城市（职能部门）之间的协议

1. 长江三角洲地区城市合作（南通）协议
2. 长三角城市群教育科研合作协议书
3. 长江三角洲地区城市合作（湖州）协议
4. 长三角新闻网站合作协议
5. 长江三角洲地区城市合作（常州）协议

参考文献

一、中文文献

（一）中文著作

[1] 林尚立 . 国内政府间关系 [M]. 杭州：浙江人民出版社，1998.

[2] 李文星等 . 地方政府战略管理 [M]. 成都：四川人民出版社，2003.

[3] 胡荣涛 . 产业结构与地区利益分析 [M]. 北京：经济管理出版社，2001.

[4] 赖涪林 . 长三角农民工的非稳态转移——理论探讨、实证研究与现状调查 [M]. 上海：上海财经大学出版社，2009.

[5] 世界银行 .1997 年世界发展报告：变革世界中的政府 [M]. 北京：中国财政经济出版社，1997.

[6] 万斌 . 中国长三角区域发展报告 [M]. 北京：社会科学出版社，2005.

[7] 杨宏山 . 府际关系论 [M]. 北京：中国社会科学出版社，2005.

[8] 陈郁 . 企业制度与市场组织——交易费用经济学 [M]. 上海：上海人民出版社，1996.

[9] 汪伟全 . 地方政府竞争秩序的治理：基于消极竞争行为的研究 [M]. 上海：上海人民出版社，2009.

[10] 林毅夫 . 再论制度、技术与中国农业发展 [M]. 北京：北京大学出版社，2000.

[11] 程瑜 . 政府预算契约论：一种委托 – 代理理论的研究视角 [M]. 北京：经济科学出版社，2008.

[12] 王川兰 . 竞争与依存中的区域合作行政——基于长江三角洲都市圈的实证

研究 [M]. 上海：复旦大学出版社，2008.
[13] 费孝通 . 乡土中国 [M]. 生活 · 读书 · 新知三联书店，1985.
[14] 王志锋 . 城市治理的经济学分析 [M]. 北京：北京大学出版社，2010.
[15] 尚宏琦，鲁小新，高航 . 国内外典型江河治理经验及水利发展理论研究 [M]. 郑州：黄河水利出版社，2003.
[16] 周弘，[德] 贝娅特 · 科勒 – 科赫 . 欧盟治理模式 [M]. 北京：社会科学文献出版社，2008.
[17] 曾令发 . 探寻政府合作之路——英国布莱尔政府改革研究 [M]. 北京：人民出版社，2010.
[18] 陶希东 . 中国跨界区域管理：理论与实践探索 [M]. 上海：上海社会科学院出版社，2010.
[19] 胡平等 . 地方政府公共信息共享机制与管理问题研究 [M]. 西安：西安交通大学出版社，2009.
[20] 周肇光 . 长三角区域经济一体化政府协调与服务研究 [M]. 合肥：安徽大学出版社，2010.
[21] 莫建备等 . 区域一体化发展：拓展和深化——长江三角洲区域经济社会协调发展研究 [M]. 上海：上海人民出版社，2007.
[22] 莫建备等 . 大整合、大突破——长江三角洲区域协调发展研究 [M]. 上海：上海人民出版社，2005.
[23] 王永钦 . 声誉、承诺与组织形式：一个比较制度分析 [M]. 上海：上海人民出版社，2005.
[24] 胡雅龙 . 世界第六大城市群——长江三角洲城市群崛起之路 [M]. 上海：上海社会科学院出版社，2010.
[25] 周国雄 . 博弈 : 公共政策执行能力与利益主体 [M]. 上海 : 华东师范大学出版社，2008.
[26] 敬乂嘉 . 合作治理——再造公共服务的逻辑 [M]. 天津：天津人民出版社，2009.
[27] 马斌 . 政府间关系：权力配置与地方治理——基于省、市、县政府间关系的研究 [M]. 杭州：浙江大学出版社，2009.
[28] 宋彪 . 分权与政府合作——基于决策制度的研究 [M]. 北京：中国人民大

学出版社，2009.
[29] 张紧跟 . 当代中国政府间关系导论 [M]. 北京：社会科学文献出版社，2009 年版 .
[30] 孔繁斌 . 公共性的再生产——多中心治理的合作机制建构 [M]. 南京：江苏人民出版社，2008.
[31] 吴爱明 . 地方政府学 [M]. 武汉：武汉大学出版社，2009.
[32] 张可云 . 区域大战与区域经济关系 [M]. 北京：民主与建设出版社，2001.
[33] 刘君德，汪宇明 . 制度与创新——中国城市制度的发展与改革新论 [M]. 东南大学出版社，2000.
[34] 卢映川，万鹏飞等 . 创新公共服务的组织与管理 [M]. 北京：人民出版社，2007.
[35] 卫鹏鹏 . 中国区域经济协调发展机制研究 [M]. 武汉：中国地质大学出版社，2009.
[36] 马伊里 . 合作困境的组织社会学分析 [M]. 上海：上海人民出版社，2008.
[37] 吴建南 . 公共管理研究方法导论 [M]. 北京：科学出版社，2006.
[38] 周黎安 . 转型中的地方政府：官员激励与治理 [M]. 上海：上海人民出版社，2008.
[39] 李常洪等 . 合作管理引论 [M]. 北京：科学出版社，2008.
[40] 何显明 . 市场化进程中的地方政府行为逻辑 [M]. 北京：人民出版社，2008.
[41] 蒋满元 . 区域可持续发展中的地方政府竞争问题研究 [M]. 北京：中国农业出版社，2007.
[42] 李军鹏 . 公共服务学——政府公共服务的理论与实践 [M]. 北京：国家行政学院出版社，2007.
[43] 高新军 . 经验与借鉴：美国的地方政府治理 [M]. 香港：香港社会科学出版社有限公司，2005.
[44] 李军鹏 . 公共服务型政府 [M]. 北京：北京大学出版社，2004.
[45] 周志忍 . 政府管理的行与知 [M]. 北京：北京大学出版社，2008.
[46] 安树伟 . 行政区边缘经济论 [M]. 北京：中国经济出版社，2004.
[47] 彭未名等 . 新公共管理 [M]. 广州：华南理工大学出版社，2007.

[48] 毛寿龙等 . 西方政府的治道变革 [M]. 北京：中国人民大学出版社，1998.
[49] 王玉明等 . 公共管理：理论与实践 [M]. 广州：广东人民出版社，2008.
[50] 沈荣华 . 政府间公共服务职责分工 [M]. 北京：国家行政学院出版社，2007.
[51] 唐铁汉等 . 公共服务创新——首届中欧政府管理高层论坛论文集 [M]. 北京：国家行政学院出版社，2004.
[52] 陈占彪 . 行政组织与空间结构的耦合——中国行政区经济的区域政治经济学分析 [M]. 南京：东南大学出版社，2009.
[53] 孙选中 . 服务型政府及其服务行政机制研究 [M]. 北京：中国政法大学出版社，2009.
[54] 刘亚平 . 当代中国地方政府间竞争 [M]. 北京：社会科学文献出版社，2007.
[55] 孙学玉等 . 公共行政学 [M]. 北京：社会科学文献出版社，2007.
[56] 张军扩，侯永志 . 协调区域发展——30 年企业政策与发展回顾 [M]. 北京：中国发展出版社，2008.
[57] 张国庆 . 公共行政学（第三版）[M]. 北京：北京大学出版社，2007.
[58] 时红秀 . 财政分权、政府竞争与中国地方政府的债务 [M]. 北京：中国财政经济出版社，2007.
[59] 孙柏瑛 . 当代地方治理——面向 21 世纪的挑战 [M]. 北京：中国人民大学出版社，2004.
[60] 王定云，王世雄 . 西方国家新公共管理理论综述与实务分析 [M]. 上海：上海三联书店，2008.
[61] 张宇燕 . 经济发展与制度选择——对制度的经济分析 [M]. 北京：中国人民大学出版社，1992.
[62] 中国（海南）改革发展研究院 . 中国公共服务体制：中央与地方 [M]. 北京：中国经济出版社，2006.
[63] 刘大志 . 地方政府竞争与资本形成 [M]. 广州：中山大学出版社，2008.
[64] 潘开灵，白烈湖 . 管理协同 [M]. 北京：经济管理出版社，2006.
[65] 王洪涛 . 制度经济学——制度及制度变迁性质解释 [M]. 上海：复旦大学出版社，2003.

[66] 陈瑞莲 . 区域公共管理导论 [M]. 北京：中国社会科学出版社，2006.
[67] 陈瑞莲 . 珠江三角洲公共管理模式研究 [M]. 北京：中国社会科学出版社，2004.
[68] 陈瑞莲 . 区域公共管理理论与实践研究 [M]. 北京：中国社会科学出版社，2008.
[69] 本书编写组 . 中共中央关于制定国民经济和社会发展第十二个五年规划的建议辅导读本 [M]. 北京：人民出版社，2010.
[70] 谢炜 . 中国公共政策执行中的利益关系研究 [M]. 上海：学林出版社，2009.
[71] 王锡锌 . 行政过程中公众参与的制度实践 [M]. 北京：中国法制出版社，2008.
[72] 曹堂哲 . 公共行政执行的中层理论——政府执行力研究 [M]. 北京：光明日报出版社，2010.
[73] 陈振明 . 公共政策分析 [M]. 北京：中国人民大学出版社，2003.
[74] 张玉 . 政策执行研究的新视野——区域政策执行的制度分析与模式建构 [M]. 北京：人民出版社，2007.
[75] 王旭，罗思东 . 美国新城市化时期的地方政府 [M]. 厦门：厦门大学出版社，2010.
[76] 何渊 . 中国特色的区域法制协调机制研究 [M]. 上海：格致出版社，上海人民出版社，2010.
[77] 薄贵利 . 近现代地方政府比较 [M]. 北京：光明日报出版社，1988.
[78] 杨春学 . 经济人与社会秩序分析 [M]. 上海：上海三联书店，1998.
[79] 周婷 . 长江上游经济带与生态屏障共建研究 [M]. 北京：经济科学出版社，2008.
[80] 世界银行 1997 年世界发展报告 . 变革世界的政府 [M]. 北京：中国财政经济出版社，1997.

（二）中文译著

[1] [加] 戴维・卡梅伦 . 政府间关系的几种结构 [J]. 国外社会科学，2002(1).
[2] [英] 斯蒂芬・贝利 . 地方政府经济学：理论与实践 [M]. 北京：北京大学出版社，2006.

[3] [美] 文森特・奥斯特罗姆，罗伯特・比什，埃莉诺・奥斯特罗姆 . 美国地方政府 [M]. 北京：北京大学出版社，2004.

[4] [美] 吴量福 . 运作、决策、信息与应急管理——美国地方政府管理实例研究 [M]. 天津：天津人民出版社，2004.

[5] [美] 威廉 .N. 邓恩 . 公共政策分析导论 [M]. 谢明等，译 . 中国人民大学出版社，2002.

[6] [美] 奥利弗・E. 威廉姆森 . 资本主义经济制度——论企业签约与市场签约 [M]. 段毅才，王伟，译 . 北京：商务印书馆，2002.

[7] [美] 罗伯特・阿克塞尔罗德 . 对策中的制胜之道：合作的进化 [M]. 吴坚忠，译 . 上海：上海人民出版社，1996.

[8] [美] 戴维・伊斯顿 . 政治生活的系统分析 [M]. 王浦劬，译 . 北京：华夏出版社，1999.

[9] [美]V.W. 拉坦 . 诱致性制度变迁理论——财产权利与制度变迁 [M]. 上海：上海人民出版社，1994.

[10] [英] 米切尔・黑尧 . 现代国家的政策过程 [M]. 赵成根，译 . 北京：中国青年出版社，2004.

[11] [美] 尤金・巴达赫 . 跨部门合作——管理“巧匠”的理论与实践 [M]. 周志忍，张弦，译 . 北京：北京大学出版社，2011.

[12] [美]E・S・萨瓦斯 . 民营化与公私部门伙伴关系北京：中国人民大学出版社，2002.

[13] [美] 埃莉诺・奥斯特罗姆，拉里・施罗德和苏珊・温 . 制度激励与可持续发展：基础设施政策透视 [M]. 陈幽泓，译 . 上海：三联书店上海分店，2000.

[14] [美] 斯蒂芬・戈德史密斯，威廉・D・埃格斯 . 网络化治理：公共部门的新形态 [M]. 孙迎春，译 . 北京：北京大学出版社，2008.

[15] [美] 罗伯特 D. 帕特南 . 使民主运转起来 [M]. 王列，赖海榕，译 . 南昌：江西人民出版社，2001.

[16] [泰] 布里安・兰多夫・布伦斯，[美] 露丝・梅辛蒂克 . 水权协商 [M]. 田克军等，译 . 北京：中国水利水电出版社，2004.

[17] [美] 乔・B. 史蒂文斯 . 集体选择经济学 [M]. 杨晓维等，译 . 上海：三联书店上海分店，上海人民出版社，1999.

[18] [美] 赫希曼 . 退出、呼吁与忠诚 [M]. 北京：经济科学出版社，2001.
[19] [美] 林德布洛姆 . 决策过程 [M]. 竺乾威，胡君芳，译 . 上海：上海译文出版社，1988.
[20] [美] 巴泽尔 . 产权的经济分析 [M]. 上海：上海三联书店，上海人民出版社 .2004.
[21] [美] 阿兰・斯密德 . 制度与行为经济学 [M]. 北京：中国人民大学出版社，2004.
[22] [美] 詹姆斯・博曼 . 公共协商：多元主义、复杂性与民主 [M]. 黄相怀，译 . 北京：中央编译出版社，2006.
[23] [德] 哈贝马斯 . 在事实与规范之间——关于法律和民主法治国的商谈理论 [M]. 童世骏，译 . 上海三联书店，2003.
[24] [美] 詹姆斯・E・阿尔特 . 实证政治经济学 [M]. 薛峰，王永钦，译 . 上海：上海人民出版社，2009.
[25] [美] 道格拉斯・C・诺思 . 经济史中的结构与变迁 [M]. 陈郁，罗华平，译 . 上海三联书店，上海人民出版社，1994.
[26] [美] 迈克尔・迪屈奇 . 交易成本经济学 [M]. 北京：经济科学出版社，1999.
[27] [美] 科斯，诺思，威廉姆森 . 制度、契约与组织——从新制度经济学角度的透视 [M]. 北京：经济科学出版社，2003.
[28] [美] 文森特・奥斯特罗姆 . 美国公共行政的思想危机 [M]. 上海三联书店，1999.
[29] [德] 柯武刚，史漫飞 . 制度经济学：社会秩序与公共政策 [M]. 韩朝华，译 . 北京：商务印书馆，2000.
[30] [澳] 多莱里等 . 重塑澳大利亚地方政府：财政、治理与改革 [M]. 刘杰等，译 . 北京：北京大学出版社，2008.
[31] [美] 科斯 . 论生产的制度结构 [M]. 盛洪，陈郁，译 . 上海：上海三联书店出版，1994.
[32] [美] 罗纳德・哈里・科斯 . 企业、市场与法律 [M]. 上海：格致出版社，上海三联书店，上海人民出版社，2009.
[33] [南] 斯韦托扎尔・平乔维奇 . 产权经济学 [M]. 蒋琳琦，译 . 经济科学出版

社，1999.

[34] [美] 盖瑞 · J · 米勒 . 管理困境：科层的政治经济学 [M]. 王勇，译 . 上海：上海人民出版社，2002.

[35] [希] 亚里士多德 . 政治学 [M]. 吴寿彭，译 . 北京：商务印书馆，1983.

[36] [美]E · S · 萨瓦斯 . 民营化与公私部门的伙伴关系 [M]. 北京：中国人民大学出版社，2002.

[37] [美] 迈克尔 · 麦金尼斯 . 多中心体制与地方公共经济 [M]. 毛寿龙，李梅，译 . 上海：上海三联书店，2000.

[38] [丹麦] 埃里克 · 阿尔贝克等 . 北欧地方政府：战后发展趋势与改革 [M]. 北京：北京大学出版社，2005.

[39] [英] 蒂莫西 · 贝斯利 . 守规的代理人：良政的政治经济学 [M]. 李明，译 . 上海人民出版社，2009.

[40] [美] 加里斯 · 摩根 . 驾御变革的浪潮：开发动荡时代的管理潜能 [M]. 北京：中国人民大学出版社，2002.

[41] [法] 埃哈尔 · 费埃德伯格 . 权力与规则——组织行动的动力 [M]. 张月等，译 . 上海：上海人民出版社，2005.

[42] [美] 多丽斯 · A · 格拉伯 . 沟通的力量：公共组织信息管理 [M]. 张熹珂，译 . 上海：复旦大学出版社，2007.

[43] [美] 迈克尔 · 麦金尼斯 . 多中心治道与发展 [M]. 王文章，毛寿龙，译 . 上海：上海三联书店，2000.

[44] [美] 斯蒂芬 · 戈德史密斯，威廉 · D · 埃格斯 . 网络化治理——公共部门的新形态 [M]. 孙迎春，译 . 北京：北京大学出版社，2008.

[45] [美] 理查德 · D · 宾厄姆等 . 美国地方政府的管理——实践中的公共行政 [M]. 九洲，译 . 北京：北京大学出版社，1997.

[46] [美] 丹尼尔 · W · 布罗姆利 . 经济利益与经济制度——公共政策的理论基础 [M]. 陈郁等，译 . 上海：上海人民出版社，1996.

[47] [美] 史蒂文 · 科恩，威廉 · 埃米克 . 新有效公共管理者——在变革的政府中追求成功 [M]. 王巧玲等，译 . 北京：中国人民大学出版社，2001.

[48] [美] 道格拉斯 · 诺思，罗伯斯 · 托马斯 . 西方世界的兴起 [M]. 厉一平等，译 . 北京：华夏出版社，1999.

[49] [美] 约翰·克莱顿·托马斯 . 公共决策中的公民参与：公共管理者的新技能与新策略 [M]. 孙柏瑛等，译 . 北京：中国人民大学出版社，2005.
[50] [美] 埃瑞克·G·菲吕博顿，鲁道夫·瑞切特 . 新制度经济学 [M]. 孙经纬，译 . 上海：上海财经大学出版社，1998.
[51] [美] 菲利普·库珀 . 合同制治理——公共管理者面临的挑战与机遇 [M]. 竺乾威等，译 . 上海：复旦大学出版社，2007.
[52] [澳] 欧文·E·休斯 . 公共管理导论 [M]. 彭和平等，译 . 北京：中国人民大学出版社，2001.
[53] [英] 戴维·威尔逊，约翰·格林伍德 . 英国行政管理 [M]. 汪淑钧，译 . 北京：商务印书馆，1991.
[54] [美] 珍妮特·V·登哈特，罗伯特·B·登哈特 . 新公共服务——服务，而不是掌舵 [M]. 丁煌，译 . 中国人民大学出版社，2004.
[55] [美] 安瓦·沙主 . 公共服务提供 [M]. 孟华，译 . 北京：清华大学出版社，2009.
[56] [美] 唐纳德·凯特尔 . 权力共享——公共治理与私人市场 [M]. 孙迎春，译 . 北京：北京大学出版社，2009.
[57] [美] 埃莉诺·奥斯特罗姆 . 公共事物的治理之道：集体行动制度的演进 [M]. 余逊达等，译 . 上海：上海三联书店，2000.
[58] [美] 奥斯特罗姆，帕克斯和惠特克 . 公共服务的制度建构——都市警察服务的制度结构 [M]. 毛寿龙，译 . 上海：上海三联出版社，2007.
[59] [美]R·科斯，A·阿尔钦，D·诺斯 . 财产权利与制度变迁——产权学派与新制度学派译文集 [M]. 上海：上海人民出版社，1994.
[60] [美]B·盖伊·彼得斯 . 官僚政治（第五版）[M]. 聂露，李姿姿，译 . 北京：中国人民大学出版社，2006.
[61] [英] 菲利普·海恩斯 . 公共服务管理的复杂性 [M]. 孙健，译 . 北京：清华大学出版社，2008.
[62] [美] 安东尼·唐斯 . 官僚制内幕 [M]. 郭小聪等，译 . 北京：中国人民大学出版社，2006.
[63] [美] 詹姆斯·Q·威尔逊 . 官僚机构：政府机构的作为及其原因 [M]. 孙艳等，译 . 北京：生活·读者·新知三联书店，2006.

[64] [美] 罗伯特 · 阿格拉诺夫，迈克尔 · 麦圭尔 . 协作性公共管理：地方政府新战略 [M]. 李玲玲等，译 . 北京：北京大学出版社，2007.

[65] [美] 罗伯特 D · 帕特南 . 使民主运转起来——现代意大利的公民传统 [M]. 王列等，译 . 南昌：江西人民出版社，2001.

[66] [美] 戴维 · H · 罗森布罗姆，罗伯特 · S · 克拉夫丘克 . 公共行政学：管理、政治和法律的途径 [M]. 张成福等，译 . 北京：中国人民大学出版社，2002.

[67] [美] 菲利普 · J · 库珀等 . 二十一世纪的公共行政：挑战与改革 [M]. 王巧玲等，译 . 北京：中国人民大学出版社，2006.

[68] [美] 尼古拉斯 · 亨利 . 公共行政与公共事务（第八版）[M]. 张昕等，译 . 北京：中国人民大学出版社，2002.

[69] [美] 罗伯特 · 阿克塞尔罗德 . 合作的复杂性——基于参与者竞争与合作的模型 [M]. 梁捷等，译 . 上海：上海人民出版社，2008.

[70] [美] 拉塞尔 · M · 林登 . 无缝隙政府——公共部门再造指南 [M]. 汪大海等，译 . 北京：中国人民大学出版社，2002.

[71] [美]B · 盖伊 · 彼得斯 . 政府未来的治理模式 [M]. 吴爱明等，译 . 北京：中国人民大学出版社，2001.

[72] [美] 理查德 · C · 博克斯 . 公民治理：引领 21 世纪的美国社区 [M]. 孙柏瑛等，译 . 北京：中国人民大学出版社，2005.

[73] [美] 查尔斯 · 林德布洛姆 . 政治与市场——世界的政治 – 经济制度 [M]. 王逸舟，译 . 上海：上海人民出版社，1994.

[74] [美] 曼瑟尔 · 奥尔森 . 集体行动的逻辑 [M]. 陈郁，郭宇峰，李崇新，译 . 上海：上海人民出版社，1995.

[75] [美] 罗伯特 · B · 登哈特 . 公共组织理论（第三版）[M]. 扶松茂等，译 . 北京：中国人民大学出版社，2003.

[76] [美] 小威廉 · T · 格姆雷，斯蒂芬 · J · 巴拉 . 官僚机构与民主——责任与绩效 [M]. 俞沂暄，译 . 上海：复旦大学出版社，2007.

[77] [美] 埃莉诺 · 奥斯特罗姆，拉里 · 施罗德，苏珊 · 温 . 制度激励与可持续发展 [M]. 毛寿龙，译 . 上海：上海三联书店，2000.

[78] [美]T · 帕森斯 . 社会行动的结构 [M]. 张明德等，译 . 南京：译林出版社，2003.

[79] [美] 查尔斯·蒂利 . 身份、边界与社会联系 [M]. 谢岳，译 . 上海：上海世纪出版社，2008.

（三）中文论文与电子文献

[1] 金太军 . 从行政区行政到区域公共管理——政府治理形态嬗变的博弈分析 [J]. 中国社会科学，2007(6).

[2] 张明军，汪伟全 . 论和谐地方政府间关系的构建：基于府际治理的新视角 [J]. 中国行政管理，2007(11).

[3] 邹吉忠，论制度思维方式与制度分析方法 [J]. 哲学动态，2003(7).

[4] 李毅飞，易凌 . 论区域人口流动及权益保障的制度性障碍协调——以长三角养老保险法规政策冲突为视角 [J]. 安徽大学学报 (哲学社会科学版)，2009(3).

[5] 郭渐强，刘明然 . 长株潭城市群建设的关键在于区域公共管理体制创新 [J]. 当代经理人（下旬刊），2006(4).

[6] 蓝志勇，陈国权 . 当代西方公共管理前沿理论述评 [J]. 公共管理学报，2007(3).

[7] 曾繁印 . 经济全球化与区域化影响、趋势及对策 [J]. 科技咨询导报，2007(3).

[8] 宋迎昌 . 国外都市经济圈发展的启示和借鉴 [J]. 前线，2005(11).

[9] 汪丁丁 . 从"交易费用"到博弈均衡 [J]. 经济研究，1995(9).

[10] 郭其友，李宝良 . 机制设计理论：资源最优配置机制性质的解释与应用——2007 年度诺贝尔经济学奖得主的主要经济学理论贡献述评 [J]. 外国经济与管理，2007(11).

[11] 新华 . 五大难题制约长三角政府合作 [J]. 决策探索，2006(1).

[12] 孟涛 . 论长三角经济一体化面临的三大困境 [J]. 生产力研究，2009(19).

[13] 吴旬 . 中国地方政府间制度竞争的经济效应分析 [J]. 山东经济，2004(7).

[14] 姬德峰 . 论太湖流域生态补偿机制的构建 [J]. 节能与环保，2008(6).

[15] 金太军，张劲松 . 政府的自利性及其控制 [J]. 江海学刊，2002(2).

[16] 何显明 . 市场化进程中的地方政府角色行为模式及其变迁 [J]. 浙江社会科学，2007(4).

[17] 孙鳌 . 外部性的类型、庇古解、科斯解和非内部化 [J]. 华东经济管理，

2006(9).
[18] 林闽钢 . 危机事件与集体行动逻辑 [J]. 江海学刊，2004(1).
[19] 王先甲，陈珽 . 协商理论方法的综述 (上) [J]. 管理科学学报，1998(1).
[20] 桂劲松，陈志刚，邓晓衡，刘安丰 . 一种基于契约和协商的授权方法 [J]. 计算机应用研究，2008(5).
[21] 李广斌，谷人旭 . 政府竞争：行政区经济运行中的地方政府行为分析 [J]. 城市问题，2005(6).
[22] 张东辉 . 经济机制理论：回顾与发展 [J]. 福建论坛（经济社会版），2003(8).
[23] 肖瑞，李利明，杨洋 . 机制设计理论与中国经济改革 [J]. 经济观察报，2007(11).
[24] 袁柏顺，黄澌 . 论机制设计理论与腐败风险防控的关系 [J]. 福建行政学院学报，2010(6).
[25] 马斌 . 公共服务中的政府间合作 [N]. 学习时报，2009-5-4(6).
[26] 王勇 . 政府间横向协调机制研究——跨省流域治理的公共管理视界 [D]. 南京大学博士论文，2008.
[27] 孔亮 . 太湖流域水污染权配置机制研究 [D]. 浙江大学硕士论文，2009.
[28] 陈玉清，跨行政区水污染治理模式的研究 ——以太湖流域为例 [D]. 浙江大学硕士论文，2009.
[29] 刘琼莲 . 中国基本公共服务均等化研究 [D]. 中国人民大学博士论文，2009.
[30] 冯望 . 地方政府间行政契约研究 [D]. 中国政法大学硕士论文，2009.
[31] 麻宝斌，李辉 . 中国地方政府间合作的动因、策略及其实现 [J]. 行政管理改革，2010(9).
[32] 杨龙，彭彦强 . 理解中国地方政府合作——行政管辖权让渡的视角 [J]. 政治学研究，2009(4).
[33] 郁建兴 . 条与块的游戏规则该怎么变 [J]. 人民论坛・学术前沿，2010(7).
[34] 谢庆奎 . 中国政府的府际关系研究 [J]. 北京大学学报（哲社版），2000(1).
[35] 陶希东，黄丽 . 美国大都市区规划管理经验及启示 [J]. 城市问题，2005(1).
[36] 徐贲 . 承诺、信任和制度秩序：当今中国的信任匮缺和转化 [J]. 当代中国研究，2004(4).

[37] 张国庆，李丹阳．市场选择与政府推动：新时期中国政府职能转变的价值抉择 [J]. 湖南社会科学，2007(4).
[38] 张国庆，杨建成．信息公开与权力平衡：新时期中国政府有效监督的现实路径 [J]. 天津社会科学，2009(3).
[39] 莫勇波．提升地方政府政策执行力的路径选择——基于制度新角度的探析 [J]. 云南行政学院学报，2005(6).
[40] 张紧跟．当代中国地方政府间关系：研究与反思 [J]. 武汉大学学报（哲学社会科学版），2009(4).
[41] 肖建忠．地方政府行为的横向博弈模型 [J]. 中国地质大学学报（社会科学版），2003(3).
[42] 薄贵利．论新世纪行政体制改革的目标与路径 [J]. 理论参考，2006(6).
[43] 周业安，冯兴元，赵坚毅．地方政府竞争与市场秩序的重构 [J]. 中国社会科学，2004(1).
[44] 杨安华．国外地方政府间建立伙伴关系研究述评 [J]. 南京社会科学，2008(5).
[45] 杨安华．近年来我国公共危机管理研究综述 [J]. 江海学刊，2005(1).
[46] 陈晓勤．流域生态补偿中的地方政府合作 [J]. 发展研究，2008(10).
[47] 王勇．流域政府间横向协调机制研究述评 [J]. 广东行政学院学报，2008(1).
[48] 汪伟全．论我国地方政府间合作存在问题及解决途径 [J]. 公共管理学报，2005(3).
[49] 季燕霞．论我国地方政而间竞争的动态演变 [J]. 华东经济管理，2001(2).
[50] 金太军，张开平．论长三角一体化进程中区域合作协调机制的构建 [J]. 晋阳学刊，2009(4).
[51] 许远旺．美国地方公共服务：运作与借鉴 [D]. 华中师范大学硕士论文，2007.
[52] 张智新．美国地方政府改革及其对中国的借鉴意义 [J]. 上海行政学院学报，2006(1).
[53] 孙海燕．区域合作国内研究综述 [J]. 湖南文理学院学报（社会科学版），2007(1).
[54] 丘海雄，徐建牛．市场转型过程中地方政府角色研究述评 [J]. 社会学研究，

2004(4).
[55] 唐亚林 . 推进长三角公共服务均等化的理论思考 [J]. 学术界，2008(1).
[56] 龙朝双，王小增 . 我国地方政府间合作动力机制研究 [J]. 中国行政管理，2007(6).
[57] 杨安华 . 我国地方政府间合作研究：进展与问题 [J]. 云南行政学院学报，2008(5).
[58] 陈瑞莲，胡熠 . 我国流域区际生态补偿：依据、模式与机制 [J]. 学术研究，2005(9).
[59] 陈瑞莲 . 论区域公共管理研究的缘起与发展 [J]. 政治学研究，2003(4).
[60] 胡伟，杨安华 . 西方国家公共服务转向的最新进展与趋势——基于美国地方政府民营化发展的纵向考察 [J]. 政治学研究，2009(3).
[61] 罗小龙，沈建法 . 长江三角洲城市合作模式及其理论框架分析 [J]. 地理学报，2007(2).
[62] 马治海 . 中国地方政府合作治理跨区域公共事务研究 [D]. 西北大学硕士论文，2007.
[63] 赵全军 . 中央与地方政府及地方政府间利益关系分析 [J]. 行政论坛，2002(3).
[64] 庞明川 . 中央与地方政府间博弈的形成机理及其演进 [J]. 财经问题研究，2004(12).
[65] 郭风旗 . 区域性公共资源治理模式研究——以泥炭河流水资源治理为个案 [D]. 苏州大学硕士论文，2006.
[66] 王旭 . 从体制改革到治道改革——美国大都市区管理模式研究重心的转变 [J]. 北京大学学报 (哲学社会科学版)，2006(3).
[67] 张立荣，曾维和 . 当代西方“整体政府”公共服务模式及其借鉴 [J]. 中国行政管理，2008(7).
[68] 刘其君 . 当代英法中央与地方政府间关系改革的特点及其政治文化根源 [J]. 中共宁波市委党校学报，2008(6).
[69] 张紧跟 . 当代中国地方政府间关系：研究与反思 [J]. 武汉大学学报（哲学社会科学版），2009(4).
[70] 曾令发 . 合作政府：后新公共管理时代英国政府改革模式探析 [J]. 国家行

政学院学报，2008(2).
[71] 彭婷婷 . 跨区域公共危机治理下地方政府合作存在的问题及对策分析 [J]. 管理观察，2009(5).
[72] 陈国权，李院林 . 论长江三角洲一体化进程中的地方政府间关系 [J]. 江海学刊，2004(5).
[73] 罗思东 . 美国大都市地区的政府与治理——地方政府间关系与区域主义改革 [D]. 厦门大学博士论文，2005.
[74] 张繁荣，薛雄志 . 区域海洋综合管理中地方政府间关系模式构建的思考 [J]. 海洋开发与管理，2009(1).
[75] 刘冬华，李琴 . 区域经济发展与地方政府间关系：以长三角为例 [J]. 上海理工大学学报 (社会科学版)，2005(3).
[76] 朱虹 . 网络环境下政府公共服务协同研究 [D]. 华中师范大学博士论文，2007.
[77] 刘其君 . 西方发达国家地方治理的发展及其政治文化背景 [J]. 湖北社会科学，2008(10).
[78] 钱海梅 . 长三角经济一体化与区域公共服务供给——基于区域公共服务供给模式的分析 [J]. 政治与法律，2008(12).
[79] 何小东 . 中国区域旅游合作研究——以中部地区为例 [D]. 华东师范大学博士论文，2008.
[80] 王健，鲍静，刘小康，王佃利 . “复合行政”的提出——解决当代中国区域经济一体化与行政区划冲突的新思路 [J]. 中国行政管理，2004(3).
[81] 何渊 . 地方政府间关系——被遗忘的国家结构形式维度 [J]. 宁波广播电视大学学报，2006(2).
[82] 何渊 . 美国的区域法制协调——从州际协定到行政协议的制度变迁 [J]. 环球法律评论，2009(6).
[83] 何渊 . 泛珠三角地区行政协议的评估及建议 [J]. 广东行政学院学报，2006(2)
[84] 张万宽 . 公私伙伴关系对中国政府管理的挑战及对策研究 [J]. 中国行政管理，2008(1).
[85] 胡佳，郝小龙 . 国内外跨区域地方政策协调的实践和启示 [J]. 商业时代，

2008(23).
[86] 胡慧 . 基于交易成本理论的政府公共服务机制探析 [J]. 时代经贸（下旬刊），2008(12).
[87] 袁鹏飞，高宇 . 加拿大公共服务变革趋势探析 [J]. 中国商界（下半月），2008(6).
[88] 余韬 . 论区域协调中政府合作协议的法律规制 [J]. 理论研究，2008(4).
[89] 徐治雄 . 论我国流域水环境排污权交易制度的形成和完善 [J]. 科技信息（学术研究），2008(12).
[90] 石凤光，李宗植 . 美国、日本区域协调发展改策实践及启示 [J]. 国际问题研究，2008(5).
[91] 卓凯，殷存毅 . 区域合作的制度基础：跨行政区治理理论与欧盟经验 [J]. 财经研究，2007(1).
[92] 陈瑞莲，张紧跟 . 试论区域经济发展中政府间关系的协调 [J]. 中国行政管理，2002(12).
[93] 何渊 . 州际协定——美国的政府间协调机制 [J]. 国家行政学院学报，2006(2).
[94] 胡超美，朱传耿 . 中国区域协调发展研究综述 [J]. 学习与实践，2008(10).
[95] 常修泽 . 逐步实现基本公共服务均等化 [N]. 人民日报，2007-1-31.
[96] 张国庆，李丹阳 . 市场选择与政府推动：新时期中国政府职能转变的价值抉择 [J]. 湖南社会科学，2007(4).
[97] 高建华 . 区域公共管理视域下的整体性治理：跨界治理的一个分析框架 [J]. 中国行政管理，2010(11).
[98] 杨龙 . 地方政府合作的动力、过程与机制 [J]. 中国行政管理，2008(7).
[99] 刘祖云 . 政府间关系：合作博弈与府际治理 [J]. 学海，2007(1).
[100] 吴瑜燕，张可云 . 跨行政区流域区域合作机制研究——以北京和周边的河北为例 [J]. 兰州学刊，2009(5).
[101] 马斌 . 长三角一体化与区域政府合作机制的构建 [J]. 经济前沿，2004(10).
[102] 杨俊宴，陈雯 . 长江三角洲区域协调重大问题的调查研究 [J]. 城市规划，2007(9).
[103] 王扩建 . 长江三角洲区域合作中的利益协调机制研究 [J]. 云南行政学院

学报，2008(2).
[104] 杨团 . 推进社区公共服务的经验研究 [J]. 管理世界，2001(4).
[105] 李里晶 . 论公共服务市场化与政府职能转化 [J]. 行政论坛，2001(1).
[106] 曹闻名 . 论公共服务改革中的政府责任 [J]. 中国行政管理，2000(10).
[107] 温家宝 . 在省部级主要领导干部“树立和落实科学发展观”专题研究班结业式上的讲话 [N]. 人民日报，2004-3-1.
[108] 那述宇 . 监督机制的概念解析与模式选择 [J]. 南通师范学院学报（哲学科学版），2002(4).
[109] 王丽 . 区域经济一体化下我国长三角地区地方政府服务功能初探 [D]. 苏州大学硕士论文，2005.
[110] 杨龙 . 中国经济区域化发展的行政协调 [J]. 中国人民大学学报，2007(2).
[111] 黄克亮 . 论泛珠三角区域信息化建设的合作与发展 [J]. 探求 .2004(5).
[112] 叶必丰 . 我国区域经济一体化背景下的行政协议——以长三角区域为样本 [J]. 法学研究，2006(3).
[113] 王学杰 . 我国公共政策执行力的结构分析 [J]. 中国行政管理，2008(7).
[114] 丁煌 . 研究政策执行问题必须遵循科学的方法论 [J]. 北京行政学院学报，2003(1).
[115] 陈剩勇，马斌 . 区域间政府合作：区域经济一体化的路径选择 [J]. 政治学研究，2004(1).
[116] 杨龙，戴杨 . 地方政府合作在区域合作中的作用》[J]. 西北师范大学学报（社会科学版），2009(5).
[117] 张杰，王琳 . 公共政策执行监督的有效性分析 [J]. 合肥学院学报（社会科学版），2010(1).
[118] 娄成武，于东山 . 西方国家跨界治理的内在动力、典型模式与实现路径 [J]. 行政论坛，2011(1).
[119] 国家统计局网站，http://www.stats.gov.cn.
[120] 长江三角洲地区区域规划 . http://www.china.com.cn/policy/txt/2010-06/22/content_20320273.htm.
[121] 发改委报告建议长三角合作制度建设分两步走 .http://www.eeo.com.cn/Politics/by_region/2007/04/05/53475.shtml.

[122] 全国“社保一卡通”能否在长三角破冰 . 新华网，http://news.xinhuanet.com/newscenter/2008-04/28/content_8068107.htm.

[123] 吴江 . 共享与联运中促繁荣 . 中国江苏网，http://jsnews.jschina.com.cn/sz/201009/t503396.shtml.

[124] 中国江苏网，上海市教育厅网站，http://www.shmec.gov.cn/html/article/200904/51038.php.

[125] 长江三角洲地区区域规划 .http://www.china.com.cn/policy/txt/2010-06/22/content_20320273.htm.

[126] 长三角流动人口权益保障引来专家关注 .http://fzb.zjol.com.cn/gb/node2/node802/node240379/node407972/node407982/userobject15ai5426946.html.

[127] 长三角 16 个城市中 14 个属酸雨控制区 .http://www.news365.com.cn/csj/xw/t20040624_108575.htm.

[128] 长三角围剿地面沉降 .http://www.people.com.cn/GB/paper66/12601/1132754.html.

[129] 季明：太湖还美吗？一份沉重的水质监测清单 .http://info.water.hc360.com/2007/03/14104080005.shtml.

[130] 无锡自来水污染事件背后：治理太湖非一日之功 .http://www.china.com.cn/city/txt/2007-06/30/content_8460766.htm.

[131] 专家建议环太湖城市加强合作：联合治污共谋发展 .http://www.gov.cn/jrzg/2007-05/14/content_613801.htm.

[132] 新华视点：“断头路”提醒了谁 .http://news.xinhuanet.com/politics/2007-09/03/content_6658702.htm.

[133] 长三角合作机制期待“破冰”.http://unn.people.com.cn/GB/14748/82702/6644534.html.

[134] 2.1% 的国土面积创造全国 22.5% 的 GDP.http://finance.ifeng.com/city/cskx/20090824/1133916.shtml.

[135] 人与自然的和谐：建构长三角区域环境行政协调机制 .http://www.110.com/ziliao/article-162694.html.

[136] 同质竞争与地方保护困扰长三角 大上海梦难圆 .http://news.sohu.com/20041214/n223482380.shtml.

[137] 长江三角洲社保一体化研究 .http://www.legaldaily.com.cn/zt/content/2010-09/29/content_2308034.htm?node=25829.

[138] 长三角范围扩容 由十六市调整为两省一市 .http://news.qq.com/a/20071203/003176.htm.

[139] 长三角实施交通“一卡通”工程 .http://www.shanghai.gov.cn/shanghai/node2314/node16085/node16099/userobject21ai160399.html.

[140] Roles and Responsibilities in the Local Performance Framework, http://www.communities.gov.uk/publications/localgovernment/frameworkrolesresponsibilities.

[141] 长三角食用农产品标准化互认（合作）协议 .http://www.shzj.gov.cn/art/2007/9/21/art_1583_5298.html.

[142] 关于长三角地区职工基本医疗保险关系转移接续的意见 .http://www.jshrss.gov.cn/shbxfww/zcfg/yilbx/201001/t20100113_59582.html.

[143] 沪苏浙交通部门首次举行联席会议共绘长三角区域道路运输管理一体化蓝图 . 中华人民共和国交通部网站，http://www.moc.gov.cn/2006/05news/0605/t20060519_33168.htm.

[144] 长三角以世博空气质量保障为契机加快区域联防联控工作 . 上海市环境网，http://www.sepb.gov.cn/news.jsp?intKeyValue=20979.

[145] 16 城市签《共建信用长三角宣言》.http://www.110.com/ziliao/article-121768.html.

二、英文文献

[1] The National Audit Office of UK. Joining up to Improve Public Service, London: The Stationery Office. 2001.

[2] Dematteis G. Globalisation and Regional Integration: the Case of the Italian Urban System. Geo Journal, 1997(4).

[3] Perri 6. Holistic Government.Demos:9, Bridewell Place, 1997.

[4] Albert G, 1993, Creating a Government That Works Better and Costs Less: Report of the National Performance Review, Washington, D. C.: US Government Printing Office.

[5] Dilulio JJ, Garvey G, Kettle DF, Improving Government Performance: An Owner' s Manual. Washington, D. C.: Brookings Institutions, 1993.

[6] Kettle DF, Milward HB, The State of Public Management. The John Hopkins University Press, 1996.

[7] Schmalensee R, Willig R. Handbook ofIndustrial Organization, Vol.1. North-Holland, 1989.

[8] Chwe Y, Michael S. Structure and Strategy in Collective Action. American Journal of Sociology, 1999(1).

[9] Peters GB. Institutional Theories of Political Science. London: New Printer. 1999.

[10] Thomson AM, Perry J L. Collaboration Processes: Inside the Black Box, Public Administration Review, Volume 66, Supplement 1, December 2006 (13).

[11] Dyer JH. Collaborative Advantage: Winning through Extended Enerprise Supplier Networks.Oxford university press,2000： 38.

[12] Gausman C J. The Interstates Compact As A Solution To Regional Problems: The Kansas City Metropolitan Culture District. University of Kansas Law Review, Vol.45, 2006.

[13] Peters BG. The Future of Governing: Four Emerging Models. Kansas: University Press of Kansas, 1996.

[14] Pollitt C. Managerialism and the Public Services: The Anglo-American Experience . Oxford: Basil Blackwell, 1990.

[15] Walker DB. The Rebirth of Federalism. New York: Chathem Home Publishes. 2000.

[16] Sullivan H, Skelcher C. Working Across Boundaries: collaboration in Public Service . New York: Palgrave Macmillan, 2002.

[17] Christensen KS. Cities and Complexity: Making Intergovernmental Decision. London: Sage, 1999.

[18] Jupp B. Work together: creating a better environment for cross-sector partnership. Demos: The Panton house, 2000.

[19] Callow AB. The City Bosses in America: An Interpretative Reader . New

York: Oxford University Press, 1976.

[20] Alexander C: The Timeless Way of Building .U.S.A: Oxford University Press, 1979.

[21] Maio AD. Move 'Joined-up Government' From Theory to Reality. Industry Research, 2004.

[22] Bardach E, Cara L. Accountability in Human Services Collaborative: For What? and For Whom?. Journal of Public Administration Research and Theory, 1996(2).

[23] Bath PB. Towards a common framework: delivering joined-up services through better knowledge and information management. KM Review, Sep/Oct, Vol. 8 Issue, 2005(4).

[24] Hood C. A Public Management for all Seasons . Public Administration, Spring, 1991(69).

[25] Christensen T, Legreid P. NPM and Beyond-structure, Culture and Demography . International Review of Administrative Sciences, 2008(1).

[26] Christensen T, Lagreid P. Administrative Reform Policy: The Challenge of Turning Symbols into Practice . Public Organization Review, 2003 (3).

[27] Christensen T, Legreid P. Rebalancing the State: Reregulation and the Reassertion of the Centre. In Christensen T, Legreid P. Autonomy and Regulation:Coping with agencies in the modern state. Cheltenham: Edward Elgar (forthcoming). 2006.

[28] Pollit C. Joined-up Government: a Survey. Political Studies Review, 2003(1).

[29] Cooper TL, Bryer TA, Meek JW. Citizen-Centered Collaborative Public Management. Public Administration Review, Nov 2006 Supplement, Vol. 66.

[30] Denhardt R B, Denhardt JV. The New Public Service: Putting Democracy First. National Civic Review, Winter 2001, Vol. 90 Issue 4.

[31] MeeK JW. Policy networks: Implications for policy development and implementation. A Journal of Faculty Papers,1998(11).

[32] Mandell MP. Intergovernmental Management in Inter-organizational Networks: A Revised Perspective. International Journal of Public Administration, 1988(4).

[33] Mackintosh M. Partnership: Issues of Policy and Negotiation. Local Economy, 1992(7).

[34] Lowndes V, Skelcher C. The dynamics of multi-organizational partnerships: an analysis of changing modes of governance. Public Administration, 1998(76).

[35] Ferris J M. A Contractual Framework for New Public Management, International Public Management Journal, 1.

[36] Wood DJ, Gray B. Toward a Comprehensive Theory of Collaboration. Journal of Applied Behavioral Science, 1991, 27(2).

[37] Thomson AM. Collaboration: Meaning and Measurement. Ph.D. dissertation. Indiana University Bloomington, 2001.

[38] Ring PS, Van de Ven AH. Development Processes of Cooperative Inter-organizational Relationships, Academy of Management Review, 1994, 19(1).

后　记

对于地方政府间公共服务合作的关注，起因于博士期间我对长三角地区合作的思考。为收集相关研究资料，曾赴南京、上海等地进行调研，2012年7月，又借助于暑期调研机会，赴上海、江苏和浙江等地与交通、社保等部门进行深入探讨。对于目前的长三角合作机制，江苏省交通厅一同志坦言，省（市）际之间的合作，多为利益博弈，有利则合，无利则拖，很多合作协议是通过一把手个人之间的交情达成并执行的；上海市交通部门一同志把这种情况总结为：制度不行靠机制，机制不行靠感情。这一方面说明在正式的合作协议背后，信任与承诺的作用，另一方面也说明在我国，想要推动地方政府间公共服务合作的制度化进程，仍有很长的路要走。本书在我的博士论文基础上经过两次修改而成，鉴于该领域的复杂性与现实材料的难获得性，以及本人的研究不足，本书的出版只能作为本人对地方政府间公共服务合作研究的起点，真诚希望这一研究能够有助于推进这一领域的研究进展，期待同仁们批评与指正。

在这本书付梓之际，首先要感谢我的博士生导师薄贵利教授。四年来，他在学术、生活和工作上给予我悉心的关怀、精心的指导和无私的教诲。论文写作之时，大到文章结构，行文思路，小到语词段落，标点符号，皆耳提面命，细心指导，使我一步步克服困难，能够顺利完成学业。老师严谨的治学风范和孜孜以求的律己精神、谦虚平和的处世态度，将使我受益终身！

特别感谢张国庆老师，四年来张老师待我如同自己弟子，对我论文给予了无私帮助和指导，为我廓清思路、指点迷津，老师对工作的热情、对学生的友爱与呵护，无不让我感动。感谢我的硕士导师金太军教授，在论文写作与工作选择过程中，每逢难题，金老师总耐心为我解惑。感谢北京大学周志忍教授、燕继荣教授、赵成根教授、宁骚教授、关海庭教授、包万超教授、李永军教授、田凯教授、白智立教授、朱天飚教授、王丽萍教授、北京航天航空大学胡象明教授以及国家行政学院时和兴教授、张占斌教授、刘旭涛教授和顾平安等教授，先生们不仅关心与指导我的论文，而且还教给我做学问的态度和方法，在此满怀感恩之心，致以最诚挚的谢意！

感谢师兄王勇、好友尚虎平、师弟韩艺等，在研究过程中给予我的无私帮助和鼓励。感谢同班同学之间的互助互爱，为我提供了愉悦的生活与学习氛围。任梅、王茹、徐鸣、高红和叶静博士如同姐妹般的情谊，吕普生、杨忠浩、曹胜、肖俊奇、胡本良、蒋凯、宋彭、朱慧涛、宫经理、康子兴、谭玉刚、陈冀周等同窗，在写作与寻找工作的过程中与我互进共勉，与舍友常红和杨蓉蓉的愉快相处，让我清苦的求学生涯不苦闷，不孤独，不惶恐，让我倍感欣慰。

感谢我的家人，作为坚实后盾，读书以及工作以来一直默默支持与鼓励我，感谢所有亲人们的宽容与支持，感谢我淘气可爱的儿子，你让妈妈知道什么是真正的幸福。感谢所有关爱我疼爱我的人。

尹艳红

2013 年 12 月于北京